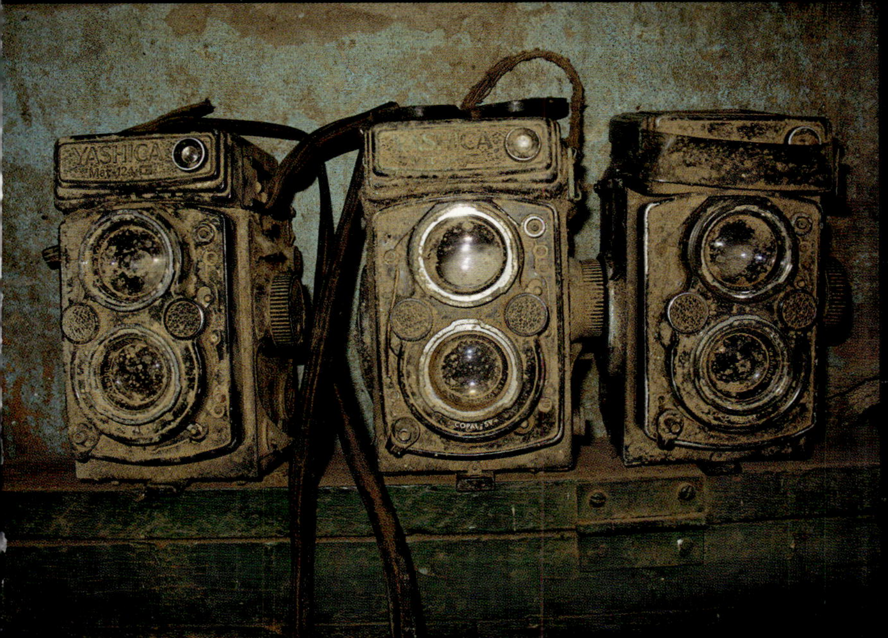
YASHICA

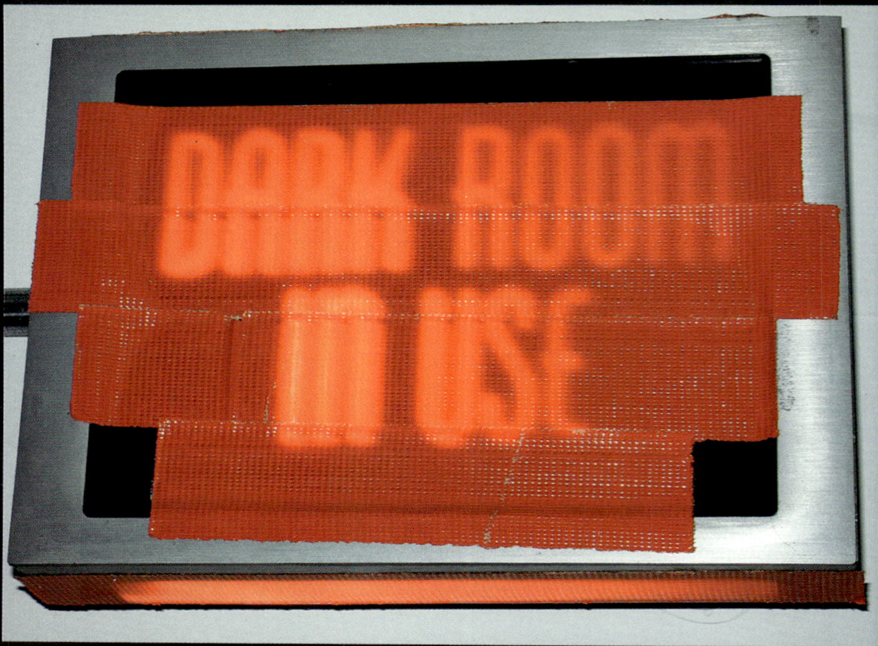
DARK ROOM
IN USE

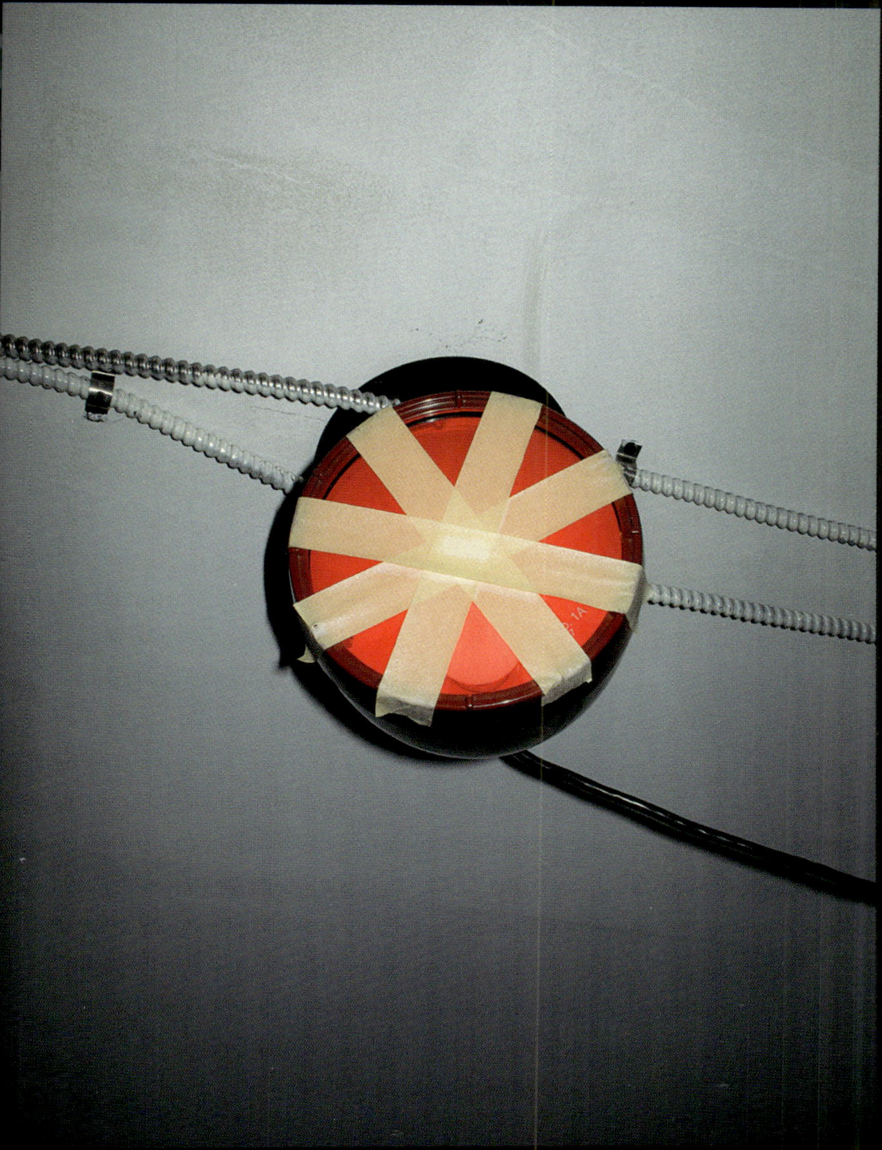

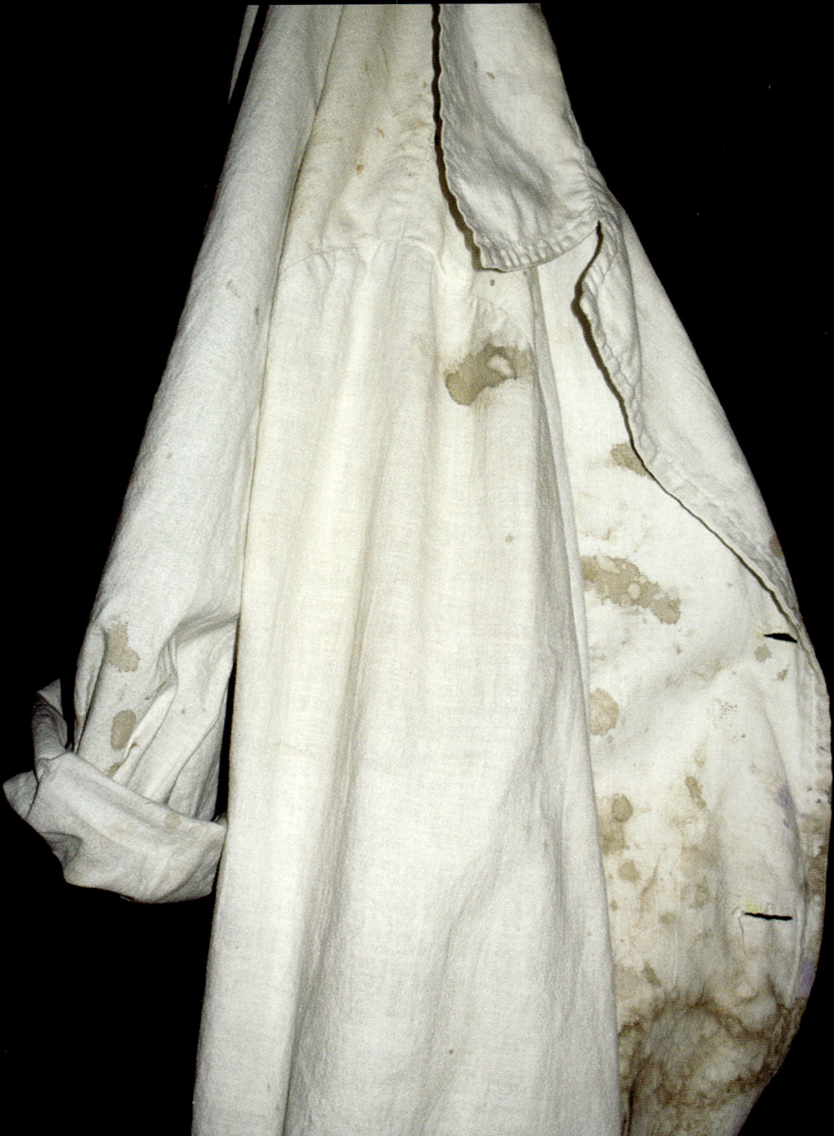

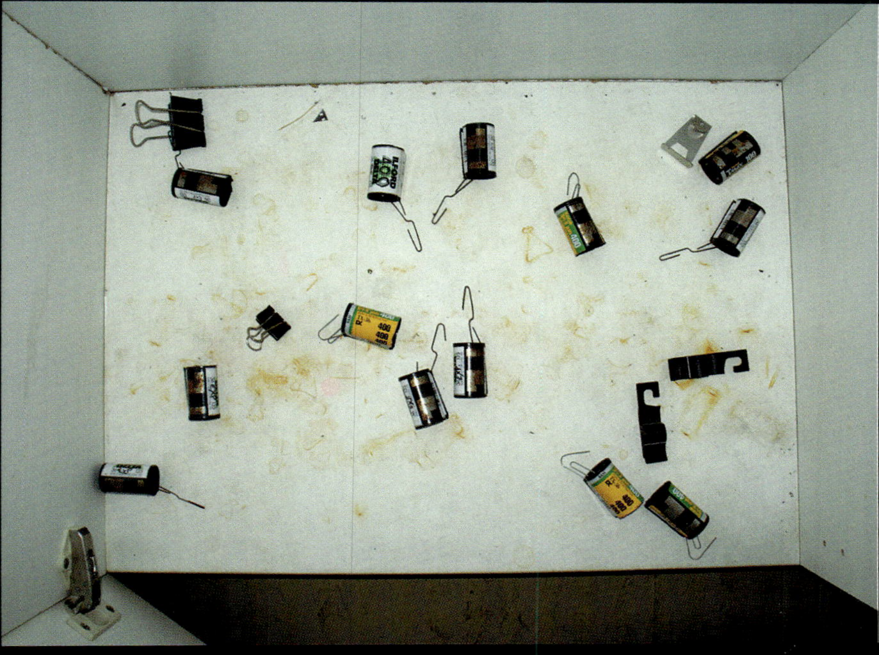
ILFORD
400
DELTA

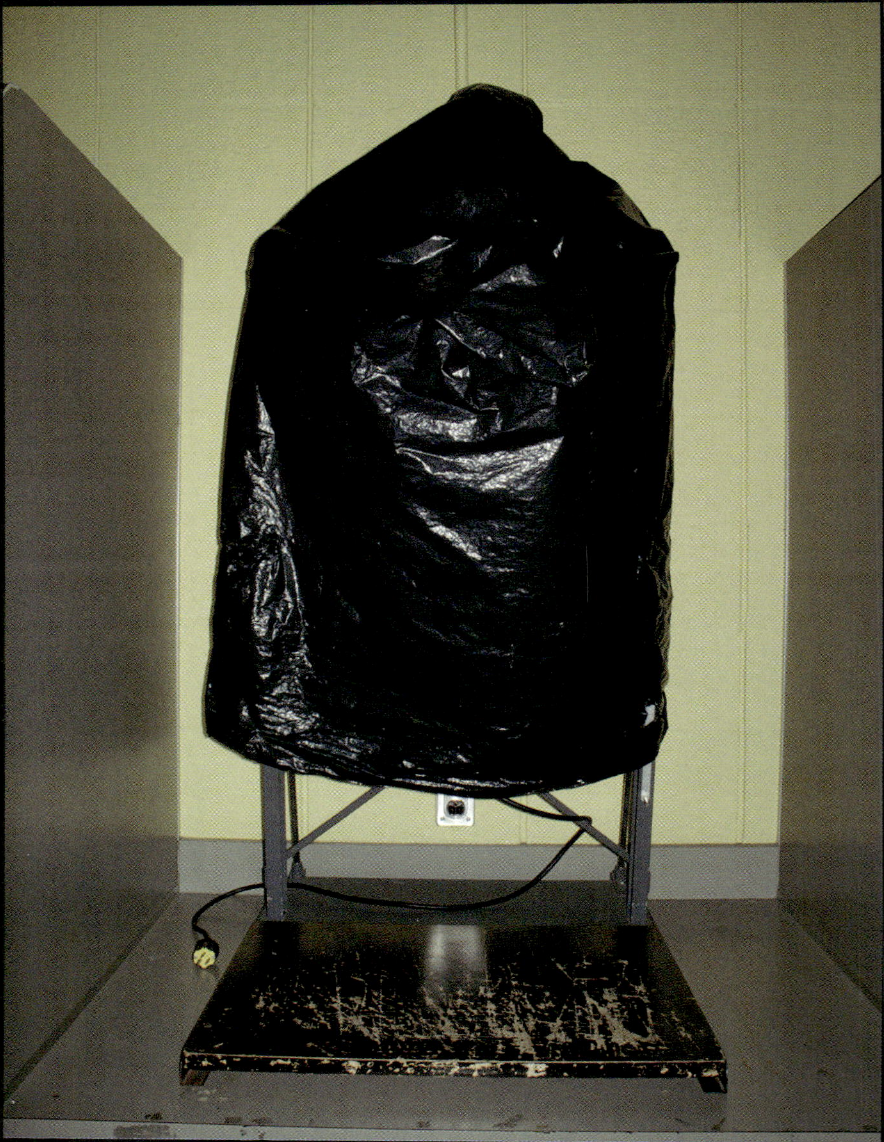

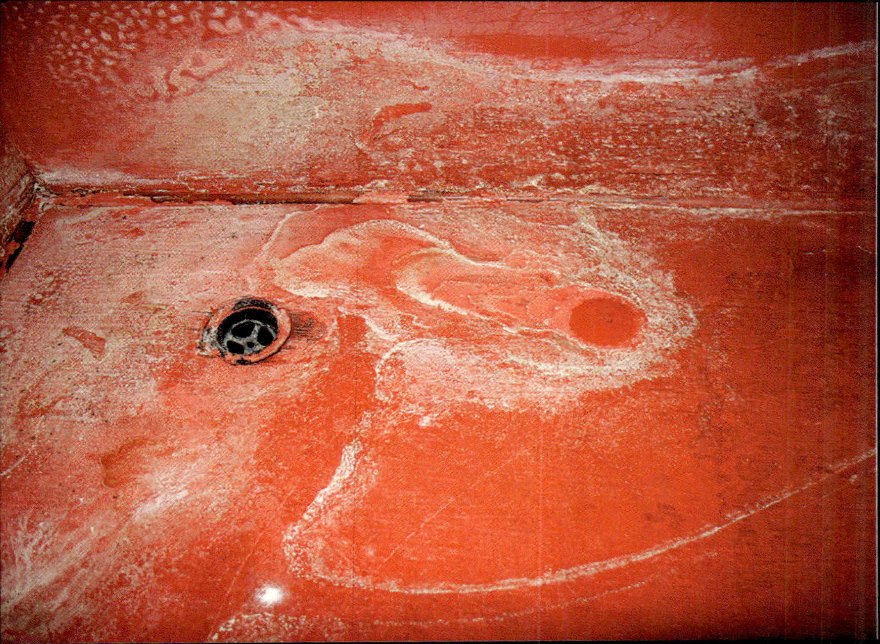

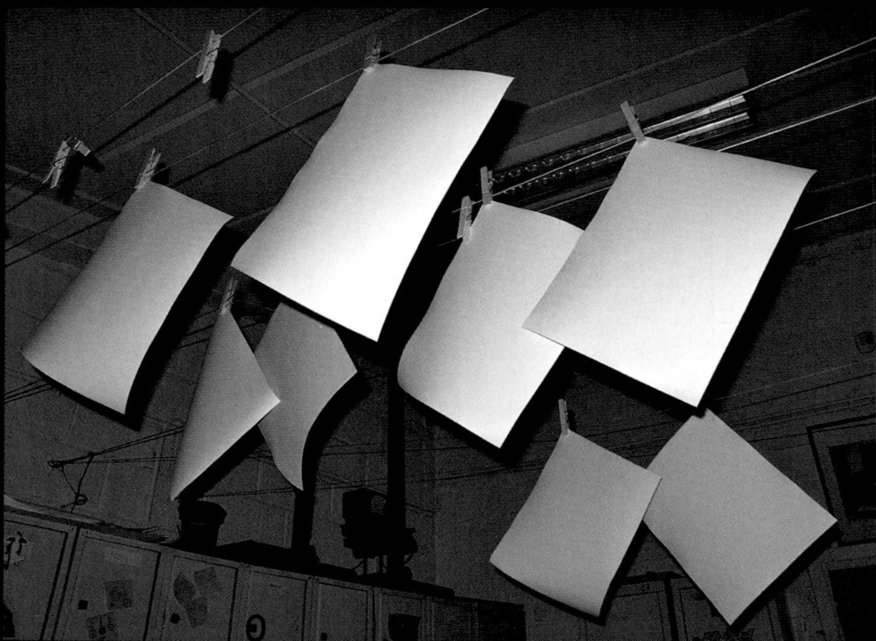

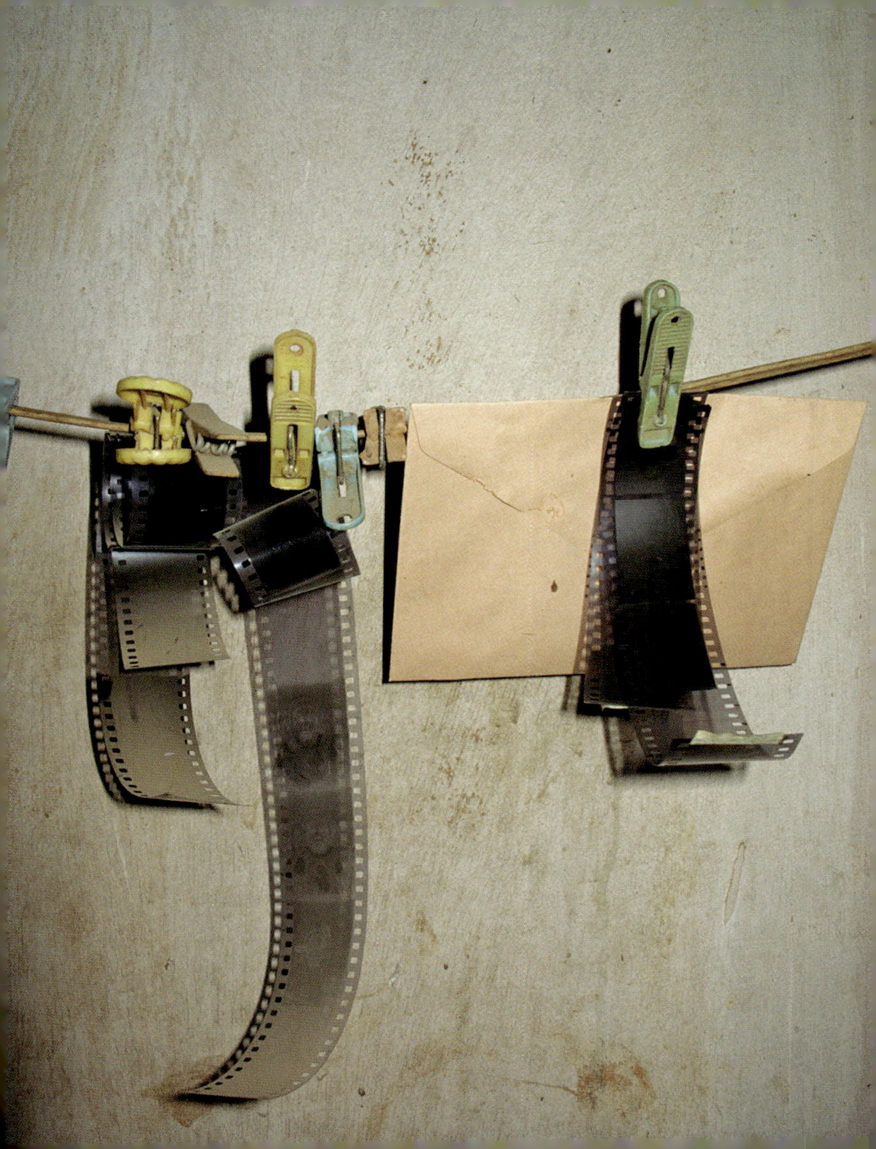

SOMMAIRE

APRÈS LA PHOTOGRAPHIE ?
DE L'IMAGE ARGENTIQUE À LA RÉVOLUTION NUMÉRIQUE

Quentin Bajac

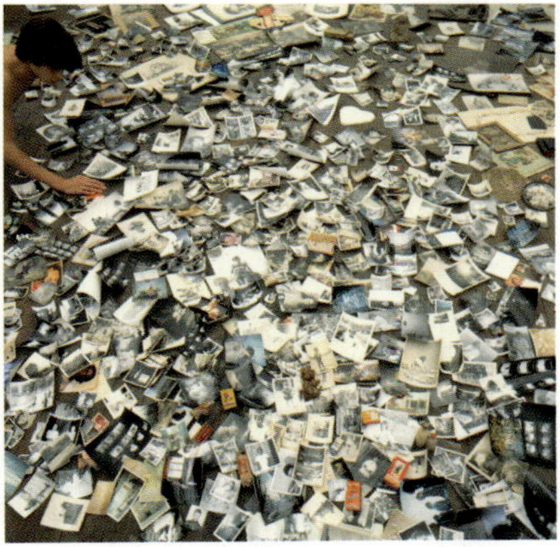

DÉCOUVERTES GALLIMARD
ARTS

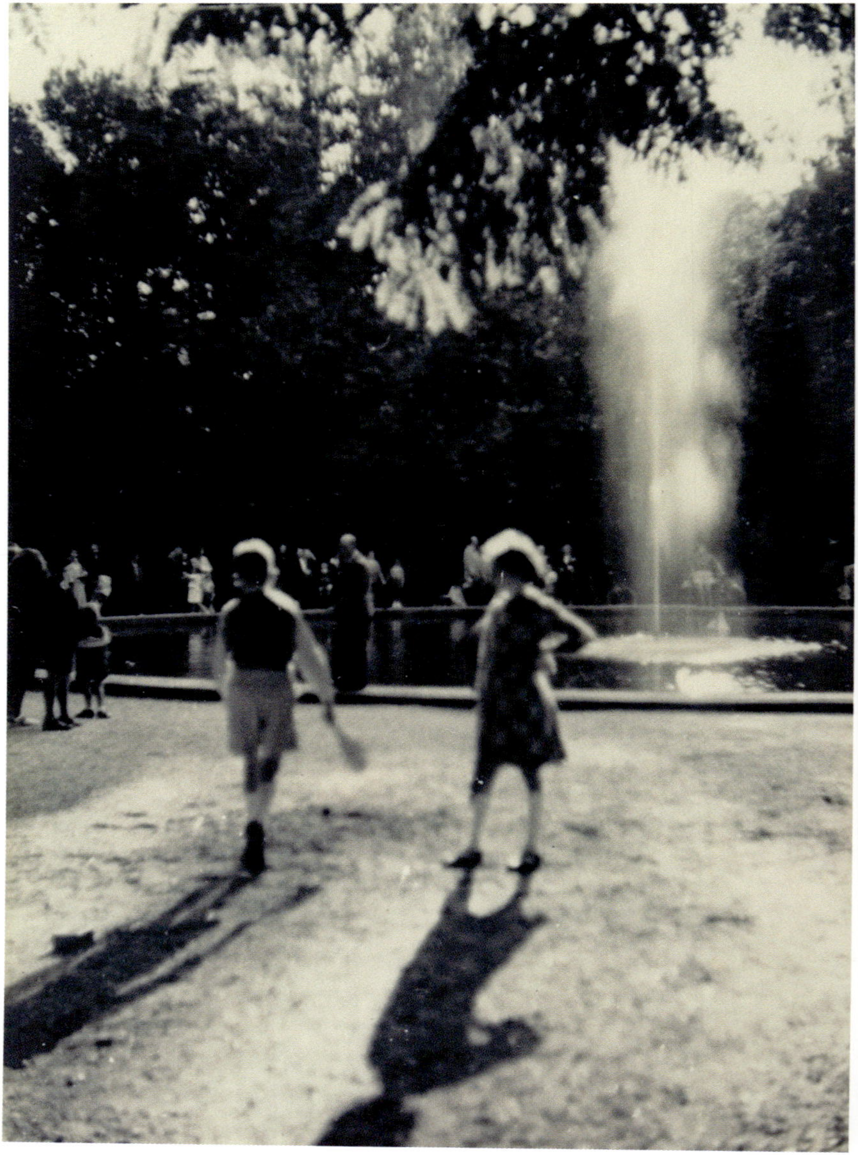

Avant même l'avènement du numérique, la seconde moitié du XXe siècle a été marquée par l'émergence d'une nouvelle culture photographique amateur dont les développements ont en retour profondément influencé et nourri les pratiques artistiques.

CHAPITRE 1

UN ART PAUVRE ?

« Au fond il y a dans la photo un procédé dont on n'est pas maître. Il y a toujours dans la photographie quelque chose dont on n'est pas maître. »

Un membre du photo-club amateur Trente et Quarante, in *Un art moyen*, ouvrage dirigé par Pierre Bourdieu, 1965

Les années 1960, un âge d'or de la photographie amateur (page de gauche, cliché anonyme ; ci-contre, publicité pour l'Instamatic Kodak, 1963).

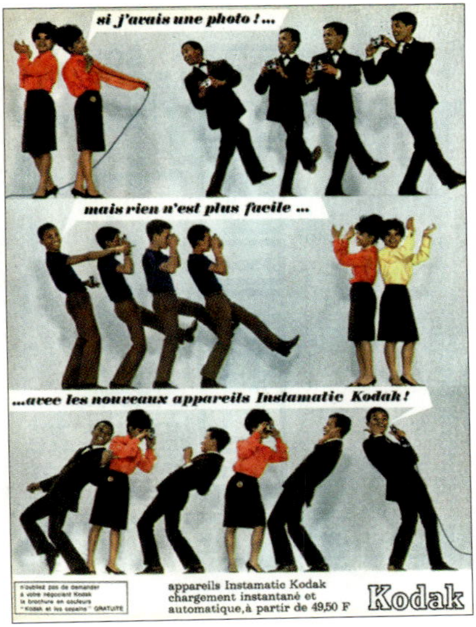

Nouvel essor des pratiques de masse

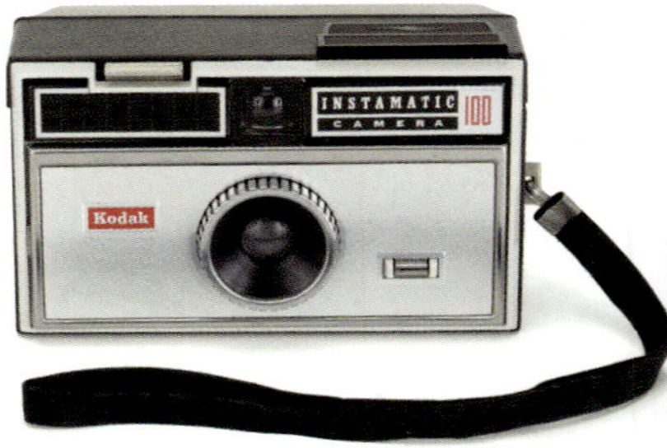

L'immédiat après-guerre est rapidement marqué dans les pays occidentaux par un renforcement de la pratique photographique amateur, intensifiant une tendance apparue dès la fin du XIXe siècle et accentuée dans l'entre-deux-guerres par l'apparition des films 35 mm et des appareils adaptés à ce nouveau format. Les années 1950 se signalent comme une période de véritable engouement pour la photographie, favorisée par les progrès de la civilisation de l'image, ceux de la télévision et du cinéma dont la diffusion ne cesse d'augmenter. Aux États-Unis, les études menées par la firme Kodak montrent que de 1,5 million de clichés réalisés par des amateurs dans la seconde moitié des années 1940, on passe à 2 milliards d'instantanés en 1954. À cette date, plus de 70 % des foyers américains sont déjà équipés d'un appareil photo, sur un marché encore dominé par la firme Kodak.

Ces appareils sont peu coûteux, de l'ordre de 3 à 15 dollars, à une période où le développement des images est également une opération peu onéreuse, en baisse constante. En 1948, la firme Polaroïd lance sur le marché le Polaroïd Land Camera, premier appareil à destination des amateurs permettant d'obtenir des images noir et blanc à développement

« Ce qui me plaisait au départ dans l'Instamatic, c'est que l'appareil est plus rapide que la pensée. Je n'ai pas le temps de réfléchir et peux déclencher tout de suite. »

Bernard Plossu, 2006

Produisant des images de format carré 28 x 28 mm, l'Instamatic de Kodak (en haut) propose un système à chargement simplifié, un des gages de son succès durable pendant plus de vingt ans.

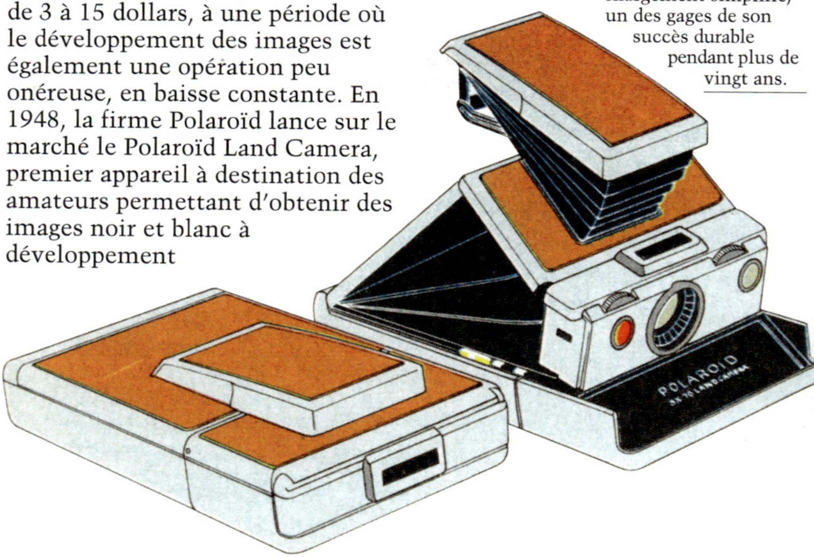

automatique et instantané, le temps requis étant alors de 60 secondes.

Quinze ans plus tard, en 1963, Kodak met en vente le premier Instamatic, qui va s'affirmer, pour vingt-cinq ans, comme le grand standard de la photographie amateur. En 1972, inspirée des mêmes principes, Kodak lance une version réduite, le Pocket Instamatic qui s'impose largement dans les années suivantes. Poursuivant elle aussi la recherche d'outils toujours plus aisés à utiliser et infaillibles, la japonaise Konica commercialise en 1978 le premier appareil autofocus pour amateurs, le C35AF. Désormais, la mise au point s'effectue automatiquement en fonction de la distance et de la nature du sujet photographié.

Mutations industrielles

À l'origine de cette prolifération, l'industrie photographique connaît elle-même à cette période d'incontestables transformations, chaque nouvelle évolution technologique entraînant l'arrivée de nouveaux acteurs et un bouleversement des forces en présence. La domination des anciennes firmes occidentales – Agfa dans le domaine du papier, les allemandes Rollei, Leica et Contax, ou, à partir de la fin des années 1940, la suédoise Hasselblad dans celui des appareils, et surtout de l'américaine Kodak, leader incontesté du marché amateur – commence à s'éroder dans les années 1960 au profit de nouveaux acteurs, venus essentiellement du Japon.

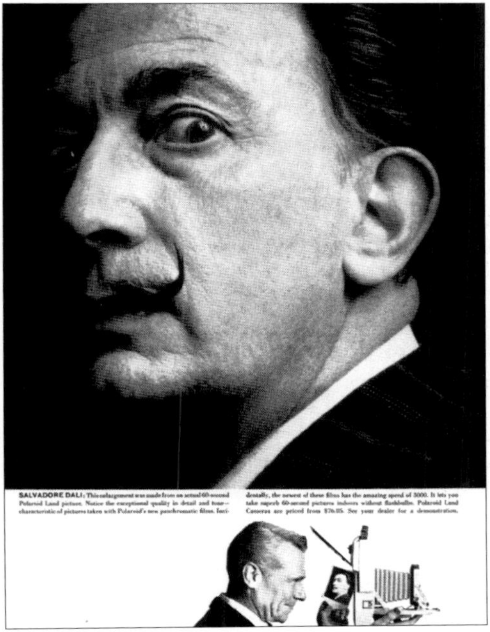

Fondée en 1937 par Edwin Land, la société Polaroïd s'est posée, à partir des années 1960 et 1970, en rivale américaine de Kodak, notamment avec le modèle SX-70 lancé en 1972 (page de gauche, en bas). Elle a su, dès les années 1950, mettre au point des campagnes publicitaires d'une grande efficacité en faisant notamment appel à des artistes, tel Salvador Dalí, immortalisé par Bert Stern (ci-dessus, publicité pour le Polaroïd Land 80, 1960).

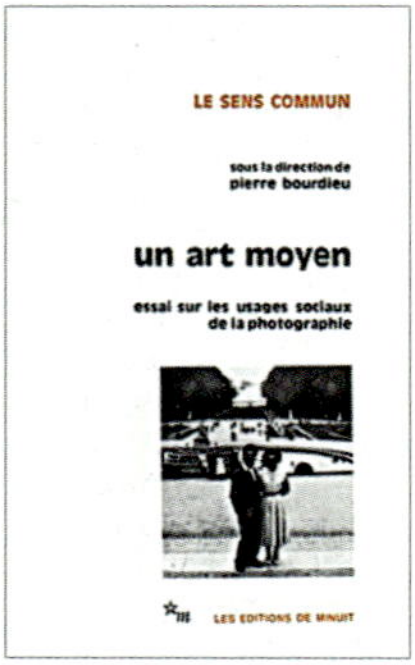

Ce pays devient dans les années 1970 la nation leader de l'industrie photographique. Délaissant après la guerre le domaine militaire pour le domaine civil, nombre de firmes japonaises, souvent anciennes, ont su faire preuve d'innovation et d'un réel dynamisme dans les secteurs des appareils, de l'optique et de l'électronique : Olympus, fondée en 1919 et active dans le domaine de la photographie dès les années 1970, Canon (1933), Fuji (1934), Konica (1873), Bronica (1958) ou même, dans une approche plus professionnelle, Mamiya (1940). Il en est de même de sociétés davantage versées dans les domaines de l'optique, par-delà la simple photographie, qu'il s'agisse de Nikon (1917), de Pentax (1919) ou encore de Sigma. L'explosion de la sphère audiovisuelle a poussé les grands groupes électroniques nippons à investir également dans la photographie, notamment ceux spécialisés dans l'électronique grand public tels Sony, créé en 1946, ou Panasonic (émanation du consortium Matsushita), avec sa filiale productrice d'appareils Lumix. En 1980, les groupes japonais détiennent plus de 70 % du marché des appareils photographiques grand public.

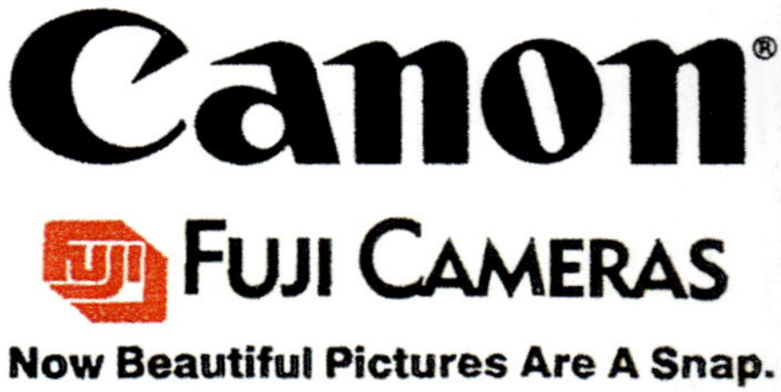

Pourtant, dès les années 1980, face notamment à la montée des techniques d'enregistrement vidéo et du caméscope, la plupart des firmes du secteur éprouveront la nécessité de le redynamiser, par la mise au point de nouveaux standards du 35 mm. Qu'il s'agisse du Disc Camera de Kodak en 1982, ou plus tard, en 1996, de l'APS (Advanced Photographic System), fruit d'une initiative conjointe de certains fabricants (Kodak, Canon, Fuji, Minolta et Nikon), ils connurent dans l'ensemble des succès mitigés, auxquels l'arrivée du numérique mettra fin.

Sous-titré « Essai sur les usages sociaux de la photographie », *Un art moyen* (à gauche), l'ouvrage collectif dirigé par Pierre Bourdieu, constitue la pratique photographique comme un objet sociologique. À partir d'enquêtes menées auprès des photo-clubs, le livre analyse les rapports que les classes moyennes entretiennent avec la photographie : là où les classes populaires en font un usage essentiellement utilitaire, là où les classes supérieures témoignent d'une certaine condescendance à l'égard de ce médium ordinaire et commun, les classes moyennes, elles, au sein de ces clubs, développent une véritable pratique artistique de la photographie. Souvent très codifié, inspiré de modèles classiques directement issus des beaux-arts traditionnels, « l'art moyen » des photo-clubs s'efforce d'aller à l'encontre du credo réaliste et objectif de l'outil photographique.

Un art moyen

En 1965, *Un art moyen*, ouvrage réalisé sous la direction du sociologue Pierre Bourdieu, résultat d'une enquête menée à l'initiative de Kodak sur les pratiques photographiques amateurs, notait le caractère stéréotypé et conventionnel de cette nouvelle production amateur. L'enquête portait sur un corpus iconographique et des usages, ceux de la

Pendant un siècle, la photographie amateur aura été régie par la recherche du *snapshot*, de la saisie de l'instant, le terme d'« instantané » étant fréquemment utilisé, par extension, pour désigner toute pratique amateur.

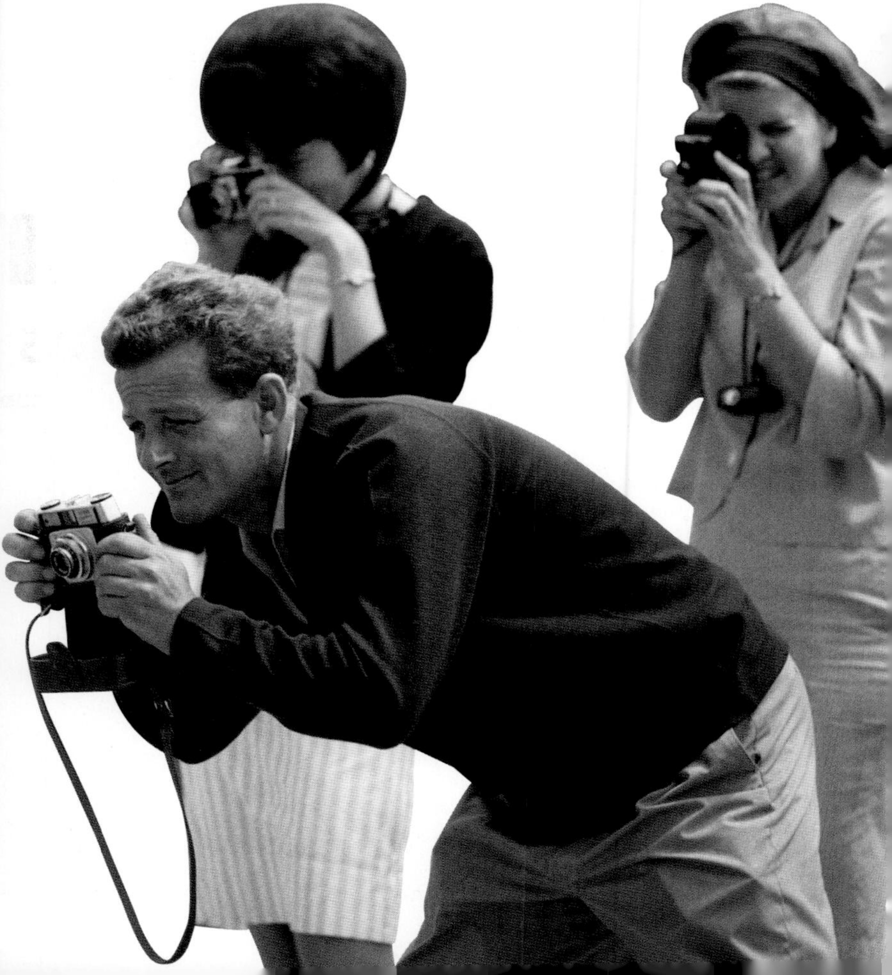

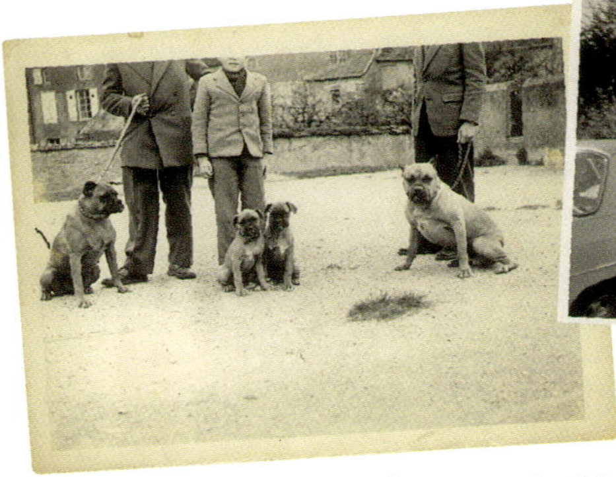

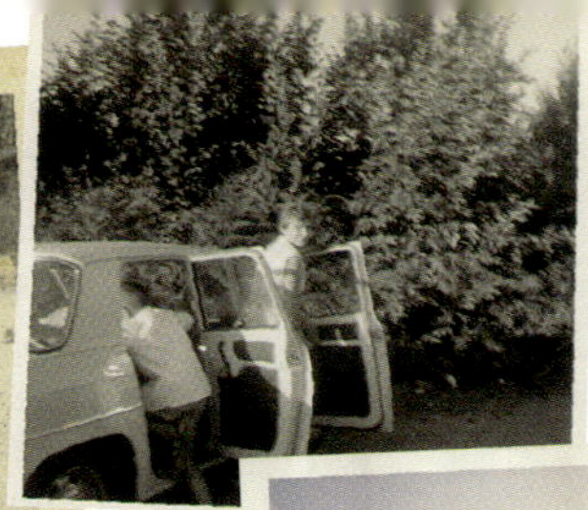

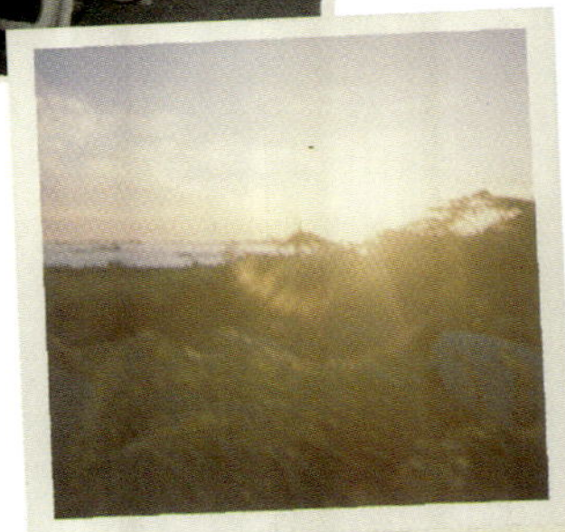

société française du début des années 1960, qui devaient néanmoins évoluer. Le nouvel afflux d'amateurs en photographie, la grande capacité des appareils et leur facilité de maniement encouragent les marques à cibler de nouveaux publics, plus jeunes, les enfants et les adolescents, classe d'âge qui fait alors l'objet de toutes les attentions et se constitue en catégorie. Encore essentiellement urbaine avant la guerre, la pratique touche désormais toutes les classes et toutes les sphères de la société, milieu urbain comme milieu rural.

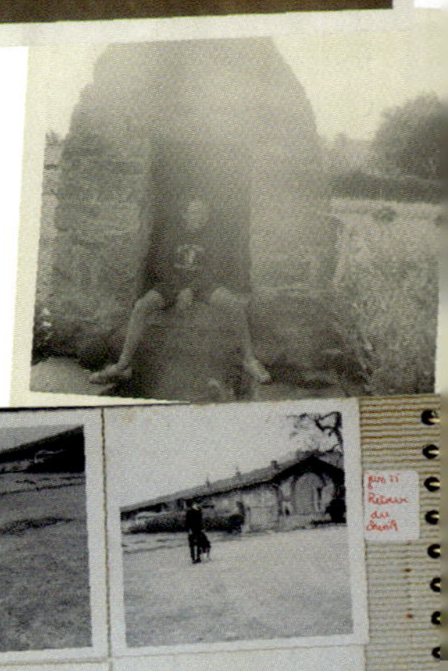

Le style et l'iconographie des photographies d'amateurs évoluent en effet dans les années 1950 à 1970, dans une direction plus libre et spontanée, reflet en cela d'une double évolution, celle, technique, des appareils, plus maniables, aisément transportables et disponibles à tout moment, et celle, sociale et culturelle, des mœurs générales. Si demeurent les sujets traditionnels de même que les compositions conventionnelles – le sujet centré dans l'image notamment –, un style plus libre s'affirme néanmoins. Alors que les manuels de l'entre-deux-guerres ou de l'immédiat après-guerre privilégiaient les recettes toutes faites et le suivi de règles bien établies, les années 1960 et 1970 insistent davantage

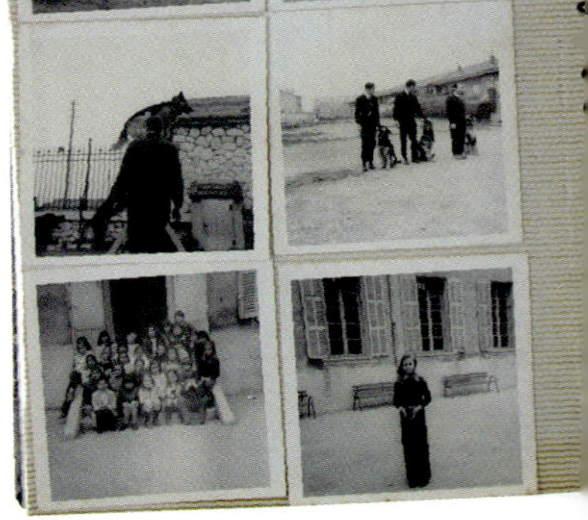

sur la notion d'originalité : ce qui importe désormais, c'est bien l'apprentissage d'une vision singulière.

Des images plus intimes, des comportements plus spontanés, une moins grande conscience de l'appareil photographique et un attachement moindre au respect de règles préétablies conduisent à un renouvellement certain tant de l'iconographie que du style : reflux de pratiques posées, notamment dans le domaine du portrait, arrivée massive d'images plus dynamiques jouant davantage sur les contrastes, particulièrement avec l'avènement de la couleur. L'emploi du flash, disponible sur pratiquement tous les appareils dès les années 1950, permet l'investigation de nouveaux espaces, intérieurs et domestiques notamment, et de nouveaux moments – nocturnes.

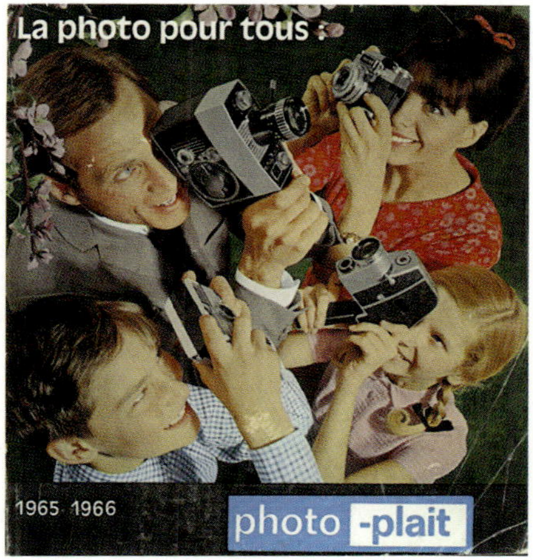

Le vocabulaire général de l'amateur reste toutefois, tout autant qu'au temps des premiers Kodak, peu soucieux de technique. L'image obtenue sera donc fréquemment éloignée des canons classiques de la « bonne photographie », malgré les soucis louables de l'opérateur : premiers plans flous, cadrages à la hache, reflets intempestifs, intrusion inopinée de l'opérateur dans le champ émaillent cette production.

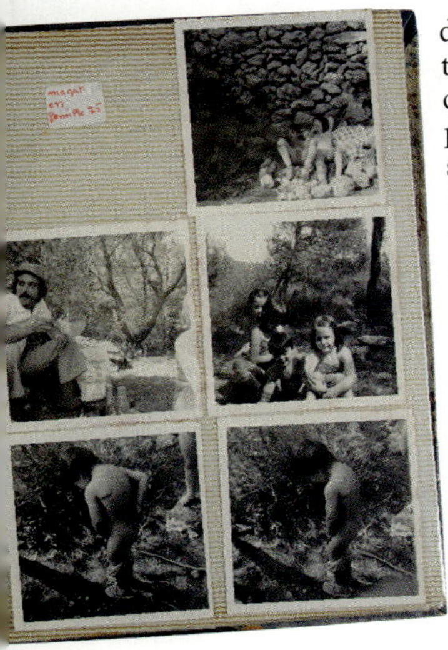

Collées dans des albums, projetées sous forme de diapositives ou conservées dans des portefeuilles, les photographies de famille (page de gauche) – pratique amateur par excellence – obéissent à des codes qui en font des images banales, difficiles à inscrire dans une histoire de la photographie, généralement attachée à la recherche d'une singularité, d'un écart par rapport à la norme. Une lecture esthétique et formelle, toute valable soit-elle, faussera donc la perception de l'ensemble en passant bien souvent sous silence la fonction mémorielle de ces images : témoignages individuels, scansion du temps passé, qui nous parlent dans le même temps de ce qui est et de ce qui n'est plus.

Couleur versus noir et blanc

Outre la mise au point d'appareils photographiques plus légers et maniables, la véritable innovation des années 1950 réside dans le développement massif de l'utilisation des pellicules couleur. Réservées aux usages professionnels avant la guerre, celles-ci deviennent dans l'immédiat après-guerre accessibles à un plus large public : en 1942, Kodak lance le Kodacolor, un film couleur 35 mm aisément utilisable par les amateurs, avant, en 1946, de mettre sur le marché le film Ektachrome, le premier film couleur que les photographes peuvent développer eux-mêmes. Dès les années 1950, l'engouement pour la photographie profite avant tout à la couleur, à une période où cette dernière s'impose largement sur les écrans de cinéma : en 1951 déjà, 170 millions d'images en couleurs sont produites aux États-Unis, autorisant la firme Kodak à parler du Kodacolor comme de la plus grande réussite de l'histoire de la photographie amateur depuis... 1889 et l'invention du premier Kodak.

En 1963, c'est au tour de Polaroïd de prendre ce tournant avec l'introduction du Polacolor Type 48, le premier film couleur instantanément développé. Certes, les procédés noir et blanc connaissent également quelques innovations comme, notamment en 1954, le lancement du Tri X-film de Kodak qui, nécessitant peu de lumière, fournit une image au grain assez gros, appréciée de toute une génération d'artistes et de photographes. Mais progressivement, au cours des années 1960, les épreuves couleur deviennent la pratique amateur dominante, avec leur corollaire : le développement

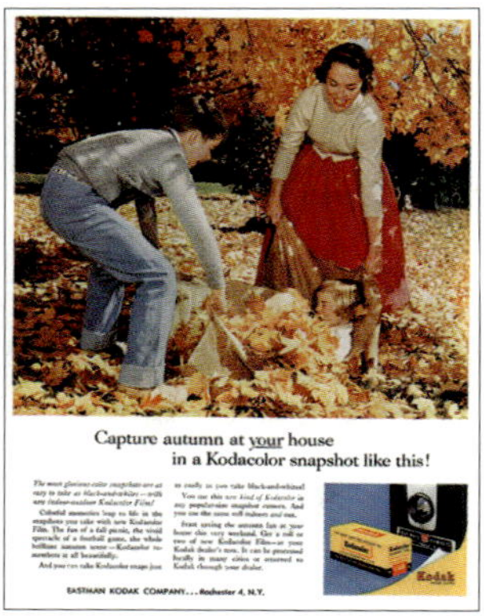

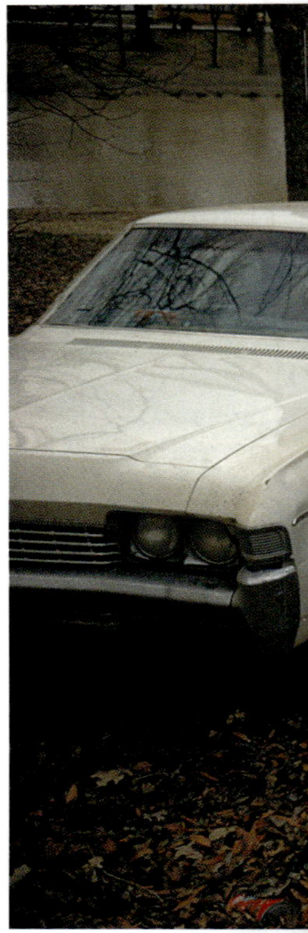

Le Kodachrome, film inversible pour diapositive, fut le procédé couleur de l'après-guerre, utilisé par la publicité (à gauche, publicité de 1957), avant de s'imposer massivement dans la photographie amateur seulement dans les années 1970, décennie au cours de laquelle la consommation de bobines noir et blanc chute de 80 à 30 millions.

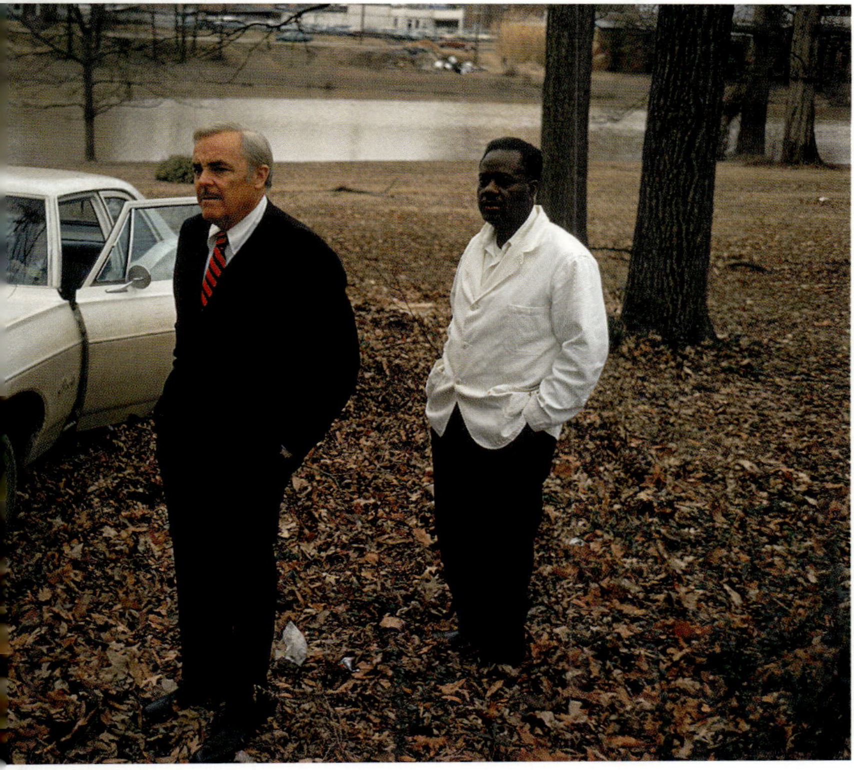

de l'utilisation de la diapositive. Dans cette adoption massive et sans état d'âme de la couleur, les amateurs se montrent très en avance sur les professionnels et les artistes. La jugeant trop liée au réel et insuffisamment artistique, ces derniers la tiendront à distance jusqu'au milieu des années 1970, avant de l'adopter progressivement, notamment sous l'influence de la vogue des coloristes américains (William Eggleston, Stephen Shore, Joel Meyerowitz), dont certaines pratiques sont fortement influencées par l'esthétique amateur et l'intérêt pour le trivial et le quotidien, et entrent en résonance avec la peinture hyperréaliste américaine de la période.

En 1976, au musée d'Art moderne de New York, William Eggleston présente 75 tirages réalisés à partir de pellicules Kodachrome (ci-dessus). C'est au contact d'un ami qui travaillait dans un laboratoire professionnel et développait des films amateurs en couleurs qu'Eggleston, après avoir pratiqué pendant plusieurs années le noir et blanc, se convertit à la couleur.

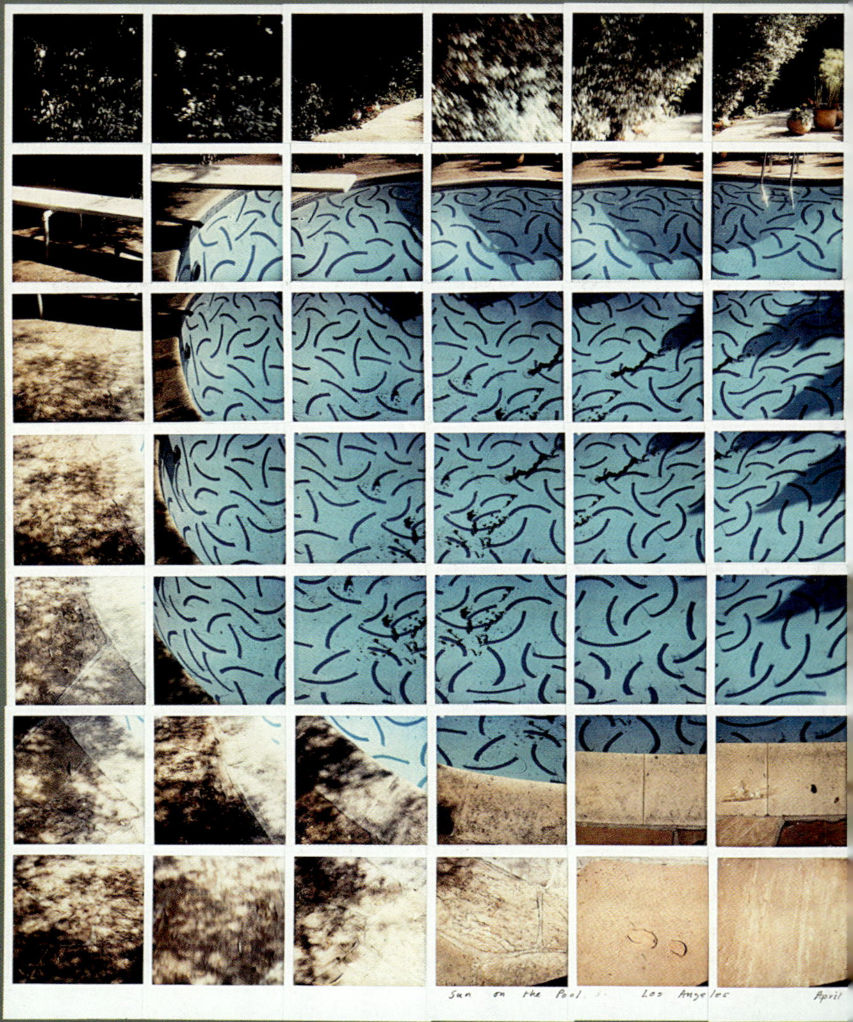
Sun on the Pool. Los Angeles April

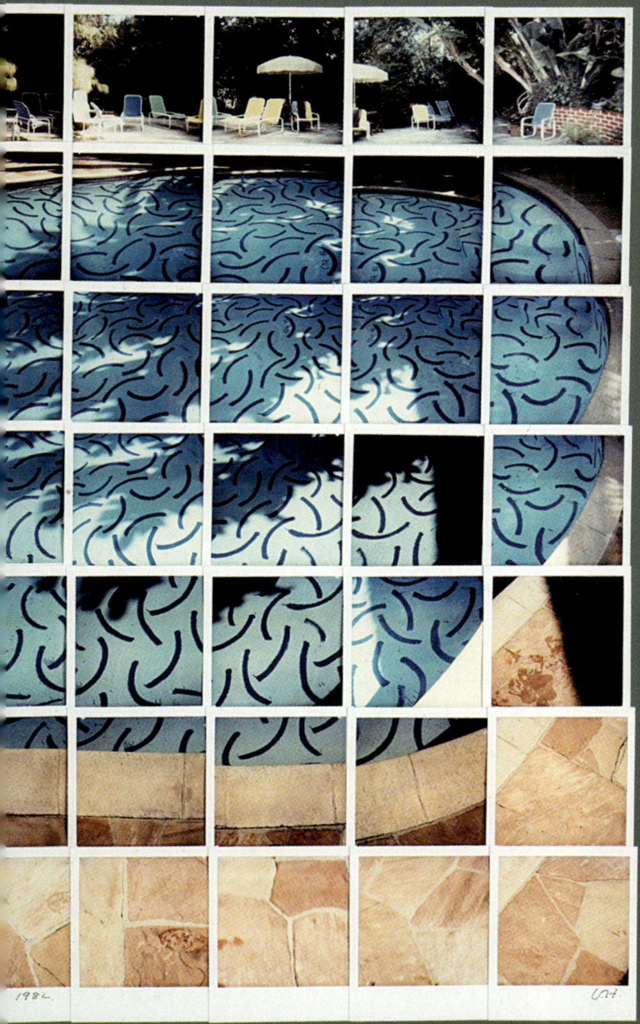

Plus chers que les appareils Kodak, vendus seulement à « quelques millions » d'exemplaires, les appareils Polaroïd n'en ont pas moins symbolisé, pour plusieurs décennies, une autre version de la photographie amateur, ludique et immédiate. Fière de sa singularité, Polaroïd a, par ailleurs, intensément développé une politique de promotion de ses produits à destination des artistes et des photographes professionnels. Le recours à des commandes, la constitution d'une collection d'entreprise ont pleinement participé à la diffusion de l'esthétique et du modèle Polaroïd. De grands photographes l'utilisent sur le tard, tels Walker Evans ou André Kertesz. De Luigi Ghirri à William Wegman, de Lucas Samaras à Chuck Close, d'Andy Warhol à David Hockney (ci-contre) jusqu'aux contemporains Paolo Roversi ou Patti Smith, la liste est longue des artistes qui ont succombé aux charmes de l'épreuve immédiate. Après une cessation d'activité en 2008, le projet de relance en 2010 de la production dans l'usine d'Enschede aux Pays-Bas d'un nouveau type de films adaptés aux appareils Polaroïd laisse espérer une poursuite de l'aventure.

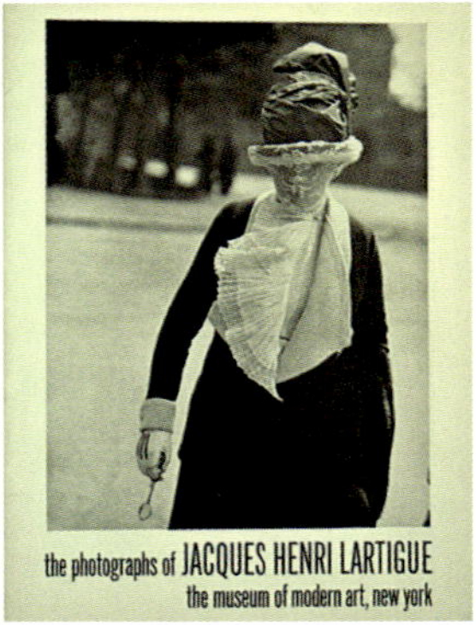

Une esthétique amateur ?

Dès l'entre-deux-guerres, notamment en Allemagne et aux États-Unis, cette production amateur avait retenu l'attention d'un certain nombre de photographes modernes. En 1944, le musée d'Art moderne de New York consacrait une exposition à la production amateur américaine avant d'ériger en 1962 Jacques Henri Lartigue en ancêtre d'un style amateur, celui de l'instantané naïf. Cependant, il apparaît difficile de définir à proprement parler une photographie amateur tout comme d'identifier un style homogène. Car la production amateur oscille entre le respect le plus strict et la désinvolture la plus extrême à l'égard des règles canoniques du « bien photographier ». Ce sont d'abord les entorses à ces règles qui vont déterminer, en creux, à partir des années 1950, un « style amateur » et nourrir, dès cette période, certaines démarches de la photographie dite artistique, à travers les images heurtées d'un William Klein, d'un Robert Frank, ou même d'une Lisette Model. Les clichés seront maintenant davantage « pris » que « faits », traduisant une évolution dans la conception même de la photographie.

Ce sentiment se retrouve très largement exprimé

Une des principales caractéristiques de la politique de John Szarkowski, à la tête du département de photographie du MoMA de New York, aura été de faire accéder une photographie vernaculaire au statut de pratique artistique, notamment en présentant, en 1963, la production du photographe amateur Jacques Henri Lartigue. Les images de Lartigue comme le travail de décloisonnement des genres entrepris par Szarkowski auront une forte influence sur tout un courant de la photographie américaine des années 1960, de Richard Avedon à Garry Winogrand ou Diane Arbus (ci-dessous).

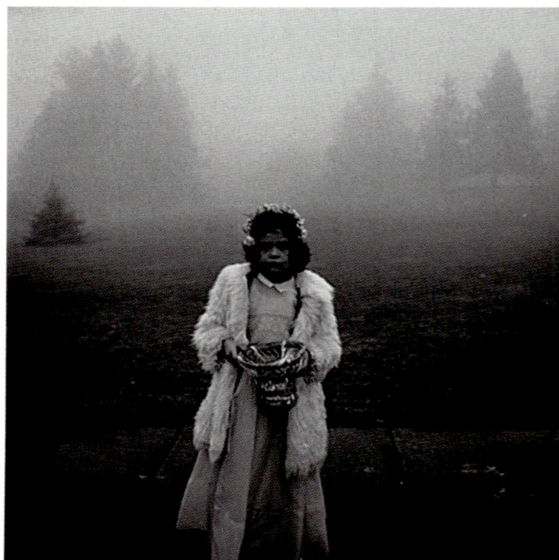

dans le style des décennies suivantes, notamment chez les photographes américains regroupés autour de la bannière du New Documents dans la seconde moitié des années 1960 : Diane Arbus, Lee Friedlander, Garry Winogrand. Tous enregistrent un monde chaotique, dans un langage où l'accident a pleinement sa part : ratages, erreurs, refus d'une image léchée et travaillée, recherche d'un naturel expressif émaillent cette production, des ombres portées systématiques du photographe (Lee Friedlander) à l'usage du flou (Bernard Plossu) ou du grain apparent de l'image (Daido Moriyama).

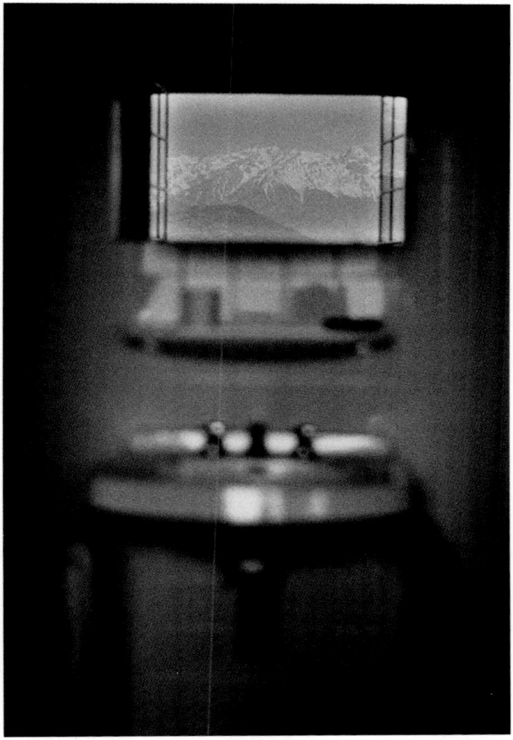

"Je peux photographier vite. Mais cette rapidité très « française », qui renvoie à l'« instant décisif » de Henri Cartier-Bresson, je l'utilise au contraire pour enregistrer des instants « non décisifs » [...] il ne s'agit pas de fixer précisément le saut d'un homme sur une flaque d'eau, mais par exemple un morceau de lumière sur un mur avec une fenêtre, ou du vide..."
Bernard Plossu, 2005
[ici, *Lavabo rêvé*, 1972]

Cette tradition sera amplement relayée et renforcée dans les années 1970 et 1980 avec, notamment, l'intrusion de la couleur ou l'usage systématique du flash (Martin Parr), que vient prolonger aujourd'hui le goût pour l'image ratée, symbole de l'amateurisme le plus complet et – ultime ? – pied de nez aux règles du « bien photographier ».

Les images modèles

En revanche, c'est bien plutôt le caractère conventionnel et trivial de l'image amateur, sa nature d'« art moyen » comme ses usages populaires qui retiennent l'attention d'un certain nombre d'artistes contemporains à partir des années 1960. S'emparant des pratiques et de l'iconographie des amateurs, ils les installent au cœur de leur recherche, contribuant à les ériger en une esthétique pleine et entière. Des artistes conceptuels mettent en avant la simplicité du document amateur (Mel Bochner), l'utilisation d'appareils bon marché produisant des « images sans qualités » (Robert Smithson et l'Instamatic) ou réhabilitent des pratiques populaires et commerciales (Photomatons de Warhol, Arnulf Rainer ou Sigmar Polke). À la fin des années 1960, c'est le dispositif lui-même de la projection amateur de diapositives que réutilisent Dan Graham voire, plus tard, Nan Goldin pour ses premières œuvres autobiographiques (« Ballad of Sexual Dependency », années 1980).

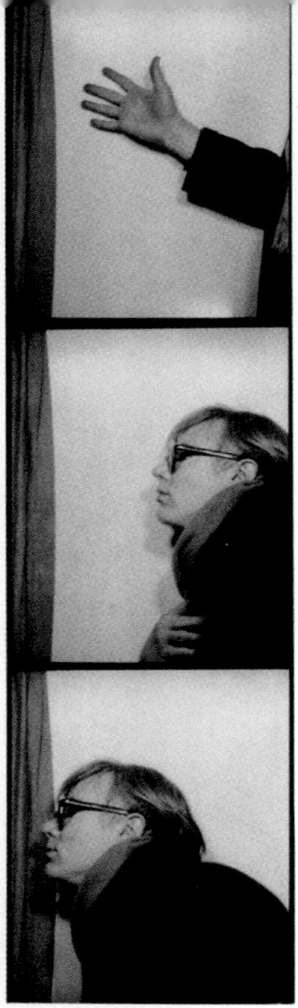

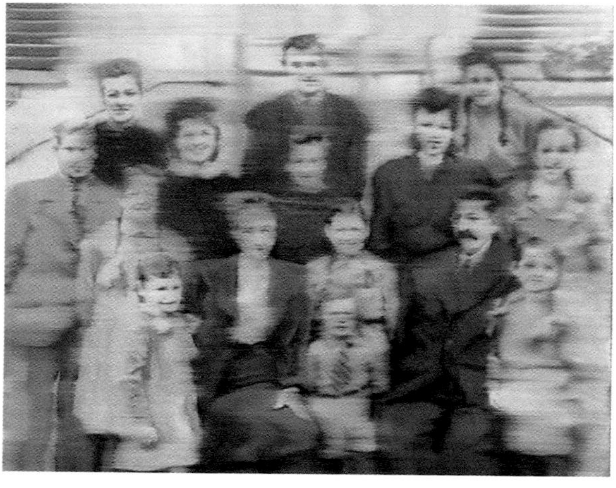

À la suite des surréalistes, nombre d'artistes des avant-gardes des années 1960 se sont passionnés pour le Photomaton. Pour Warhol, par ailleurs grand utilisateur d'autres procédés photographiques populaires tels l'Instamatic ou le Polaroïd, le Photomaton (ci-contre, *Autoportrait*, vers 1963) accomplit le rêve de l'auteur-machine : celui d'un art automatique, totalement mécanique, sériel, standardisé, banal et populaire dont les images lui serviront pour nombre de ses portraits sérigraphiques des années 1960. À la même période, l'Allemand Gerhard Richter inscrit aussi la photographie, clichés amateurs ou de presse, au cœur de sa pratique artistique, par la constitution de son « Atlas », grande collection d'images photographiques de tous genres glanées ici et là, comme par ses toiles d'après clichés photographiques (ci-contre).

❝Je n'arrête pas de peindre des photos, parce que je ne perce pas leur secret et parce que la seule manière de les reproduire est de les peindre et que cela m'excite de me livrer ainsi à une chose et d'avoir aussi peu d'emprise sur elle.❞

Gerhard Richter, *Notes*, 1964-1965

Dans une autre direction, nombre d'artistes contemporains s'intéressent aux stéréotypes sociaux et formels véhiculés par l'image amateur : dès le début des années 1960, le peintre allemand Gehrard Richter utilise comme source de référence de ses toiles des clichés d'amateur. À la fin de la décennie, Hans-Peter Feldmann et ses collections d'images de toutes sortes, Christian Boltanski et ses séries autobiographiques et parodiques, ou Annette Messager et sa critique des lieux communs nourrissent tous leurs démarches de cette production photographique amateur.

Depuis et jusqu'à aujourd'hui, l'image amateur, l'instantané, le *snapshot*, sont devenus l'objet de nombreux détournements et réappropriations artistiques, de Guillaume Bijl à Joachim Schmid, de Tacita Dean à Erik Kessels et Thomas Lélu. Transformé par l'université en objet d'étude d'histoire de l'art, recherché par les collectionneurs et les musées (en 2000, le Metropolitan Museum de New York exposait la collection de photographies anonymes d'un collectionneur américain, Thomas Walther, avant d'en faire l'acquisition), compilé en volumineuses anthologies et catalogues d'exposition, érigé en principal exemple d'une culture visuelle populaire contemporaine, l'instantané amateur est aujourd'hui paradoxalement le dernier refuge de l'art photographique.

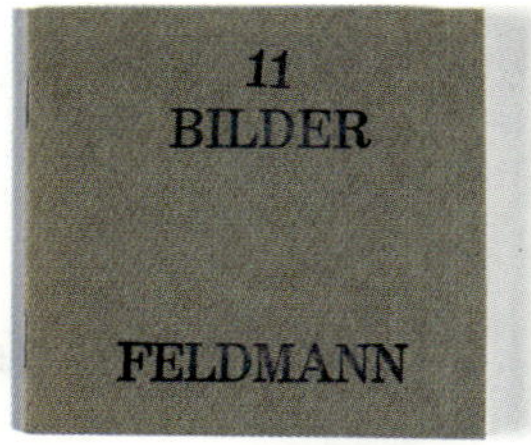

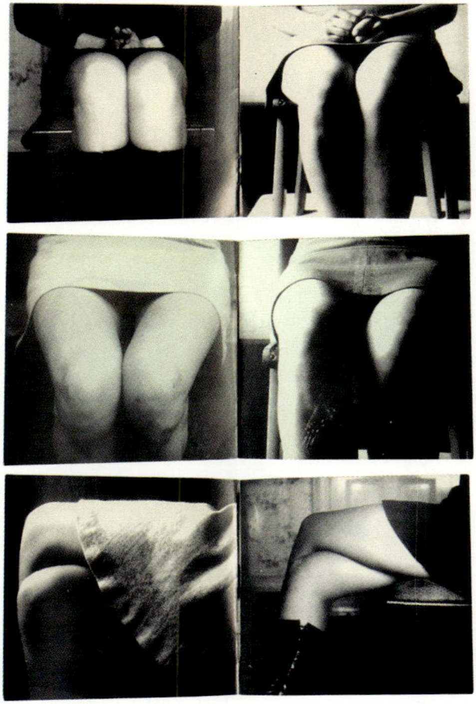

Constituée, depuis les années 1960, de dizaines de publications autour de l'idée de collection, l'œuvre de Hans-Peter Feldmann déjoue les notions d'auteur et d'originalité (ci-dessus, *11 Bilder*, 1969).

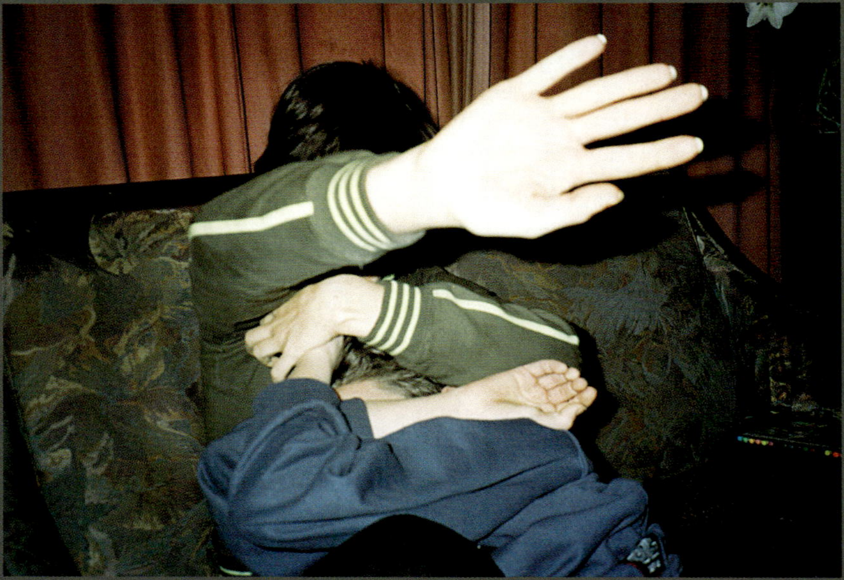

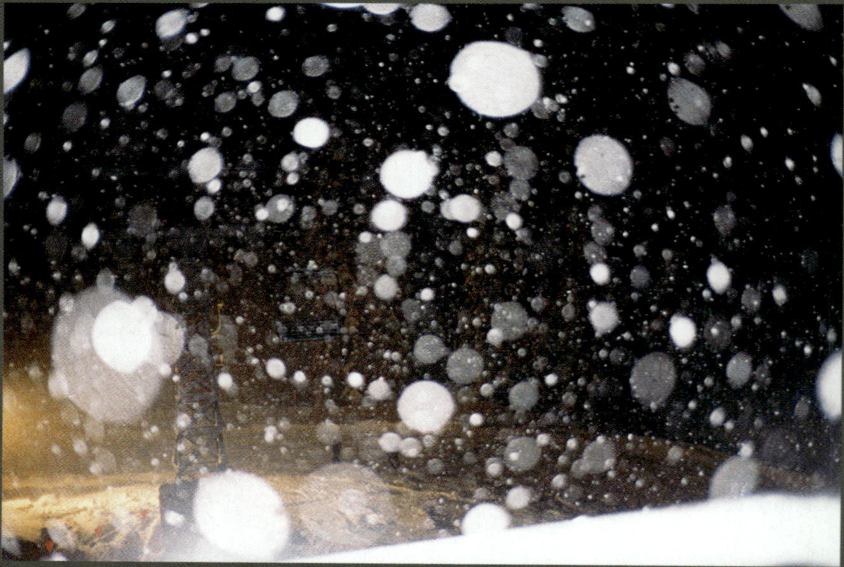

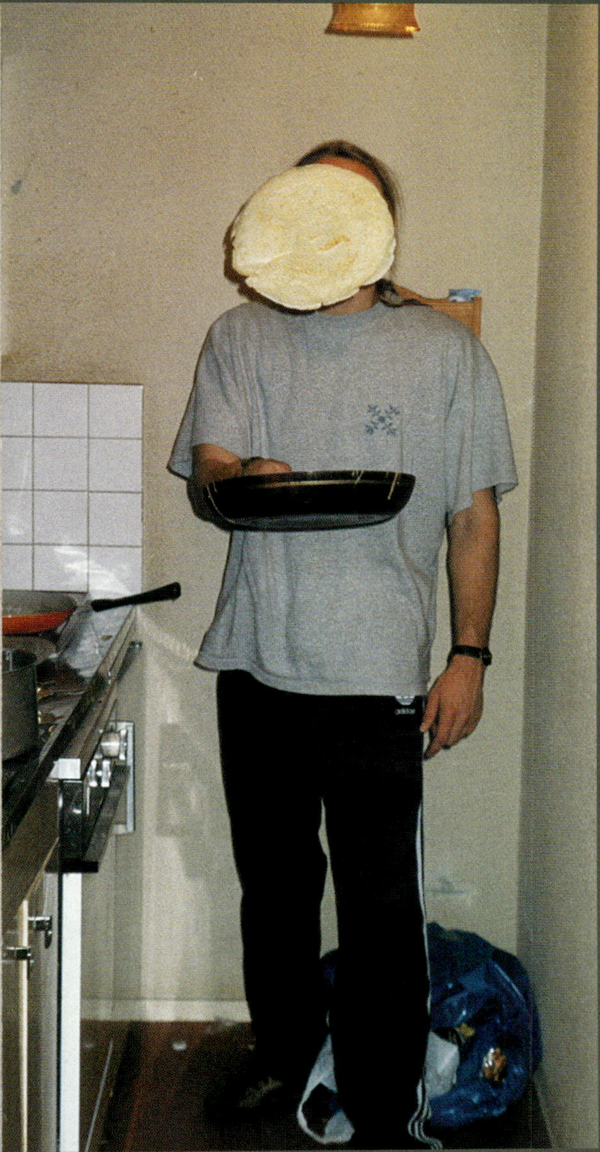

Si l'iconographie satirique sur la photographie s'est emparée avec délectation, depuis les tout débuts de la technique, de la notion de ratage, généralement pour se moquer des prétentions artistiques du nouveau médium, ce n'est que récemment, par un retournement de perspective, que la photographie ratée est devenue un genre photographique à part entière, avec ses concours (« Fautographie », 1991), ses manuels et ses anthologies (ici, photos rejetées sélectionnées par Erik Kessels, André Thijssen, Sabine Verschueren et Hans Wolf en 2006 et publiées la même année dans *Wonder*). Cette évolution rappelle une des grandes logiques de développement de l'histoire des arts modernes, consistant, depuis le XIXe siècle, à « rendre canoniques des formes marginales », selon la formule de Victor Chklovsky. Célébrant les entorses les plus évidentes à la règle du « bien photographier », le genre propose un contre-modèle photographique, avec ses caractéristiques (flou, bougé, décadrage, surimpression), ses bonnes et ses mauvaises erreurs, et ses chefs-d'œuvre. Y a-t-il encore de la photographie ratée ?

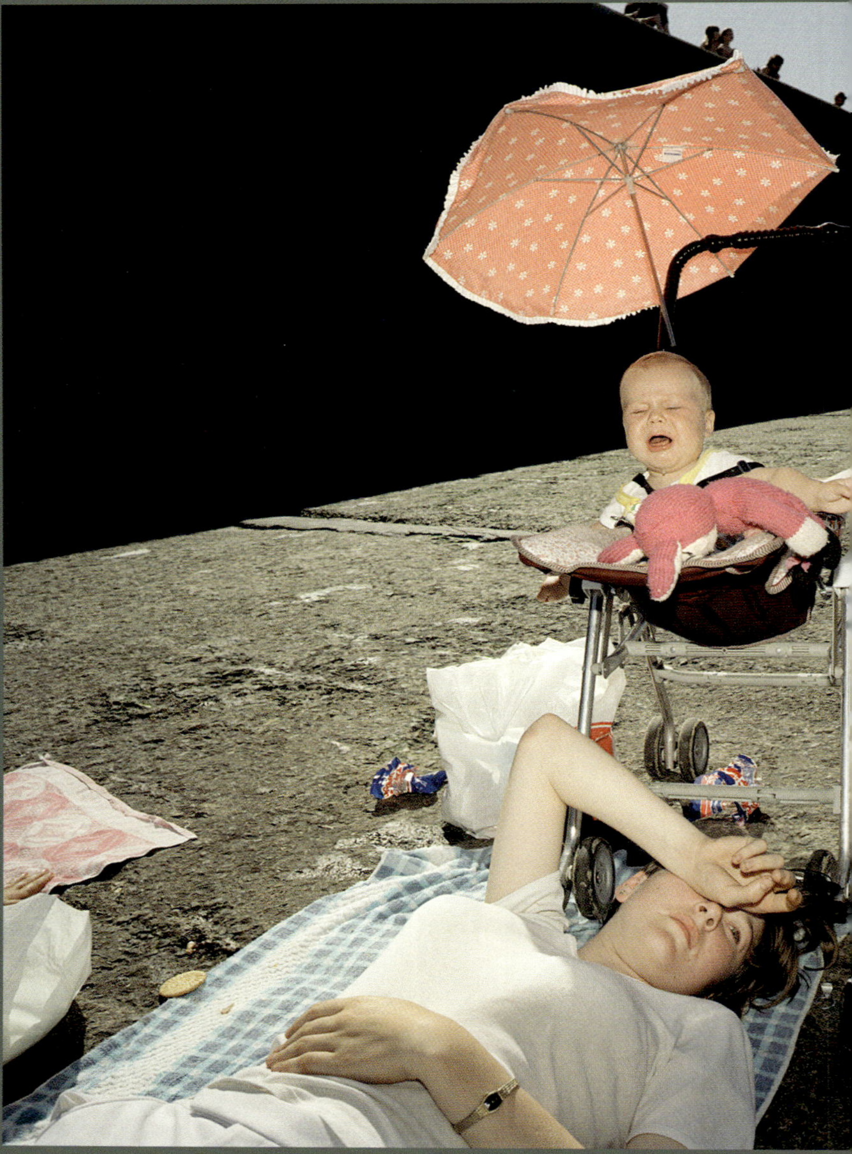

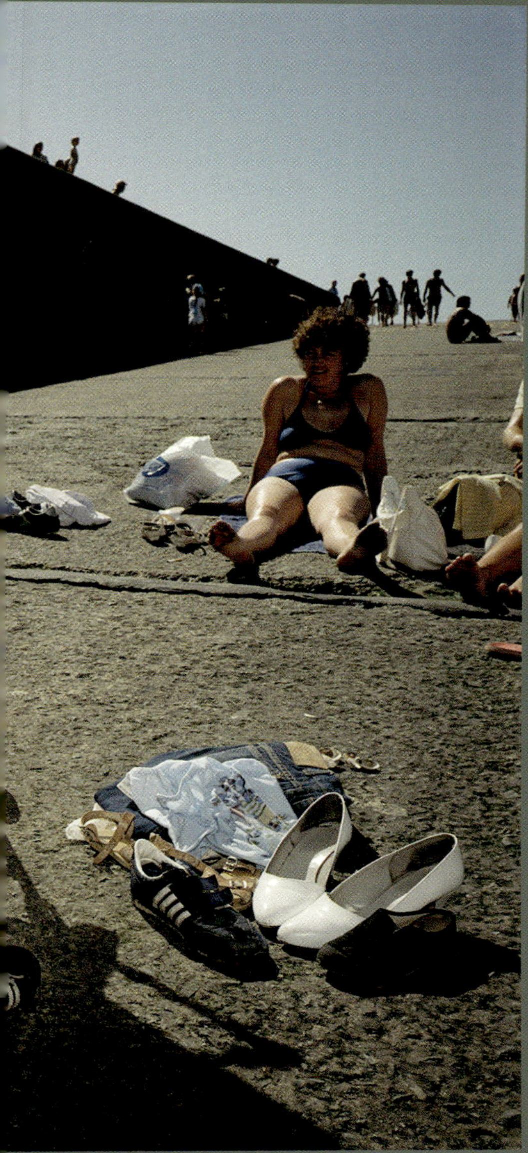

Aujourd'hui consacré comme l'un des photographes majeurs de sa génération, Martin Parr a livré depuis trente ans – de l'essor et des ravages du tourisme mondial à l'évolution sociale et culturelle de la société britannique – une vision singulière sur le monde contemporain, ses enjeux et ses évolutions : tantôt tendre, tantôt acerbe, toujours ironique, son regard, inscrit dans la lignée des coloristes américains des années 1970, tel Eggleston, a eu souvent recours à des emprunts à un vocabulaire amateur, notamment dans sa série « The Last Resort » (1983-1985, ci-contre) sur la ville balnéaire de New Brighton, au bord de la Mersey. Un style heurté, immédiatement reconnaissable et parfois sujet à controverse.

"La couleur était considérée comme relevant soit du domaine de la photographie amateur, soit du photographe professionnel, mais pas d'un photographe sérieux. L'utilisation du flash en plein jour avait pour fonction de créer un effet d'irréalité, avec ses couleurs très vives. Travailler avec une pellicule amateur courante permettait d'obtenir des couleurs encore plus saturées."

Martin Parr, 1994

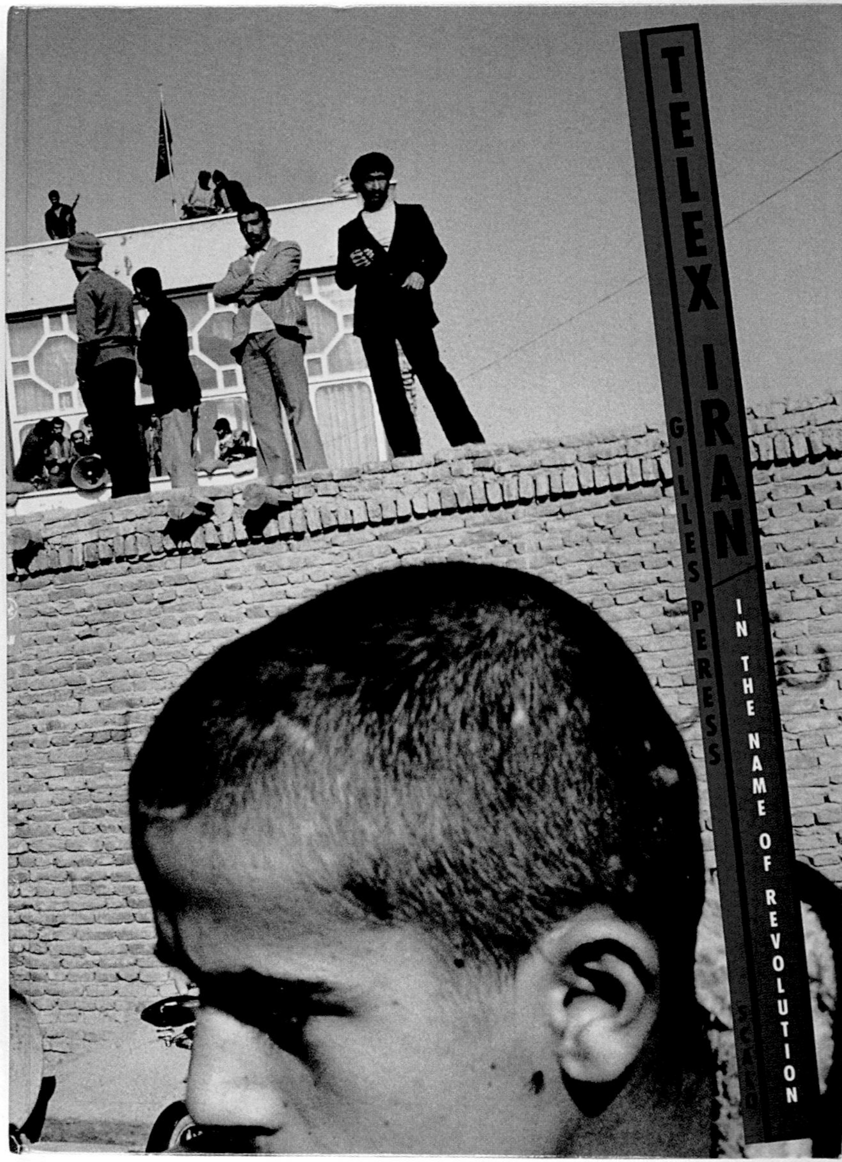
TELEX IRAN
GILLES PERESS
IN THE NAME OF REVOLUTION

À partir des années 1960, face notamment à la concurrence de la télévision, la photographie de presse doit réexaminer ses pratiques comme ses objectifs pour tenter de mettre au point de nouveaux modes d'adresse au public et d'enregistrement du monde contemporain.

CHAPITRE 2

LES INSTANTS DÉCISIFS

Malgré la concurrence toujours plus forte de l'image animée, la photographie est restée, tout au long des dernières décennies du XXe siècle, un des principaux moyens de dire l'histoire et de relater l'événement, à travers la page imprimée, du livre ou du journal : qu'il s'agisse de la conquête de la Lune par l'homme photographiée par Neil Armstrong et Edwin Aldrin (ci-contre, *Life*, 8 août 1969) ou de la révolution iranienne, par le photographe Gilles Peress (page de gauche, son livre *Telex Iran*, 1984).

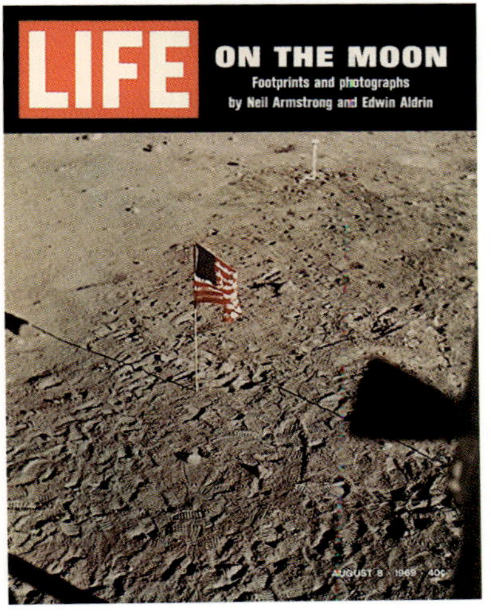

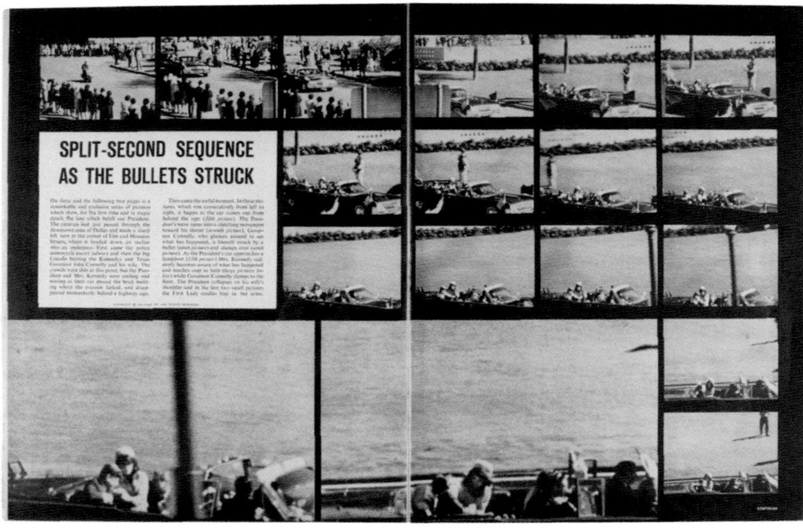
SPLIT-SECOND SEQUENCE
AS THE BULLETS STRUCK

Un règne contesté

Dès le début des années 1960, le formidable essor de la presse illustrée, initié dans l'entre-deux-guerres et amplifié après la guerre, connaît aux États-Unis un début d'essoufflement. Outre l'usure compréhensible des formules du photojournalisme nées dans les années 1940, notamment des récits en images, les *picture stories*, la principale cause en est la rivalité nouvelle d'autres médias d'information en pleine croissance, la radio et surtout la télévision. En 1945, aux États-Unis, on dénombre 6 chaînes s'adressant à un public de… 10 000 spectateurs. Au même moment, un magazine généraliste d'information fondé sur la photographie tel *Life* touche 5 millions de lecteurs et atteindra 7 millions au milieu des années 1950. À la même période cependant, ce sont déjà 200 chaînes de télévision et 29 millions de téléspectateurs que compte le pays : si, au début des années 1950, seulement 9 % des foyers sont équipés d'un poste de télévision, ils sont plus de 80 % à la fin de la décennie.

Malgré le nombre de photographes officiels sur le parcours de la voiture présidentielle le 22 novembre 1963 à Dallas, c'est à un cinéaste amateur, Abraham Zapruder, que l'on doit les seules images de l'assassinat de John Fitzgerald Kennedy. L'exclusivité des droits de diffusion de ce film couleur Kodachrome de 8 mm fut aussitôt achetée par *Life* qui en proposa, les semaines suivantes, plusieurs publications, notamment dans son édition du 29 novembre 1963 (en haut), d'abord en noir et blanc puis en couleurs. Ce n'est que bien plus tard que le film, pièce à conviction utilisée par la police, fut présenté à la télévision.

À partir des années 1960, c'est essentiellement par la télévision que la plupart des événements qui scandent l'actualité sont vécus et appréhendés par le grand public, de l'assassinat de Kennedy à la conquête spatiale : les images en mouvement, plus proches du réel, détrônent progressivement l'image fixe. La généralisation de la couleur à la télévision, avec quelques années de retard sur la presse, accélère le phénomène à partir des années 1970. C'est dans la première moitié de cette décennie que le rapport de force s'inverse entre télévision et presse illustrée : le tassement des ventes des magazines comme celui des recettes publicitaires, beaucoup d'annonceurs privilégiant désormais le support télévisuel, obligent certains acteurs de la presse à évoluer. Aux États-Unis, deux des principaux acteurs de ce marché sont contraints à la fermeture, *Look* en 1971 et *Life* à la fin de l'année 1972.

Il convient toutefois de relativiser ce phénomène : tout d'abord, parce que cette crise n'a en effet pas empêché une inflation des images, multipliées par 20 ou 30 depuis les années 1970, de même que des photojournalistes (passés de 10 000 à 20 000 aux États-Unis dans les années 1970). Ensuite, parce que le contexte n'est pas le même partout : il se révèle moins défavorable en Europe ou au Japon, où la télévision ne connaît pas encore le même développement et où de grands magazines d'information continuent à publier massivement de la photographie, qu'il s'agisse de *Paris Match* en France, du *Sunday Times* au Royaume-Uni, de *Stern* en Allemagne ou de *Oggi* ou *Gente* en Italie. À cela s'ajoute l'arrivée de nouveaux périodiques spécialisés, tel *Geo*, lancé en Allemagne puis en France par

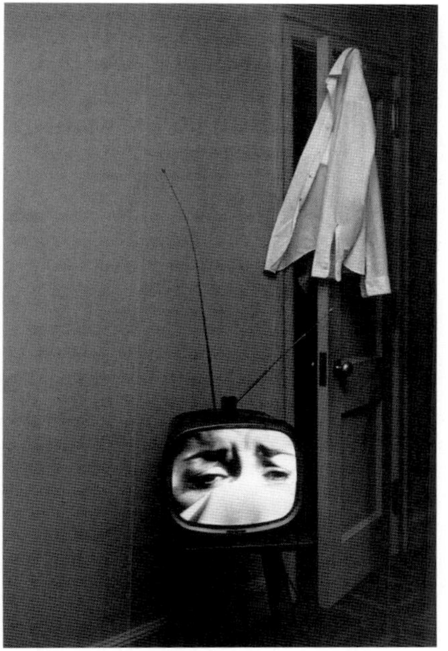

Avec l'apparition massive de la télévision aux États-Unis au milieu des années 1950, les photographes, de Robert Frank à William Klein, ont été fascinés par l'objet et ont utilisé son potentiel photographique : l'impression de collage dans la réalité de l'image sur l'écran et la luminescence très spécifique que ce dernier dégage. Lee Friedlander devait lui consacrer une série entière dans les années 1960, fondée sur un contraste entre l'écran animé et des environnements vides (ici, *Nashville*, 1963).

les propriétaires de *Stern* sur le modèle du *National Geographic*. Autant de journaux qui accordent encore une grande place à la photographie et n'hésitent pas à consacrer plusieurs doubles pages à la couverture d'un événement par un seul photographe.

Des structures renouvelées

À partir de la fin des années 1960, la géographie du photojournalisme se modifie, le centre de gravité se déplaçant vers l'Europe, notamment Paris : c'est essentiellement là que sont créées de nouvelles structures et agences « magazines » qui entendent reconstruire sur de nouvelles bases les règles du photojournalisme. Outre une presse illustrée européenne encore très active et une certaine tradition dans le domaine de la création d'agences (de Black Star à Dalmas,

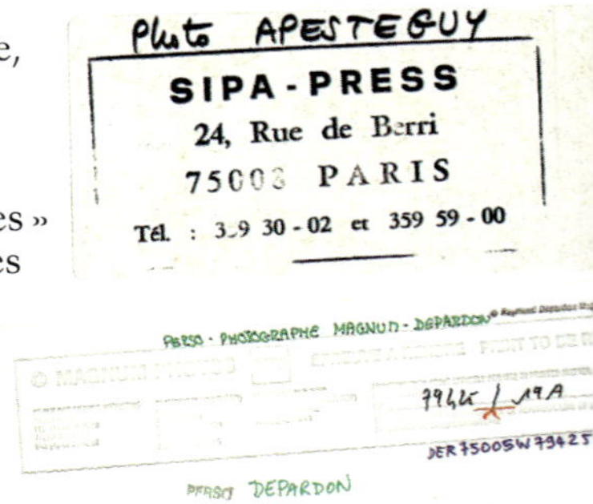

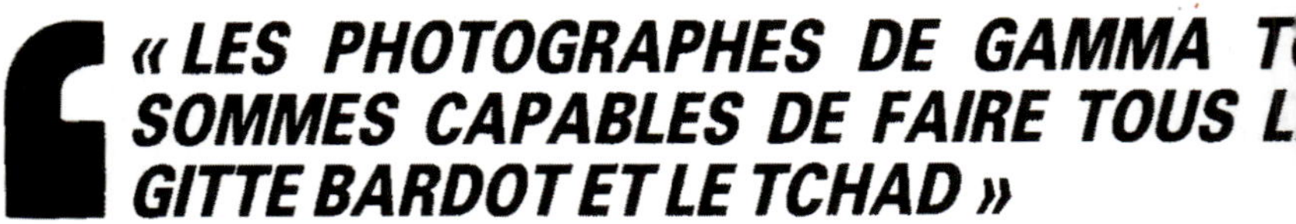

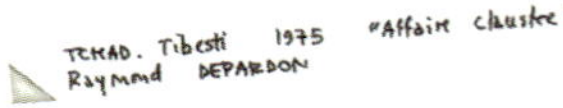

Rapho ou les Reporters associés), Paris possède l'avantage géographique d'être à mi-chemin des États-Unis et de l'Asie, et à proximité de l'Afrique, ce qui, notamment en termes de fuseaux horaires, facilite la gestion et la circulation rapide des images. Le déplacement géographique des agences rend également compte des bouleversements géopolitiques alors en train de s'accomplir.

S'opposant à la fois aux grands périodiques et à leurs staffs de photographes comme aux agences déjà constituées, les nouvelles agences qui se mettent en place entendent redéfinir les règles de diffusion et de contrôle des images en donnant désormais aux photographes une place et un rôle prépondérants, suivant en cela l'exemple de l'agence Magnum, coopérative de photographes créée vingt ans plus tôt. Les frais et les ventes sont partagés

Les années 1960 sont encore comme une période de non-spécialisation, au cours de laquelle la plupart des photographes de presse traitent indifféremment de sujets très divers, au gré et au rythme de leurs assignations et de leurs commandes. Salarié d'agence, telles Sipa ou Magnum (ci-dessus), ou indépendant, le photoreporter n'est qu'un maillon d'une chaîne d'information et fournit des images qui, mélangées à d'autres et souvent non créditées, seront mises en pages selon un schéma et une logique sur lesquels il n'a pas de prise. La figure du photographe de presse-auteur ne commence vraiment à s'affirmer qu'à partir des années 1970.

entre agences et photographes, ces derniers restant propriétaires de leurs négatifs et relativement libres de leurs choix de sujets.

C'est le cas de Gamma, fondée en 1967 par divers transfuges d'agences parisiennes, Raymond Depardon, Hubert Henrotte, Hugues Vassal et Jean Monteux et que rejoint vite Gilles Caron. Favorisée par une actualité particulièrement agitée (guerre du Vietnam, guerre des Six-Jours, événements de l'année 1968), Gamma connaît une croissance fulgurante jusqu'à devenir, après quelques années d'existence, la principale agence de l'époque, avant d'être concurrencée par Sipa, créée en 1969, à l'initiative de Göksin Sipahioglu, à partir notamment du fonds de l'agence Dalmas. L'année 1973 voit la création de l'agence Sygma, par des transfuges de Gamma (Hubert Henrotte). Cette dernière va rapidement devenir la plus importante agence du monde.

Après le Vietnam et la bataille de Hué en 1968, le photoreporter de guerre Don McCullin a couvert le conflit nord-irlandais (en bas, 1971) dans la tradition du photoreportage de guerre historique cher à Capa : au cœur de l'action, au plus près de ses sujets, et encore en noir et blanc. Sous le titre « War on the Home Front », le *Sunday Times* du 19 décembre 1971 alternait, sur plusieurs doubles pages, séquences narratives ou micro-récits et images isolées, souvent pleine page : exemple d'un journalisme pleinement photographique, souvent émotionnel, où l'image prime sur le texte et propose, davantage qu'un récit, une description.

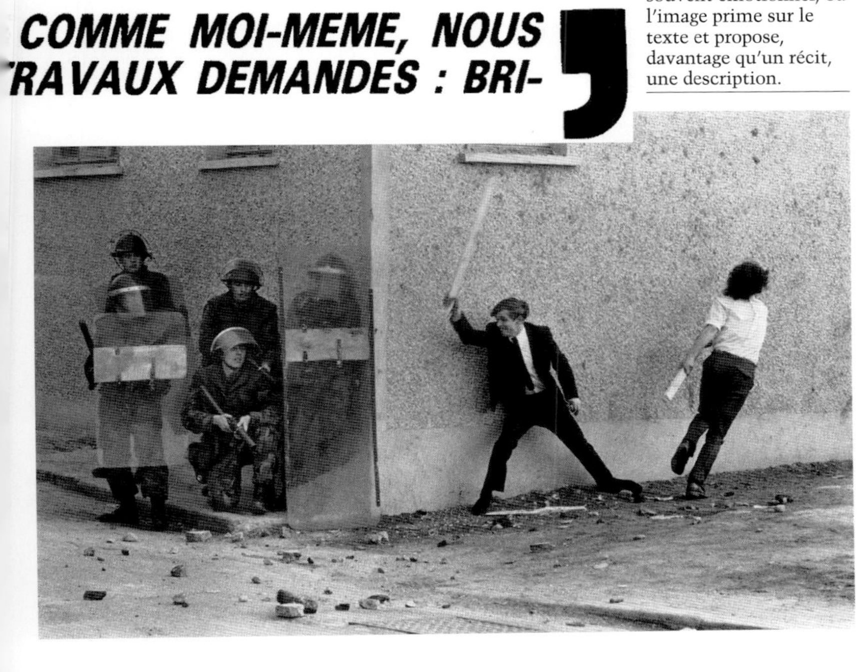

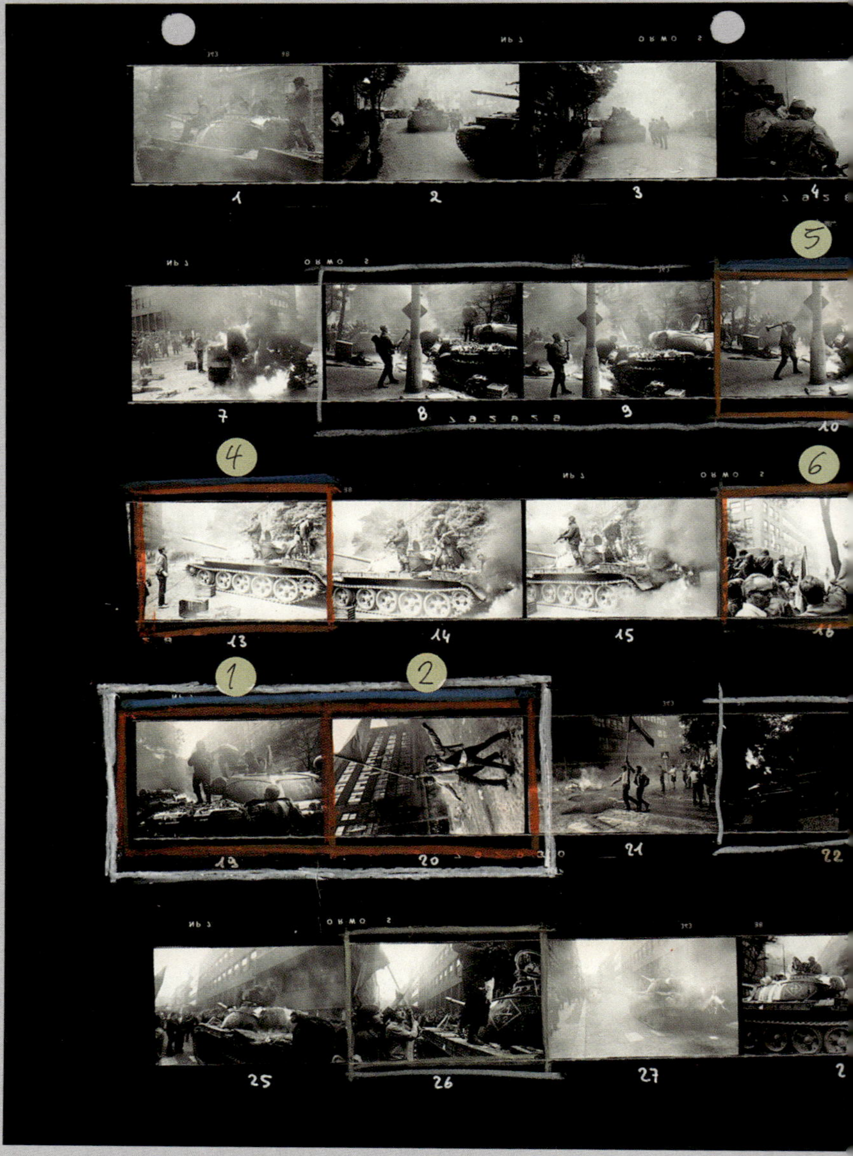

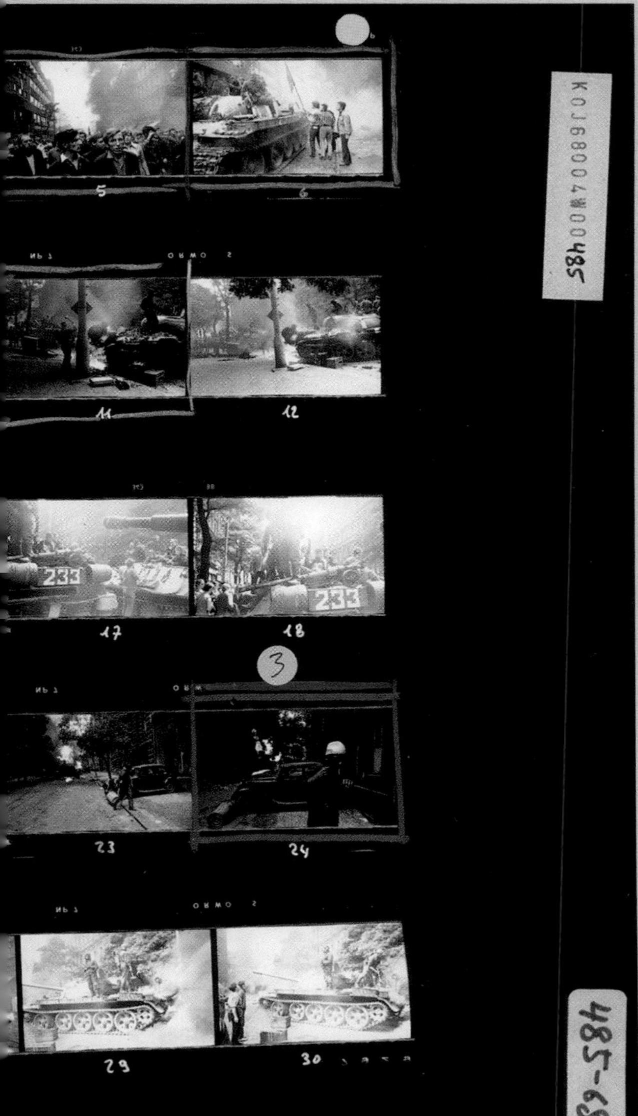

Réalisée à partir de bandes du même négatif découpées et alignées les unes sous les autres sur papier photosensible, la planche contact offre, sur une même feuille, les différentes prises de vue réalisées dans la continuité à partir d'une pellicule. En cela, elle apparaît comme le laboratoire du photographe – parfois réticent d'ailleurs à la diffuser –, offrant à l'observateur extérieur des pistes pour comprendre la méthode d'approche du sujet, ses tentatives, ses réussites, ses échecs, à la manière d'un carnet de croquis ou de brouillon. Permettant d'étudier la construction progressive de telle ou telle image, devenue parfois icône, la planche contact est devenue une référence incontournable pour toute analyse historique d'une œuvre. Au début des années 1980, sur une initiative de William Klein, « Contacts », une série de films consacrés à des photographes, prenait pour principe l'étude de ce matériau – ci-contre, planche contact de Josef Koudelka sur l'intervention soviétique à Prague en 1968, montrant quelques-unes de ses images parmi les plus célèbres. Pages suivantes : double page de *Paris-Match*, « Le Lundi terrible », 18 mai 1968, photographie de Gilles Caron.

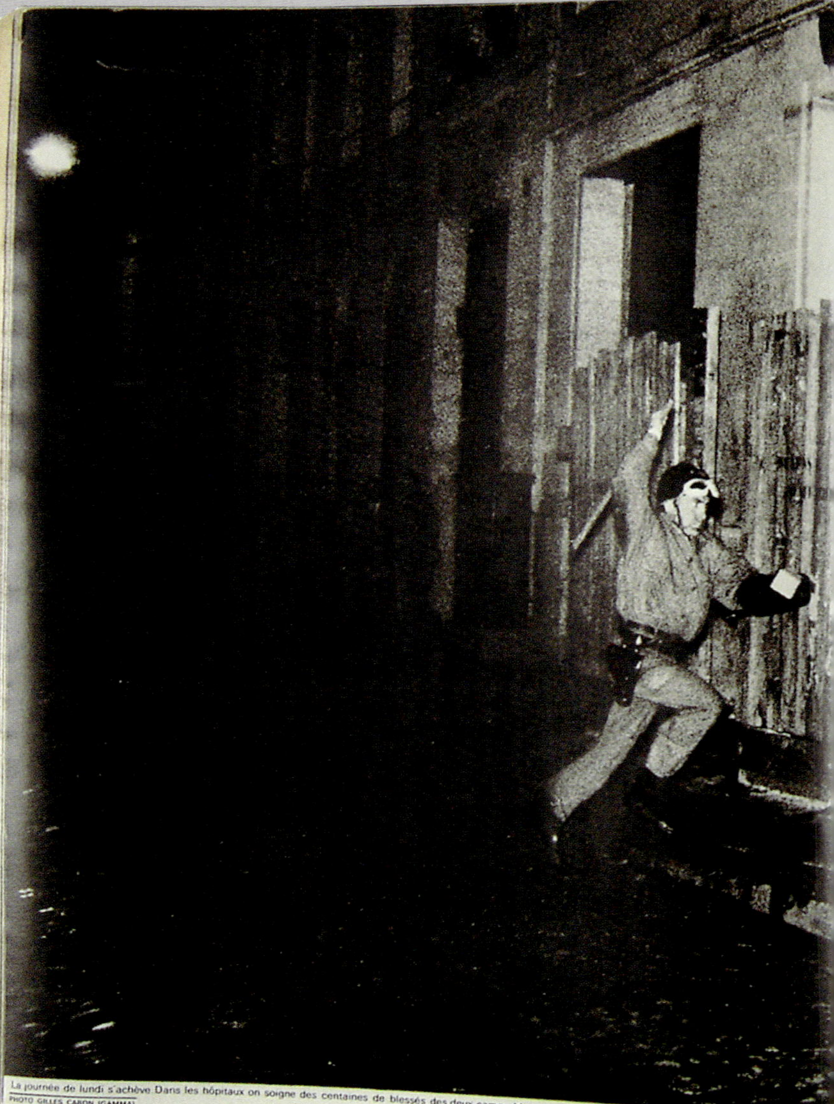

La journée de lundi s'achève Dans les hôpitaux on soigne des centaines de blessés des deux camps Malgré l'ordre de dispersion donné par les groupements d'étud

PHOTO GILLES CARON (GAMMA)

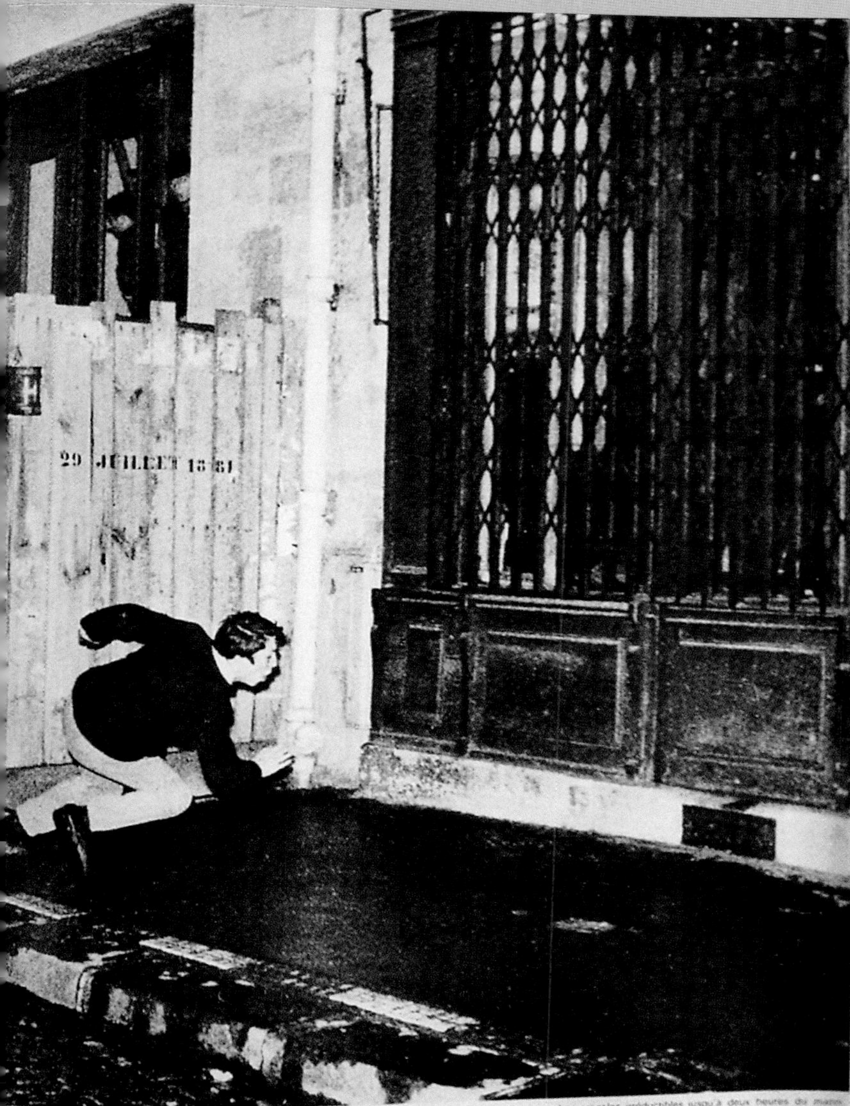

stants isolés circulent encore autour du Quartier latin. Sous la pluie, les brigades spéciales d'intervention pourchasseront les irréductibles jusqu'à deux heures du matin.

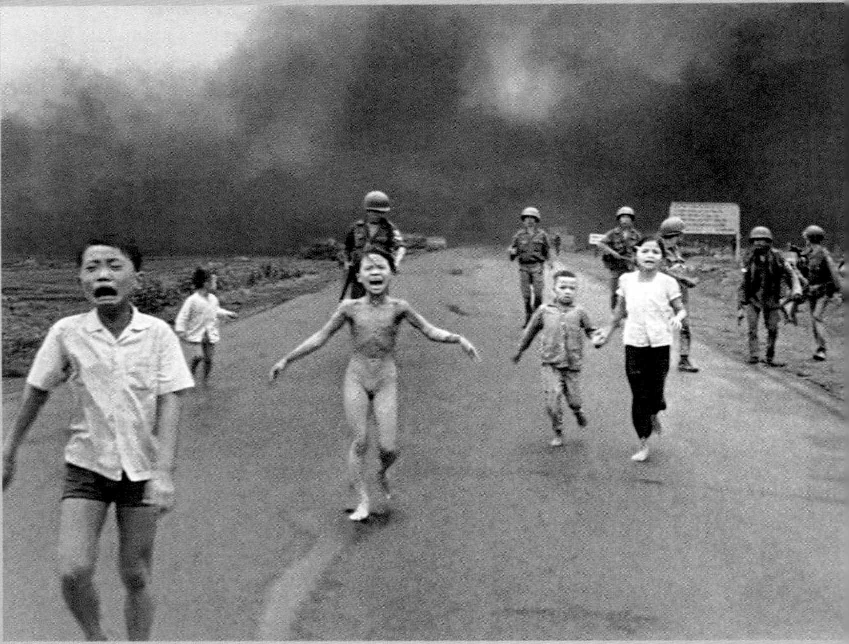

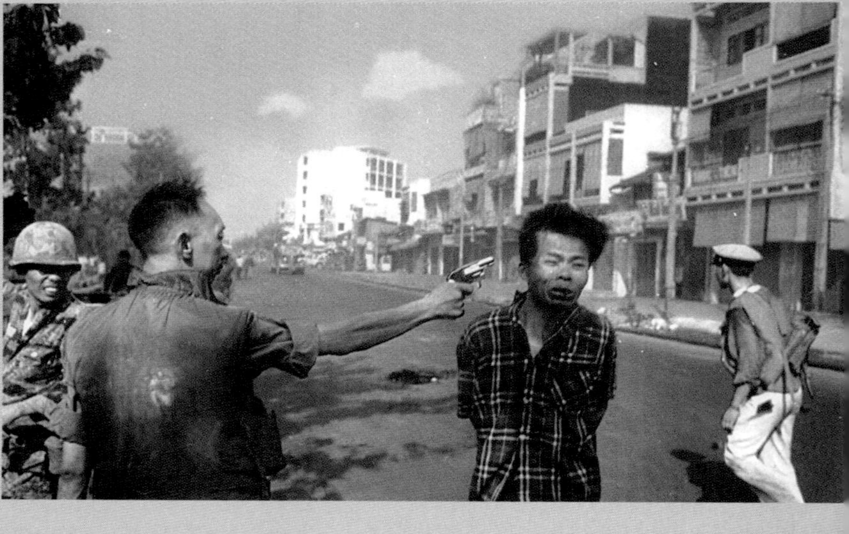

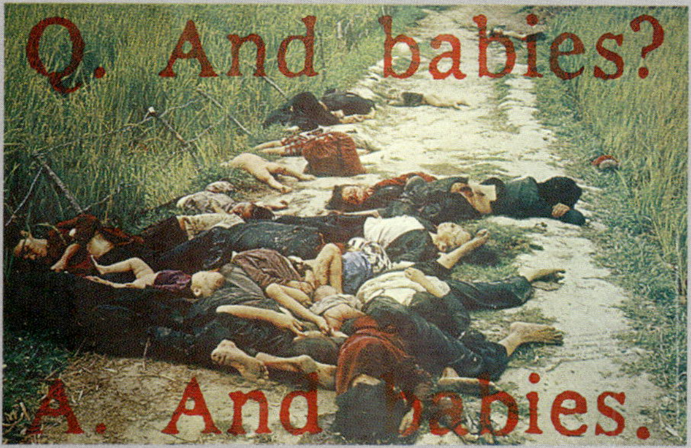

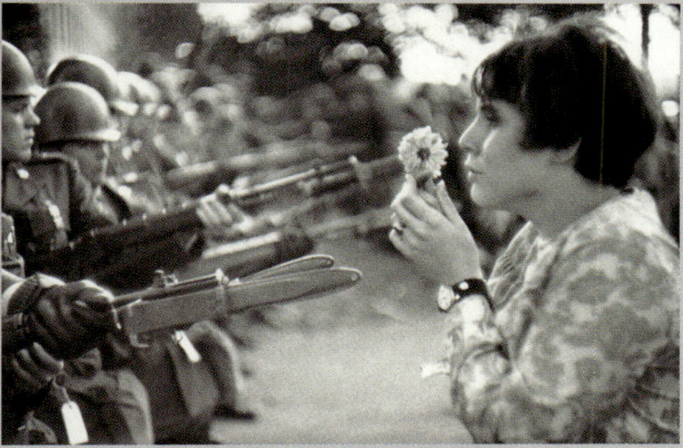

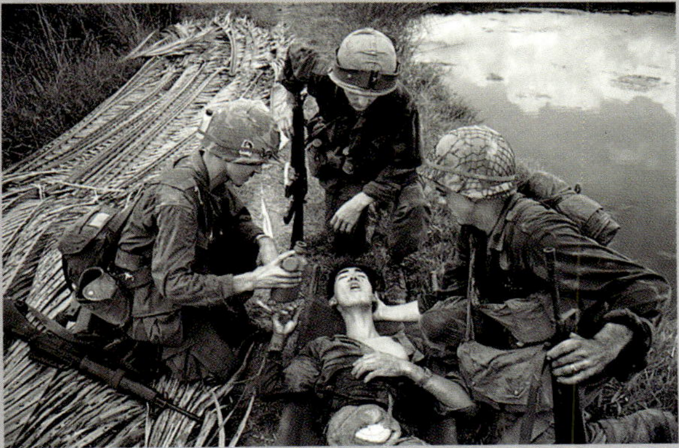

La tumultueuse décennie des années 1960 a vu se créer quelques-unes des grandes icônes du photojournalisme, et par-delà, de l'histoire de la photographie au XXe siècle. Rétrospectivement, la guerre du Vietnam apparaît comme un des derniers grands conflits armés au cours desquels les photojournalistes – de Don McCullin à Larry Burrows ou Gilles Caron – ont bénéficié d'une réelle liberté d'action. Réalisant, au plus près des combattants, en noir et blanc ou en couleurs, nombre de ces images puissantes, ils ont contribué à sensibiliser l'opinion publique mondiale, et notamment américaine, à l'atrocité des combats : telles l'image de Eddie Adams montrant un officier sud-vietnamien exécutant un suspect vietcong (page de gauche, en bas), celle de Nick Ut saisissant Kim-Phuc, une petite fille vietnamienne brûlée au napalm fuyant son village en feu (page de gauche, en haut), celle de Ron Haeberle et Peter Brandt du massacre de Mi Lai (ci-contre, en haut), ou la femme à la fleur, manifestante d'une marche pour la paix, immortalisée par Marc Riboud (au milieu) et l'ouvrage de Philip Jones Griffiths, *Vietnam Inc.* de 1971 (en bas, bataille de Saigon).

Ces nouvelles structures se juxtaposent à celles préexistantes, particulièrement les grandes agences de presse télégraphiques qui, telles AFP et Reuters, dans les années 1980, se dotent de services photo internationaux proposant des images d'actualité en ligne (*wire photo*) et d'autres de bien moindre ampleur, soucieuses de développer un reportage d'auteur : c'est le cas, à Paris, de Viva (1972-1982), à New York, de Contact Press Images (fondée en 1976), puis, dans les années 1980, malgré les difficultés du marché, des agences Vu (Paris, 1986), Editing (Paris, 1988), Métis (Paris, 1989), VII (New York, 2001), Noor (Amsterdam, 2007), ou également de collectifs de photographes, aux structures administratives plus souples, tels Tendance Floue, l'Œil public.

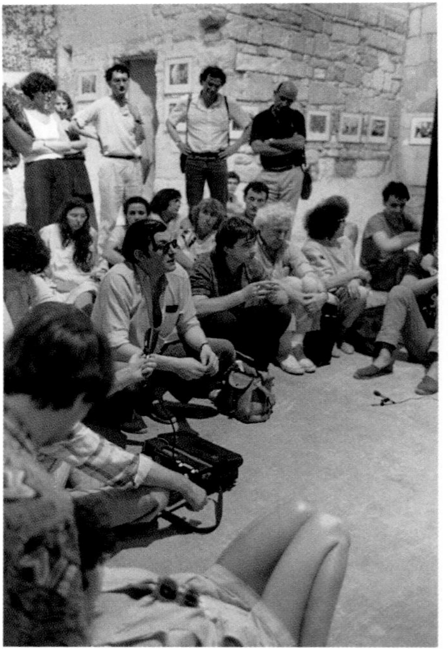

À partir de la fin des années 1970, le journal *Libération* a, sous l'impulsion de son directeur Serge July et de son chef de service photographique Christian Caujolle (ici, en 1986 à Arles), accordé une place forte à l'image photographique. C'est elle qui en partie structure la maquette du journal selon une formule de « quotidien magazine », offrant même au début des années 1980 des cartes blanches à des photographes et artistes, tels Sophie Calle et Raymond Depardon.

Des approches en rupture

En 1968 puis 1972, Cornell Capa, frère du photographe Robert Capa et futur fondateur de l'International Center of Photography, dressait dans deux volumes, *The Concerned Photographer*, le portrait d'un photographe de presse inspiré par les pères fondateurs de la discipline, de Capa à Cartier-Bresson : un photographe s'efforçant de condenser en une image synthétique les enjeux complexes des situations auxquelles il se trouvait confronté. Ce faisant, il tirait davantage le bilan d'une pratique en train de disparaître au profit de nouvelles démarches. L'évolution de la société après 1968, la politisation croissante d'un certain nombre de travaux photographiques, les questionnements sur l'objectivité du document et la position de l'auteur poussent en effet, à cette

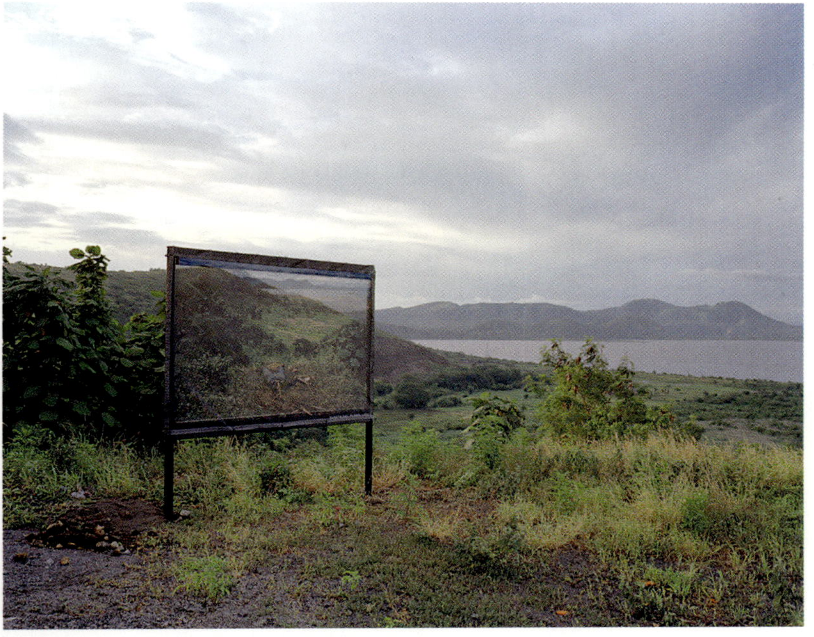

période, à une remise en cause des formats précédents. La volonté de s'extraire du modèle de l'image de presse forgé par les générations précédentes, et de se démarquer d'un certain spectaculaire inhérent à la télévision comme à une certaine photographie d'actualité conduit dans le même temps à l'invention de nouvelles formes.

Plus personnelles, voire engagées, mettant davantage en avant le médium lui-même, moins prisonnières de l'événement, ces approches ont en commun un refus des grands récits universels et une remise en cause de l'impartialité de l'observateur. À la conception étroite de l'événement, nombre de journalistes opposent ainsi une photographie des « temps longs », ou des « temps faibles », se démarquant d'une photographie en prise trop étroite avec la seule actualité : travail sur le long terme (Susan Meiselas au Nicaragua pendant les années 1980, Jane Evelyn Atwood sur les femmes en

❝En travaillant en Amérique latine, j'ai senti que j'enregistrais l'histoire et non simplement « l'actualité », même si beaucoup des images furent d'abord publiées dans des magazines tels que *Time* ou *Paris-Match*. Mon travail a toujours consisté à observer et décrire un processus, ce qui impliquait d'y consacrer du temps sans être soutenue par une publication quelle qu'elle soit [...].❞

Susan Meiselas, 2003
[ci-dessus, *Managua*, Nicaragua, 2004]

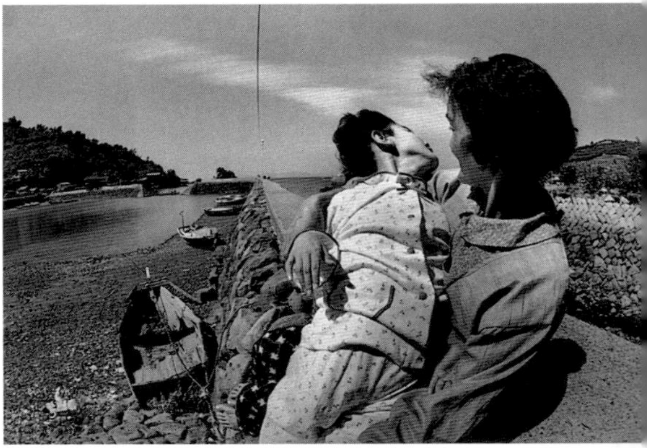

prison), retour sur un événement vécu (Patrick Zachmann et son travail sur Tiananmen), en droite ligne des travaux d'Eugene W. Smith, devenu une référence pour toute une génération.

Renouveler les approches consiste aussi à nier l'idée d'un opérateur absent et invisible, au profit soit d'une revendication affirmée de la subjectivité (Michael Ackerman, Stanley Greene) pouvant aller jusqu'aux récits autobiographiques (Raymond Depardon, *Exploding into Life* d'Eugene Richards et Dorotea Lynch), soit d'un retrait documentaire assumé, jusqu'au dessaisissement de l'opérateur au prix d'autres procédés d'énonciation : images prises par autrui, images négociées, images trouvées.

Pour inventer d'autres formes d'énonciation du monde, certains tentent de repenser le rapport de l'image au mot : de nouvelles articulations moins évidentes du texte et du cliché se mettent en place : Depardon et ses « Correspondances new-yorkaises », où l'écrit et la photographie semblent obéir à des logiques différentes (1981), ou le photographe Philip Blenkinsop incluant, de sa main, le texte de ses légendes sur la surface même de ses images.

Photographe de guerre, ancien de *Life* et un temps de Magnum, Eugene Smith a été une figure éminente du photojournalisme de l'après-guerre, dont il a accompagné toutes les mutations, sans rien céder sur son engagement sans faille et sa volonté de rendre compte de « toutes les émotions » derrière l'événement : c'est par ses photographies parues dans le *Times* en 1972, avant de faire l'objet d'une publication spécifique trois ans plus tard, que fut connu le calvaire des habitants de Minamata, au Japon, dû à la pollution industrielle qui frappait leur village (ci-dessus, 1971).

Le photoreporter comme auteur

Depuis la fin de la Seconde Guerre mondiale, un certain nombre de structures sont venues entourer et tenter de promouvoir un photoreportage de qualité, pour lui faire gagner reconnaissance et visibilité. C'est le cas du prestigieux prix Pulitzer, qui récompense depuis 1950 les meilleures photographies de presse. C'est le cas encore du World Press Photo Award, organisme créé en 1955 aux Pays-Bas et qui, depuis lors, récompense chaque année divers photographes dans différentes catégories.

Ces développements, renforcés par la revendication de certains d'une position d'« auteur », ont mené à parfois établir, dès les années 1970, une distinction entre photojournalisme et photoreportage : d'un côté, une pratique centrée sur la collecte d'images d'actualité, souvent frappantes, à l'impact immédiat, reposant sur quelques stéréotypes et formatées pour la presse. De l'autre, un travail en profondeur, moins sensible à l'image choc, immédiatement lisible et compréhensible, davantage le fruit d'un regard d'auteur, singulier. En 1968, comme pour consacrer cette distinction, le prix Pulitzer créait

« Je pense encore aujourd'hui sincèrement que le photographe n'est pas un journaliste. Le photographe est peut-être un compagnon du journaliste, il est peut-être un complice quelquefois, mais la photographie reste rebelle, autonome ; libre, c'est autre chose que de l'information. Mais c'est aussi une carte postale que je vous écris de New York, je vous envoie une photographie. C'était ça aussi l'idée. »

R. Depardon, 2006

E T R A N G E R

RAYMOND DEPARDON

Correspondance New-yorkaise

Chaque jour, jusqu'au 7 août, Raymond Depardon, reporter à l'agence Magnum, envoie à Libération *une image de ses ballades à New-York. Pour un journal photographique de l'été*

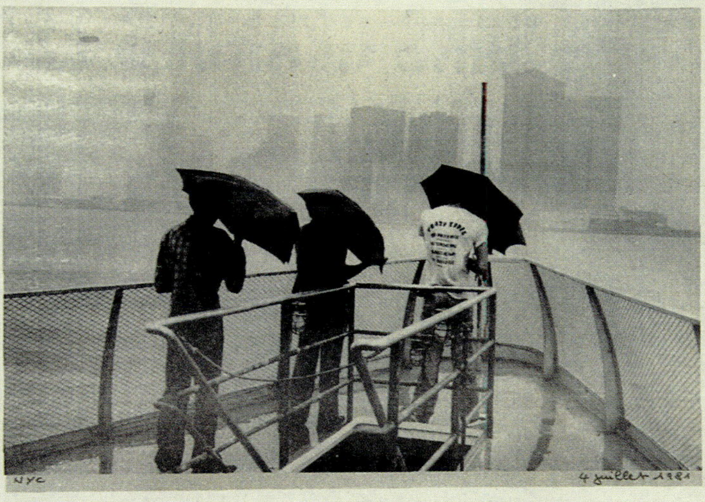

4 juillet 1981. New-York.

Il pleut, il pleut. C'est le jour de l'indépendance, c'est la fête, la ville est vide. Visite de circonstance à la statue de la Liberté. Discussion toute la nuit avec une amie. J'ai envie de rentrer en France, de tout laisser tomber. Je me force à faire une photo. Je me demande ce que je fais ici. Tout est triste. Mauvaise journée. Je commence à lire G de John Berger.

d'ailleurs deux catégories, l'une consacrée à la *spot news* (Breaking News Photography), l'autre au photoreportage. Vingt ans après, d'une formule laconique et sans ambiguïté, Henri Cartier-Bresson pouvait résumer la question ainsi : « Le photojournalisme est de la foutaise, seul compte l'essai photographique. »

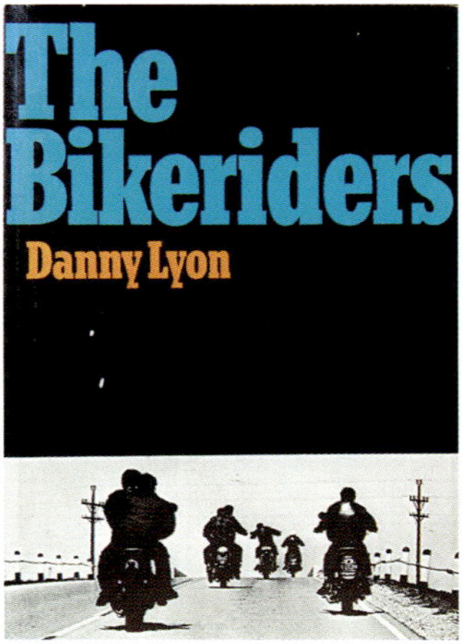

Depuis les années 1950, les livres ont été, pour nombre de photoreporters, une voie royale, celle où, libérés des contraintes de temps et de format de la presse, ils pouvaient donner libre cours à leur talent et proposer une vision personnelle de leur approche du monde contemporain. Ainsi de Danny Lyon – membre pendant deux ans du Chicago Outlaw Motorcycle Club, d'où il documente, au milieu des années 1960, la vie des *bikers* américains, en mêlant images et témoignages – ou encore d'Anders Petersen, dont le *Cafè Lehmitz* traduit une approche plus ouvertement autobiographique, Petersen ayant, pendant plus de trois ans, partagé la vie des clients de ce café des quartiers populaires de Hambourg.

Cette volonté de faire différemment du journalisme a conduit certains à s'émanciper des voies de diffusion traditionnelles de la presse au profit d'autres supports. À partir des années 1960, nombre de grands photoreporters doublent leurs collaborations pour la presse de la publication d'ouvrages, rendant compte de manière plus complète et souvent plus complexe de l'expérience dans la durée qu'ont constituée leurs travaux : Gilles Peress dans *Telex Iran* (1984), Danny Lyon dans *The Bikeriders*, Chris Steele-Perkins avec son livre sur les teddy boys (*The Teds*), Bruce Davidson dans son ouvrage sur Harlem, ou Anders Petersen avec son *Cafè Lehmitz* (1978) portent tous, par-delà la diversité des sujets abordés, un regard d'auteur, c'est-à-dire une façon singulière de voir. Autorisant une vision d'ensemble, permettant des jeux de mise en pages, offrant la possibilité de choisir le discours

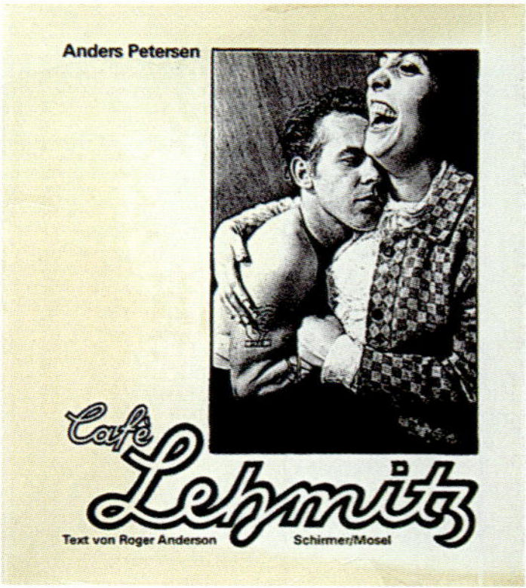

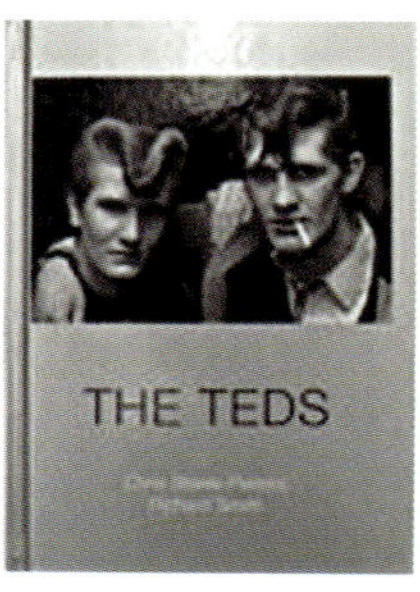

que l'on souhaite lier aux images, le livre est devenu le grand médium d'expression du reporter auteur. Ce mouvement, qui est allé croissant, est aujourd'hui rendu encore plus vivace par le renouveau d'intérêt pour le livre de photographies.

Une profession sous contraintes

Cependant, avant même l'arrivée du numérique, la profession connaît de nombreuses remises en cause, face à des conditions de travail et de création de plus en plus difficiles, et une pratique

Ntarama Church, Nyamata, Rwanda
40 kilometers south of Kigali
Monday, August 29, 1994

This photograph shows Benjamin Musisi, 50, crouched low in the doorway of the church amongst scattered bodies spilling out into the daylight. Four hundred Tutsi men, women and children who had come here seeking refuge, were slaughtered during Sunday mass

Benjamin looks directly into the camera, as if recording what the camera saw. He asked to be photographed amongst the dead. He wanted to prove to his friends in Kampala, Uganda, that the atrocities were real and that he had seen the aftermath.

phototojournalistique de plus en plus étroitement encadrée. Là où la photographie avait joué un rôle majeur dans la prise de conscience lors de la guerre du Vietnam, les conflits suivants n'ont laissé que peu de place aux photoreporters. Le domaine de la photographie de guerre est aujourd'hui un de ceux où les conditions de travail ont le plus évolué. Dès 1982, Don McCullin, un des grands photographes de guerre du conflit vietnamien, se voyait refuser l'accès au conflit des Malouines, avant d'essuyer un nouveau refus lors de la guerre du Golfe, en 1990-1991.

Le photojournaliste est devenu *persona non grata* sur le théâtre des hostilités, un individu indésirable sur le champ de bataille, n'en rendant que plus remarquables les travaux de longue haleine menés par James Nachtwey, Stanley Greene en Tchétchénie ou Gilles Peress au Rwanda et en Bosnie. Le conflit irakien récent a réduit à la portion congrue le nombre de photoreporters, le plus souvent

Dans « Real Pictures » (1995, ci-dessus), le Chilien Alfredo Jaar a enfermé dans des boîtes noires les images qu'il a réalisées au Rwanda en 1994 lors du génocide tutsi par les milices hutus. À la fois pierre tombale et stèle, ces boîtes de tailles variables portent les descriptions des images qui y sont enfermées : chacune témoigne des limites de la photographie et de l'impossibilité de comprendre, par l'image seule, l'ampleur de l'horreur. « Les récits peuvent nous amener à comprendre, écrit Jaar. Les photographies font autre chose : elles nous hantent. »

condamnés à opérer sous le contrôle et la protection directe des armées de la Coalition. Un même constat de mainmise officielle pourrait être fait à propos de Ground Zero où le seul photographe autorisé à photographier les ruines de l'après-11 Septembre, Joel Meyerowitz, a vu la diffusion de son travail assurée par une exposition organisée par les autorités américaines elles-mêmes.

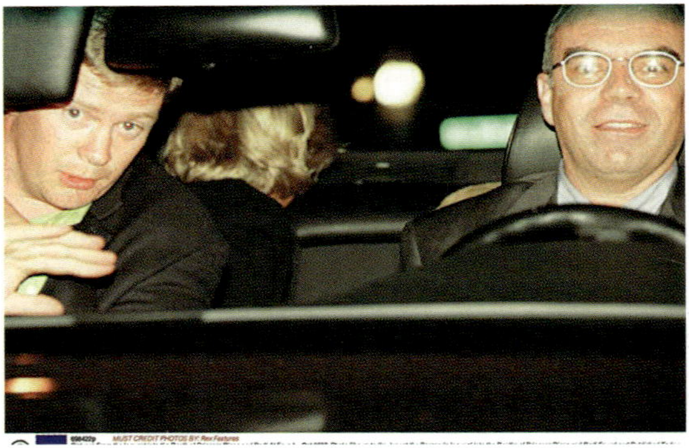

Par-delà la question de la couverture des conflits armés, il est patent de remarquer que la pratique photographique de presse est de plus en plus étroitement encadrée et contrôlée. Au nom du respect légitime de la personne privée dans l'espace public et de l'atteinte au droit à l'image, de nombreuses entraves, parfois abusives, lui ont été opposées. Aujourd'hui, nombre des classiques de la photographie humaniste de l'entre-deux-guerres, saisissant à leur insu ou à la sauvette des individus dans l'espace urbain, ne pourraient plus être réalisés. Le procès autour du *Baiser de l'Hôtel de Ville* de Doisneau en 1993 où un couple, plus de cinquante ans après la photographie, croyait s'être reconnu en constitue le meilleur exemple.

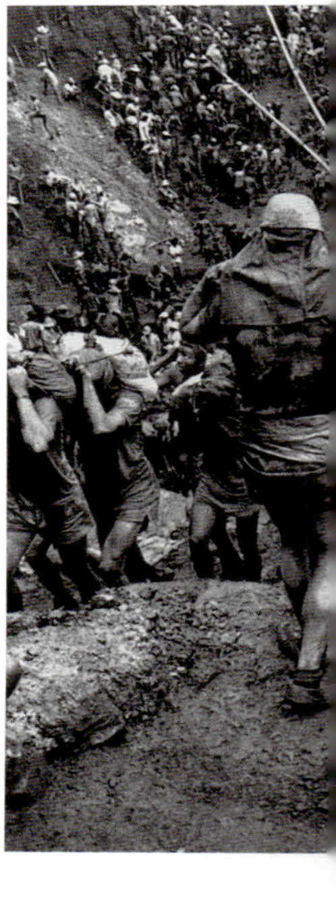

Dans des procès récents, des photographes venant d'horizons aussi divers que Philip-Lorca diCorcia en 2006, Luc Delahaye en 2004, Abbas en 2002, ou plus récemment François-Marie Banier en 2007 ont été confrontés à ces questions. On notera que, dans ces cas précis, les jugements ont toujours donné raison aux photographes. Mais cette privatisation de l'espace public, par-delà les individus, touche également, notamment en France, les biens meubles et immeubles obligeant le photographe à s'entourer de précautions. Lorsque le bien est exposé à la vue de tous, le propriétaire ne peut s'opposer qu'à l'exploitation abusive de ce dernier. C'est la même « exception de panorama » qui, dans la loi allemande, protège le photographe lorsque l'œuvre se trouve de manière permanente sur le domaine public.

Enfin, la photographie de presse s'expose de plus en plus aux critiques au nom d'un voyeurisme sentimental, mettant parfois en cause l'éthique elle-même du reporter. Les attaques menées contre l'esthétique compassionnelle d'un Salgado, celles plus générales menées par Susan Sontag face au caractère spectaculaire et immoral d'une certaine imagerie de presse (*Devant la douleur des autres*, 2002) en sont quelques exemples. Certaines de ces attaques ont eu des conséquences tragiques : en 1994, gravement critiqué pour une photographie prise en Éthiopie qui lui avait valu le Pulitzer, le photoreporter Kevin Carter mettait fin à ses jours.

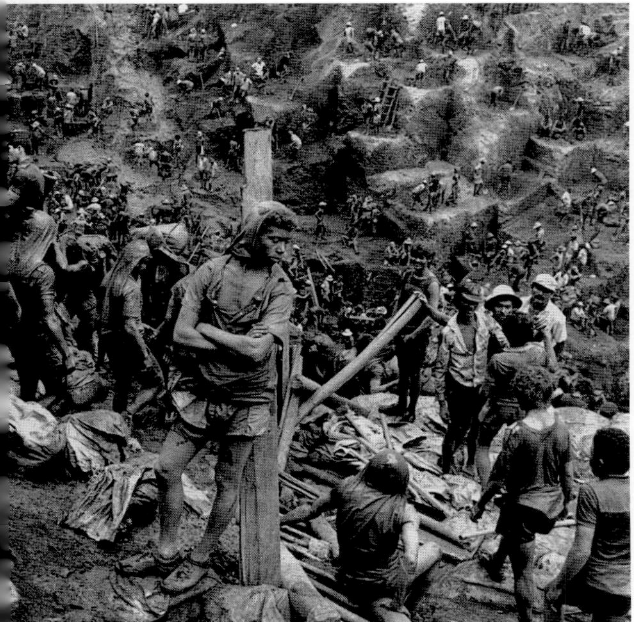

Après la mort accidentelle de la princesse Diana, neuf photographes (dont Jacques Langevin, grand reporter à l'agence Sygma et auteur de l'image page de gauche, prise plusieurs minutes avant l'accident) seront inculpés pour « homicide et blessures involontaires » et « non assistance à personne en danger », leurs clichés saisis et des gardes à vues nombreuses effectuées. Un non-lieu étant intervenu dans la procédure pénale en 1999, certains d'entre eux sont finalement, en 2007, condamnés pour « violation de l'intimé de la vie privée ».

Photoreporter réputé, ancien membre de Magnum Photos, souvent loué pour son engagement, Sebastião Salgado a également fait l'objet de campagnes de critiques, parfois virulentes : on lui a reproché d'aller à l'encontre des préceptes de la photographie documentaire, en pratiquant une esthétisation excessive de sujets douloureux ou pénibles, marquée notamment par des références fréquentes à une iconographie religieuse (ci-contre, *Mine d'or de Serra Pelada*, 1986).

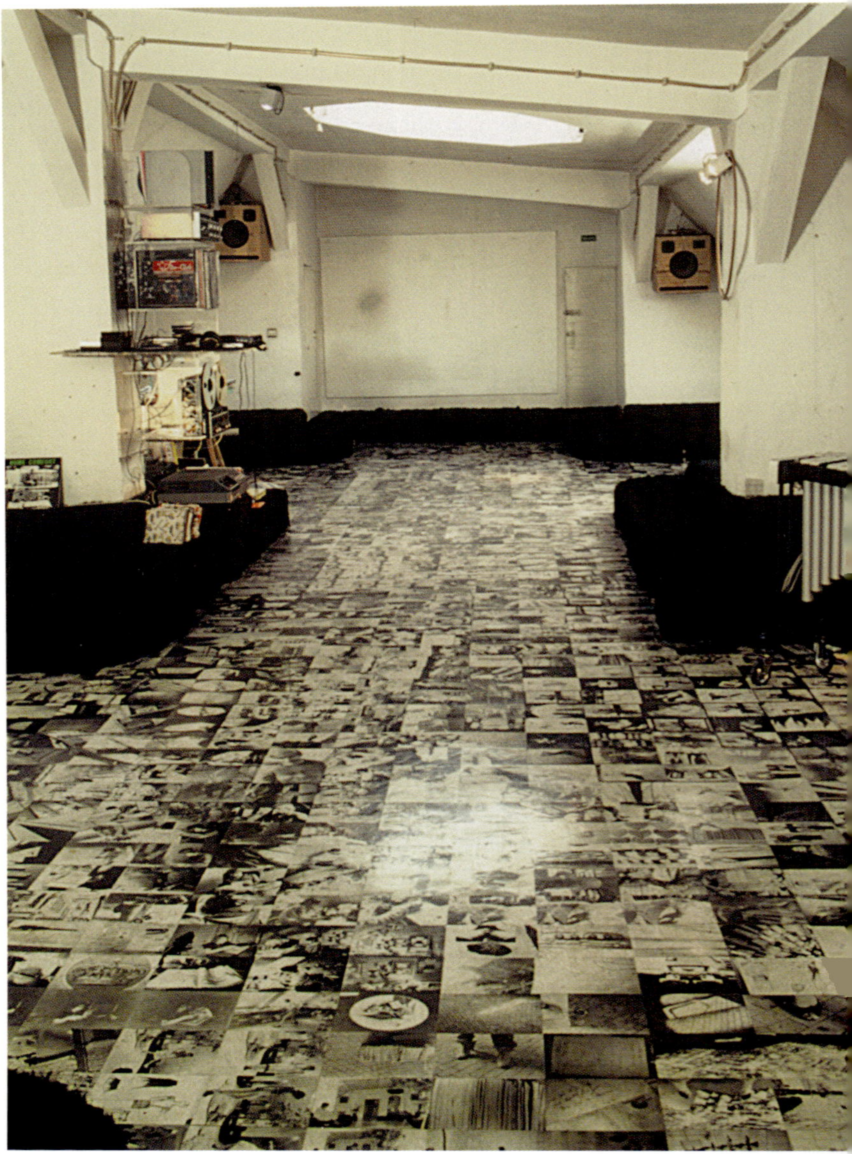

Le dernier quart du XXe siècle a été celui d'une reconnaissance toujours croissante de l'importance et de l'intérêt de la photographie, désormais pleinement envisagée tant dans sa dimension artistique que culturelle et marchande.

CHAPITRE 3

UNE NOUVELLE LÉGITIMITÉ

Les années 1970 ont vu un renouveau d'intérêt considérable pour le langage photographique dans toute sa diversité : tant les pratiques artistiques (page de gauche, installation de Martin Kippenberger) que les essais critiques et théoriques, de Victor Burgin à Roland Barthes, attestaient de son caractère proliférant et incontournable tout en s'efforçant de mettre en valeur sa différence ontologique.

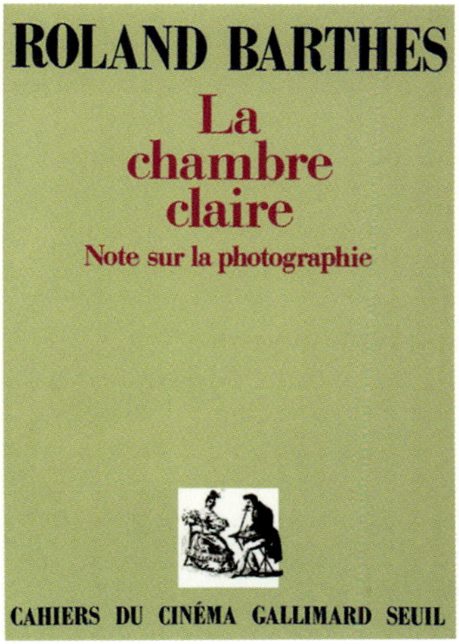

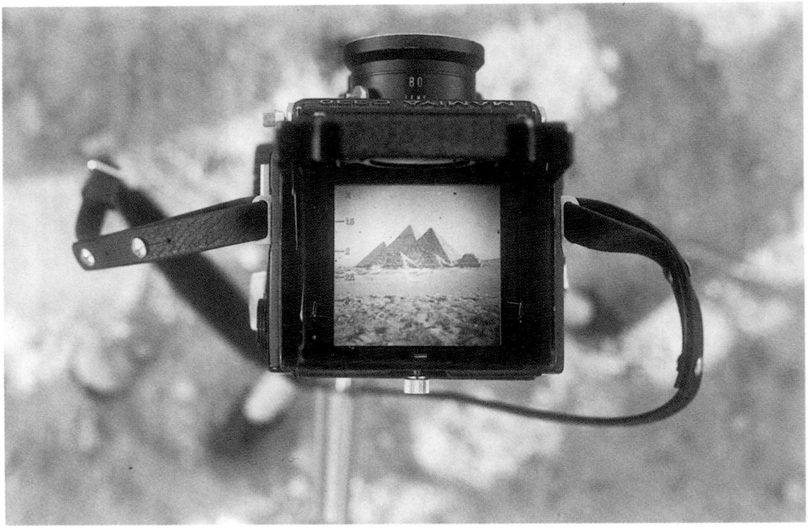

Un nouvel objet théorique

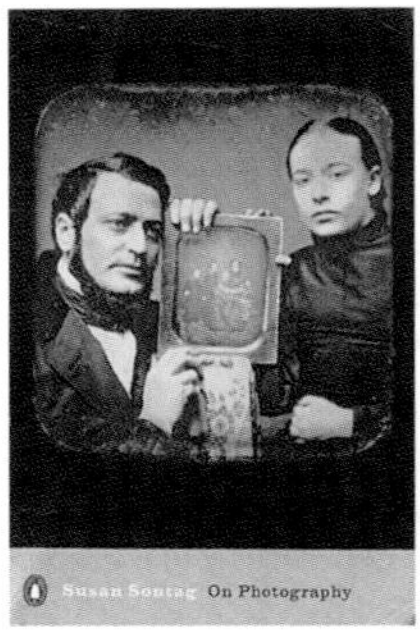

En 1973, Susan Sontag publie l'un des premiers essais spécifiquement consacrés à la photographie comme objet culturel : rassemblant six essais, *Sur la photographie* se présente comme une « méditation prolongée sur la nature de notre modernité ».

En 1965, dans *Un art moyen*, Pierre Bourdieu, rapprochant le jazz et la photographie, faisait de tous deux des arts en voie de légitimation. Si un début de reconnaissance est intervenu assez tôt aux États-Unis, dès l'entre-deux-guerres, cette légitimation de la photographie n'a été effective qu'à partir du dernier quart du XXe siècle. Ce mouvement a d'ailleurs coïncidé avec la perte de fonction et d'utilité de la photographie, favorisée par l'essor de nouveaux moyens de diffusion et de nouvelles techniques d'enregistrement (notamment vidéo), faisant de plus en plus la part belle à l'image animée. Paradoxalement donc, le « devenir art » de la photographie est inséparable du déclin de ses usages historiques.

Outre Bourdieu, un certain nombre de penseurs, philosophes et sociologues, prenant acte de sa place centrale désormais acquise, commencent à penser la photographie, comblant une lacune qui en a longtemps fait, contrairement au cinéma, un objet théorique délaissé. Pour Susan Sontag, auteur de *On Photography* (1977), écrire sur ce médium c'est

« écrire sur le monde » et sur la « nature de notre modernité ». À sa suite, à partir de la fin des années 1970 et tout au long des années 1980, des critiques et historiens (Rosalind Krauss, Philippe Dubois, Umberto Eco), des artistes, Victor Burgin (*Thinking Photography*, 1977), Denis Roche (*La Disparition des lucioles*, 1982), Alan Sekula (*Photography Against the Grain*, 1983), des écrivains tel Hervé Guibert (*L'Image fantôme*, 1981), des philosophes, Roland Barthes (*La Chambre claire*, 1980), Henri Van Lier, Vilém Flusser ou encore Jean Baudrillard, abordent spécifiquement la question du fait photographique.

À défaut de s'accorder sur la nature exacte du langage photographique, tous s'entendent à reconnaître qu'il existe bien une spécificité de la photographie au sein du régime général des images : qu'ils invoquent l'absence de neutralité de la chambre noire qui ne reproduit que certains aspects de la vision optique et fait de la photographie un langage construit (Arnheim, Eco), ou qu'au contraire, à l'instar de Barthes, ils la conçoivent comme transparente et forcément vraie, simple trace, indice, index littéral de la réalité extérieure. Prolongeant et faisant écho à ces écrits, la spécificité du langage photographique fait aussi l'objet d'un certain nombre de travaux de photographes eux-mêmes : les clichés de Denis Roche, les « Vérifications » d'Ugo Mulas, les travaux de John Hilliard, Victor Burgin, Jan Dibbets s'essayent à interroger une ontologie du langage photographique.

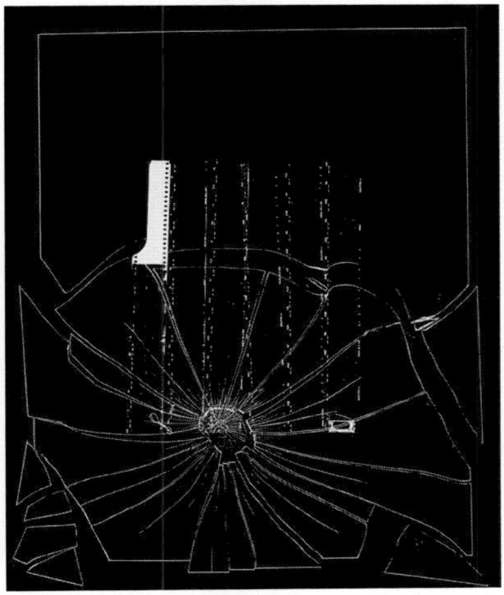

Après avoir pendant de longues années documenté par la photographie les milieux artistiques d'avant-garde européens, Ugo Mulas entreprend à la fin des années 1960 un travail autour de la spécificité du médium avec son projet des « Vérifications » (1969-1972 [ci-dessous]). C'est dans une même direction que Denis Roche, écrivain, membre du groupe Tel Quel, engage, à partir des années 1970, tant par ses écrits théoriques (*La Disparition des lucioles*, 1982) que par ses photographies (page de gauche, *Gizeh*, 1981), où la présence du dispositif est souvent fortement affirmée, une réflexion sur la nature de l'acte photographique et notamment de sa temporalité discontinue.

De l'icône à l'index

« Toute photographie est le résultat d'une empreinte physique qui a été transférée sur une surface sensible par les réflexions de la lumière. La photographie est donc le type d'icône ou de représentation visuelle qui a avec son objet une relation indicielle », écrit l'historienne d'art et critique américaine Rosalind Krauss en 1977. C'est autour de cette notion d'« index », empruntée au sémioticien Pierce, qu'à partir de la fin des années 1970 s'est cristallisé le discours autour de l'identité spécifique de la photographie. Suivant les théories critiques de Clement Greenberg, pour lequel chaque technique artistique doit mettre en valeur sa nature à travers les opérations qui lui sont propres, nombre de chercheurs et théoriciens se sont essayés à définir, par-delà les techniques, les époques et les genres abordés, une ontologie de l'image photographique en ayant recours à cette notion d'index. En cela unique dans le régime des représentations, la photographie est, avec le cinéma, la seule image à être obtenue par cette contiguïté physique directe entre la chose et le support de l'image : non plus dès lors une icône, une image obtenue par imitation, mais bien une véritable trace, une empreinte de la chose elle-même, obtenue par une opération physico-chimique sur le papier photosensible.

Cette notion, qui connaîtra dans les années 1980 et jusqu'à nos jours une grande vogue, renoue avec certaines des conceptions les plus anciennes de la photographie, qui, dès son apparition, voyaient en elle un miroir et une empreinte. Elle entretient des affinités avec le « ça a été » de Barthes, qui identifie tout cliché à un « certificat de présence » au réel et en fait, à ce titre, un médium porteur de davantage de vérité que d'autres. Reléguant dans l'ombre certaines propriétés optiques de l'appareil au profit d'une conception transparente et directe d'une action de la lumière, la notion conduit toutefois à simplifier à l'extrême un acte photographique souvent plus complexe ainsi que le souligneront, au fil des ans, avec des propositions diverses, Henri Van Lier, Jean Lauzon ou André Gunthert.

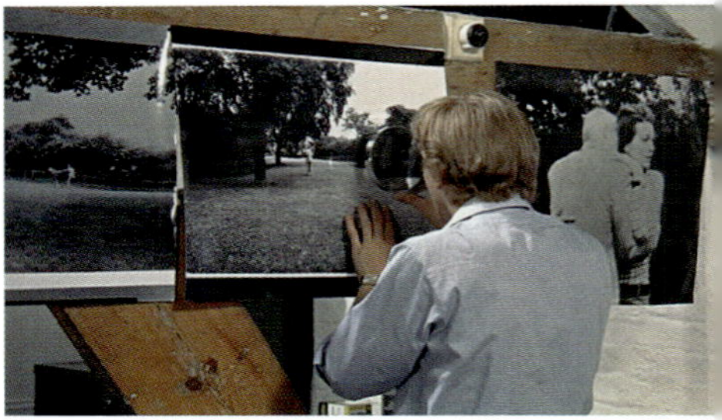

Dans *Blow Up*, le film qu'Antonioni réalisa en 1967, c'est à l'aide de son appareil photographique que Thomas, jeune photographe de mode dans le « Swinging London » des années 1960, interroge la réalité et ses faux-semblants. Par un retour sur image, en agrandissant le détail d'un cliché pris dans un parc londonien, le photographe révèle ce que l'œil n'avait pu percevoir : soit le canon d'un revolver perçant les fourrés et laissant penser qu'un meurtre a été commis. Réflexion autour de la question de la perception et des frontières mouvantes de l'illusion et du réel, *Blow Up* devait faire l'objet, quinze ans plus tard, d'un remake par Brian De Palma largement inspiré, cette fois-ci, du film de l'assassinat de John Kennedy comme de celui de son frère Bob.

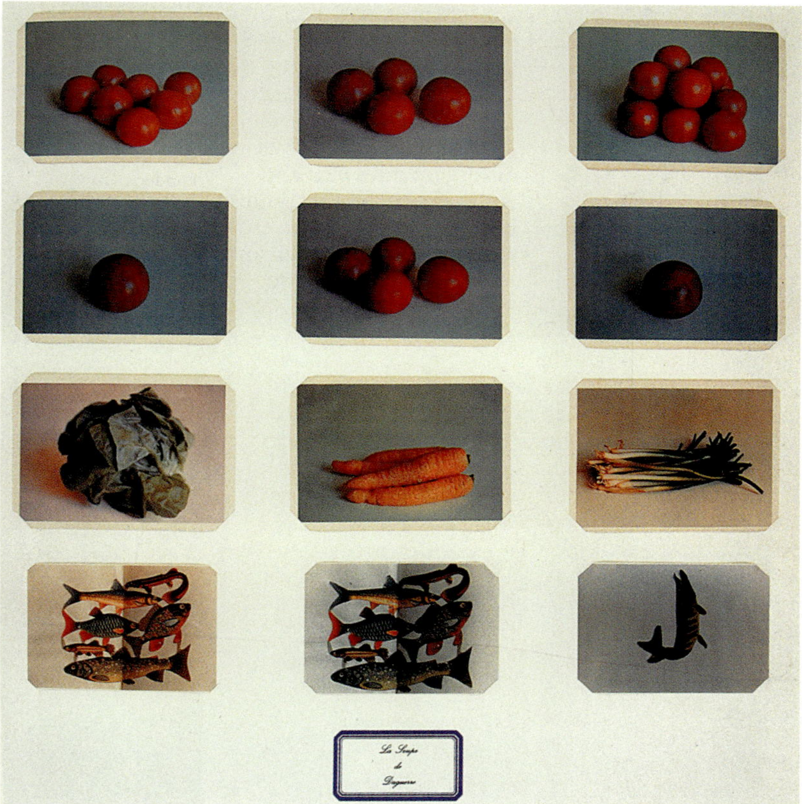

Jouant sur la chose et sa représentation, dans la lignée de Magritte, Marcel Broodthaers ironise sur l'outil photographique; sa *Soupe à Daguerre* (ci-dessus, 1975) fait référence tant à la platitude d'un certain vocabulaire photographique, qu'à l'originalité de la fragmentation du monde que celui-ci propose.

Le moderne et l'historique

Dans le contexte des années 1960 et du début des années 1970 de remise en cause et de déconstruction des pratiques artistiques classiques, la photographie connaît un regain d'intérêt de la part de la plupart des avant-gardes artistiques qui en apprécient la nature mécanique, sérielle et la fonction documentaire. L'art minimal réinterprète l'héritage laissé par les travaux de Marey et Muybridge quand l'hyperréalisme – appelé aux États-Unis *photorealism* – installe le rendu photographique

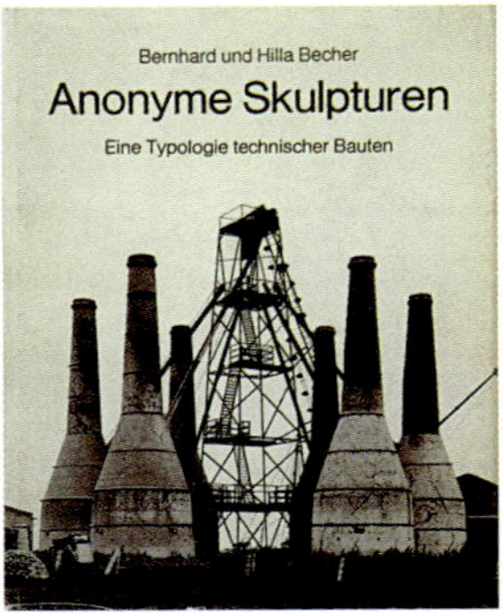

au centre de ses préoccupations. Du *land art* (Robert Smithson, Jan Dibbets) à l'art conceptuel (Mel Bochner, les époux Becher, Gilbert and George, Ed Ruscha), ou au *body art* (Rudolf Schwarzkogler et les actionnistes viennois) empruntant au registre des sciences dures et des sciences humaines, nombre de mouvements d'avant-garde ont recours à la photographie comme un langage documentaire, évoluant « en dehors du système de l'œuvre d'art ».

Signe de cet engouement, la Dokumenta V, de Kassel, principale manifestation dans le domaine de l'art contemporain, intègre en 1972 la photographie, très présente dans les œuvres conceptuelles. Cinq ans plus tard, elle lui consacre une section entière, envisagée dans une dimension tant historique que contemporaine. Entre-temps, en 1973, Volker Kahmen a consacré pour la première fois un ouvrage à la question de l'utilisation par les avant-gardes de la photographie, sous le titre *Fotografie als Kunst*.

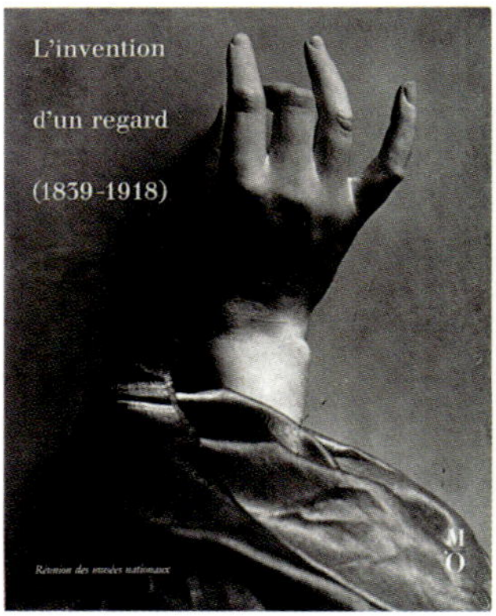

Car ce renouveau d'intérêt des milieux de l'art contemporain s'accompagne d'une relecture de l'histoire de la photographie depuis ses origines. La première chaire d'enseignement de l'histoire de la photographie est créée à Princeton en 1972. Relayant le travail de la revue *Aperture*, née au début des années 1950, quelques grandes revues historiques

Si Bernd et Hilla Becher se sont vu décerner tardivement, en 1990, le prix de sculpture de la Biennale de Venise pour leurs grandes typologies photographiques, c'est également le livre qui, dès la première parution, en 1970, des 196 planches de *Anonyme Skulpturen*, a remarquablement servi leur dessein encyclopédique. À mi-chemin de l'influence des ouvrages de Sander et Renger-Patzsch comme de leurs contemporains conceptuels (Ruscha, Feldmann), ils ont, selon une mise en page quasi invariable, abordé à tour de rôle

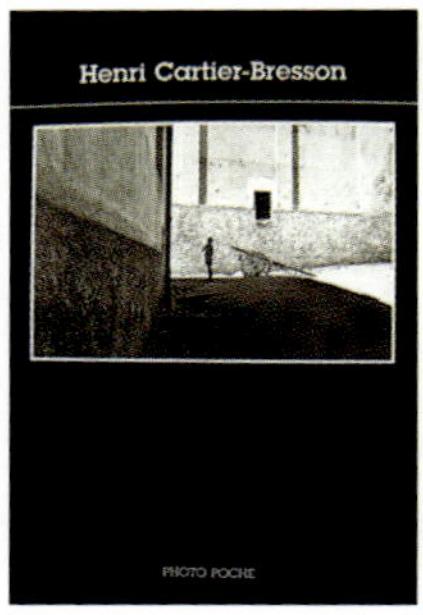

les principaux emblèmes d'une architecture fonctionnelle étroitement liée à la révolution industrielle : châteaux d'eau, tours de refroidissement, mines, gazomètres, silos, hauts fourneaux, etc.

(*History of Photography*, 1977, *Les Cahiers de la photographie*, 1981, *Camera Austria*, depuis les années 1980) voient le jour quand les revues d'art contemporain, telle *Artforum*, consacrent plus de place à la technique.

L'histoire de la photographie devient un sujet éditorial : en France, la collection « Photopoche », créée par Robert Delpire, devient un succès d'édition, rendant, grâce à son format de poche et son travail éditorial exigeant, la photographie accessible à tous. Les histoires de la photographie se multiplient (Naomi Rosenblum), jusque dans les années 1980, de même que les expositions, mettant notamment en relation photographie et peinture (« Malerei und Fotografie », 1977, Lausanne). En 1989, l'anniversaire des cent cinquante ans de l'annonce de la photographie est l'occasion d'une multitude d'ouvrages rétrospectifs et d'expositions :

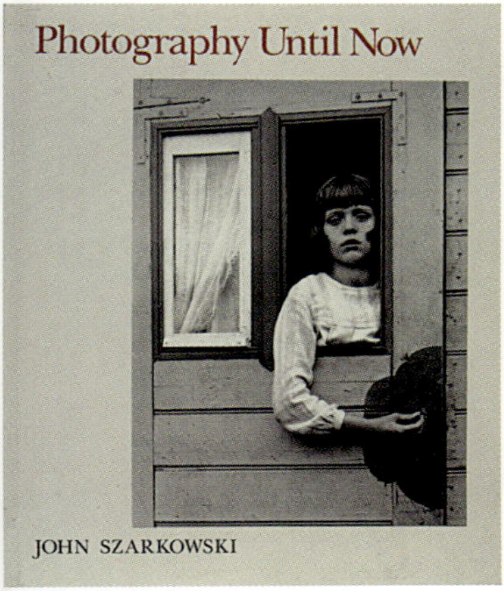

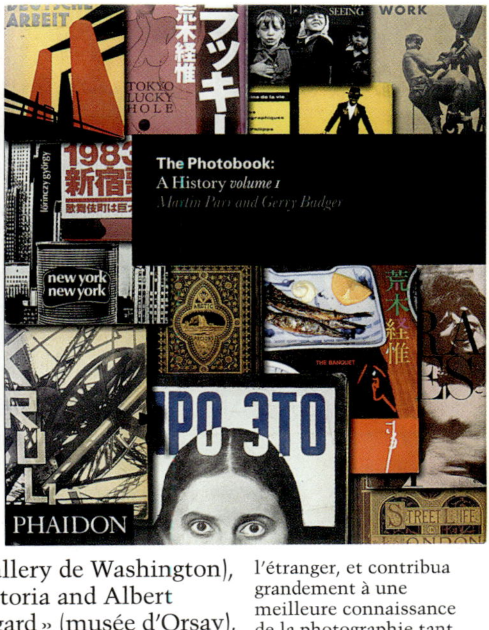

« Photography Until Now » (MoMA), « On the Art of Fixing a Shadow » (National Gallery de Washington), « The Art of Photography » (Victoria and Albert Museum), « L'invention d'un regard » (musée d'Orsay), « L'invention d'un art » (Centre Pompidou), signe de l'intérêt croissant du public pour le médium.

Créée en 1982 à l'initiative de Robert Delpire, « Photopoche », première collection de livres de photographie au format de poche, a été – depuis ses deux premiers numéros consacrés respectivement à Nadar et Cartier-Bresson, et selon un modèle assez codifié (144 pages et 64 photographies reproduites tantôt en couleurs, tantôt en duotone) – un phénomène d'édition. La collection a connu de nombreuses reprises et adaptations à l'étranger, et contribua grandement à une meilleure connaissance de la photographie tant historique que contemporaine.

Dans le même temps, l'enseignement de la photographie connaît une progression sans précédent à la fois au sein des écoles des beaux-arts et des universités. Dès 1976, Bernd Becher prend la tête d'une nouvelle chaire de l'enseignement de la photographie à l'Académie des Beaux-Arts de Düsseldorf et formera toute une génération d'artistes allemands utilisant la photographie : Andreas Gursky, Candida Höfer, Thomas Struth, Thomas Ruff et beaucoup d'autres. À l'université de Yale, à partir des années 1980, sous la direction de Tod Papageorge, émerge toute une génération d'artistes, dont Gregory Crewdson, Philip-Lorca diCorcia. Dans le même temps sont créées des structures indépendantes, spécifiquement dévolues à l'apprentissage de la technique : dès 1945, l'école d'arts appliqués de Vevey ouvrait une section photographique. D'autres suivront, plus tardivement, telle, en France, l'École nationale de la photographie, créée en 1982, à Arles. Plus près de nous, l'association d'une structure comme l'université d'art et de design d'Helsinki à une galerie commerciale a fait beaucoup pour le rayonnement récent de la photographie finlandaise.

Une institutionnalisation croissante

Si la période de l'entre-deux-guerres et de l'immédiat après-guerre avait déjà vu un certain nombre d'institutions muséales manifester un intérêt pour le médium, principalement aux États-Unis (MoMA, George Eastman House à Rochester), le mouvement s'accélère et prend une tout autre ampleur à partir des années 1960 et 1970, quand se multiplient les initiatives, publiques et privées, en faveur de la photographie. La photographie entre alors au musée : en Allemagne, le photographe Otto Steinert crée, en 1959, le département de photographie du musée Folkwang d'Essen. En France, à Bièvres, c'est une initiative privée d'un photographe amateur et collectionneur, André Fage, qui est à l'origine du premier musée français de

Depuis les années 1970, les institutions consacrées à l'histoire de la photographie depuis ses origines se sont multipliées, abordant, à partir de collections permanentes et d'expositions, le médium dans tous ses aspects, techniques et sociologiques, artistiques et culturels. Citons, entre autres, le National Museum of Photography, Film and Television de Bradford (1983), le musée Niépce de Chalon-sur-Saône, celui de la Photographie de Charleroi (1987) en Wallonie et son homologue flamand d'Anvers, le Museum voor Fotografie (1966), ou encore les Fotomuseum de Munich et de Winterthur.

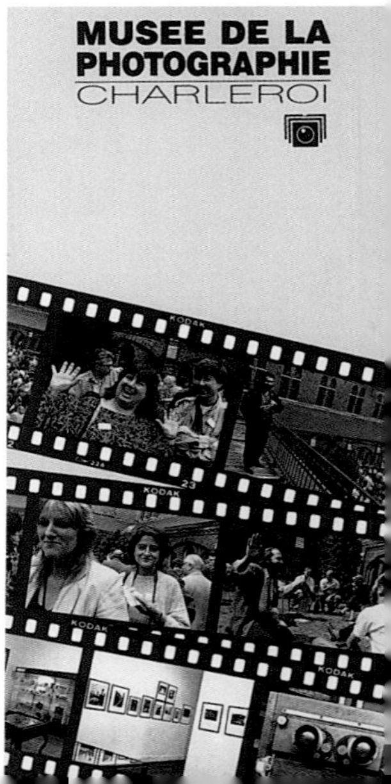

la photographie. Le renouveau d'intérêt pour les pionniers et l'histoire de la photographie suscite d'autres initiatives locales : en 1972 ouvre à Chalon-sur-Saône le musée Niépce, constitué initialement autour des archives de ce dernier.

Trois ans plus tard, la maison de William Henry Fox Talbot, à Lacock, ouvre ses portes au public tandis que se multiplie dans les musées des beaux-arts, en Europe comme aux États-Unis, l'ouverture de départements spécifiquement consacrés à la photographie, sur le modèle du MoMA, et qu'ouvrent nombre d'institutions dévolues à la photographie. Dès 1974 est inauguré l'International Center of Photography de New York, suivi une décennie plus tard du musée de l'Élysée de Lausanne (1985), du musée de la Photographie de Charleroi (1987), puis, dans les années 1990, du Metropolitan Museum of Photography de Tokyo, de la Maison européenne de la

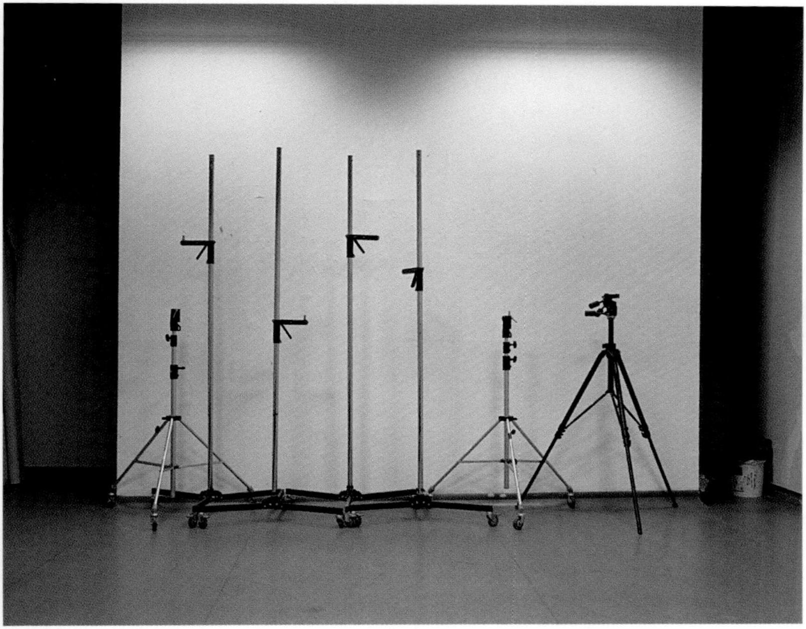

En enregistrant de manière méthodique les ateliers et espaces de création des écoles d'art de par le monde, Leonora Hamill, dans sa série « Art in Progress », révèle tant l'évolution des méthodes de travail et d'enseignement que, de manière plus fondamentale, la transformation de la conception même de l'œuvre d'art, vers davantage d'immatérialité : ici, le département de photographie de l'académie des Beaux-Arts de Poznan, 2009.

photographie à Paris, ou encore de la Maison de la photographie de Moscou.

Rappelons enfin que, outre les bibliothèques, traditionnellement riches en photographies, nombre de musées spécialisés (musées de sciences, d'ethnologie, d'histoire) possèdent des collections, souvent majeures, de photographies, entrées au fil des ans comme documentation, et que les développements récents d'Internet ont vu se développer les « musées virtuels » de la photographie, presque aussi divers, dans leurs tailles et leurs contenus, que leurs homologues réels. Ce qui apparaît aujourd'hui est bien que la légitimation culturelle a atteint tous les types d'images : de la photographie ethnographique aux images astronomiques, des vues topographiques aux clichés judiciaires, rares en effet sont aujourd'hui les champs de la photographie à être restés en dehors de cette évolution.

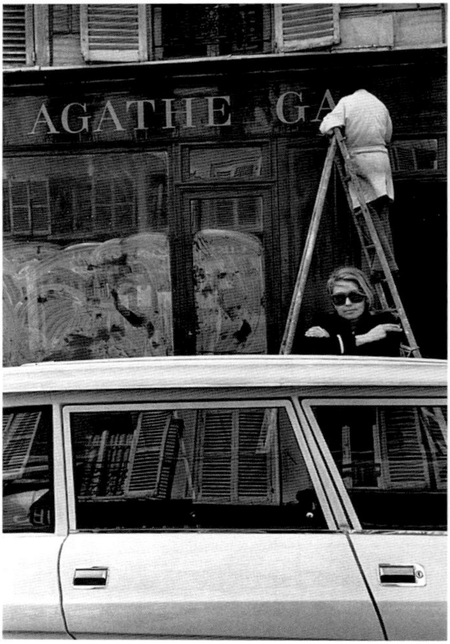

Ouverte en juin 1975, dans le quartier du Marais où elle est toujours située aujourd'hui, la galerie Agathe Gaillard fut la première galerie dédiée à la photographie à ouvrir à Paris. Travaillant avec des artistes vivants, elle entendait « créer [...] quelque chose de spécifique, adapté à un art nouveau et une manière de collectionner nouvelle [...]. La galerie n'a pas pour but de s'insérer dans l'art contemporain, mais d'y faire entrer la photographie, dans sa spécificité ».

Une valeur marchande

Accompagnant et nourrissant cette reconnaissance, s'est constitué, à partir essentiellement des années 1970, un véritable marché de la photographie. En 1961 était organisée à Genève, à l'initiative du collectionneur de photographies anciennes et libraire André Jammes et du libraire suisse Nicolas Rauch, la première vente publique en Europe de photographies, mêlant appareils et images. Échec commercial qui ne connaîtra pas de réplique immédiate mais qui, néanmoins, trahissait l'émergence de quelques acteurs publics et collectionneurs privés (Otto Steinert en Allemagne, André Jammes, Michel Braive, Arnold Crane), comme un embryon de marché. Au même moment, relayant les grands pionniers, tel Julian Levy, des galeries s'étaient déjà ouvertes aux États-Unis (Limelight Photo Gallery, A Photographer's Gallery), suivies ensuite de Torch, ou Harry Lunn à Washington dans les années 1970.

À cette date, en Europe, d'autres lieux voient le jour : à Londres avec, dès 1971, la Photographer's Gallery, ou, à Paris, quelques années plus tard, avec les galeries Agathe Gaillard et Octant. Depuis,

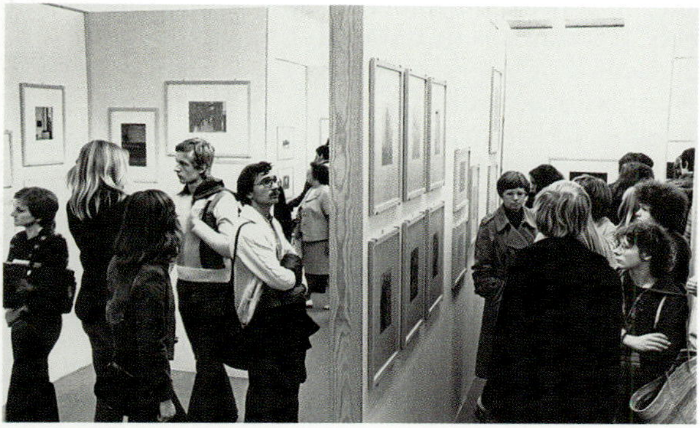

Observatoire des évolutions des pratiques artistiques, la Dokumenta (ci-contre, sixième édition, 1977), qui se tient tous les quatre ans à Cassel, a vu, depuis le début des années 1970, la photographie prendre en son sein une place grandissante, notamment sous l'influence des travaux conceptuels et de ceux liés a la performance ou au *land art* : premier pas vers une muséification inévitable – les décennies suivantes ayant consacré la valeur d'exposition du médium, en jouant notamment des grands formats (ci-dessous, exposition au Centre Pompidou, 2006).

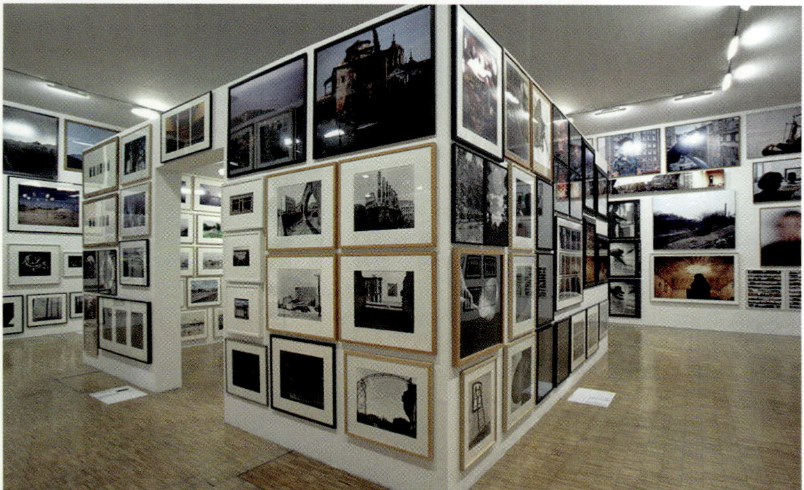

le marché est allé en se renforçant de manière considérable. Dès 1976, Bernd et Hilla Becher, artistes allemands utilisant uniquement la photographie, font leur entrée à la 100e place dans le Kunstkompass, qui mesure l'audience des artistes en analysant la fréquence de leurs expositions. En 1980, une quinzaine de photographes intègrent ce classement. La génération des élèves des Becher y arrive dans les années 1990.

Ce nouveau marché s'est constitué sur le modèle déjà existant du marché de la peinture ou des beaux-arts traditionnels. Cette mise en conformité avec la définition habituelle d'une œuvre d'art supposait de dépasser la notion de multiple, inhérente à la photographie. La rareté de l'œuvre sera assurée par la notion d'« épreuve originale », ou *vintage*, importée des États-Unis. Dans le domaine contemporain, les tirages à édition limitée, de plus en plus courants, sont venus remettre en question la norme des tirages illimités de la génération précédente, celle des Cartier-Bresson et autres Doisneau.

À partir des années 1990, et surtout 2000, les prix de la photographie s'emballent, accompagnés par la multiplication des ventes publiques et le développement des salons (avec notamment depuis 1999, Paris Photo, aujourd'hui le principal sur la scène internationale). Entre 1997 et 2002, l'explosion des prix sur le secteur de la photographie ancienne (avant 1914) atteint 639 %. En 2006, un tirage original de *The Pond* (1904) du pictorialiste américain Edward Steichen, atteint le record de 2,9 millions de dollars à New York. Dans le domaine contemporain, Andreas Gursky, avec son image *99 Cents*, atteint 3,3 millions de dollars en 2007, record bientôt dépassé par l'Américain Richard Prince dont une épreuve est adjugée à New York en 2008 pour 3,4 millions de dollars.

Faisant suite à la spéculation sur le marché des épreuves, c'est, à partir de 2005, le marché des livres

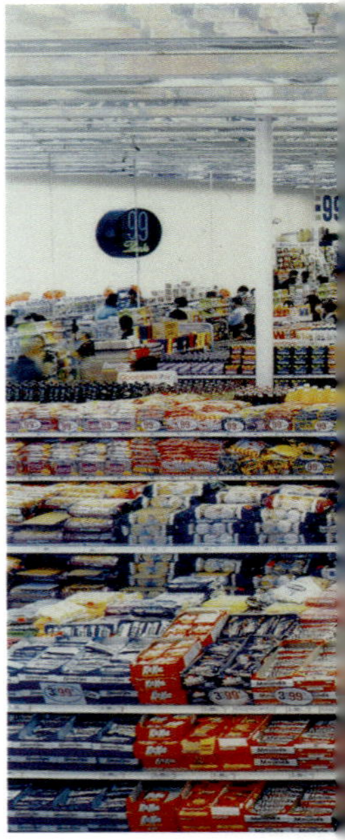

L'euphorie du marc

Le Monde
Samedi 19 novembre 2005

Pour le collectionneur, le verso des tirages anciens, dits d'époque, est souvent d'une grande importance, afin d'aider à déterminer, en fonction des inscriptions et des cachets, la période du tirage (page de droite, dos d'une épreuve de Brassaï). Le revers inévitable du succès du *vintage* fut l'apparition de faux, tel le scandale des faux *vintage* de Man Ray, qui déstabilisa le marché en 2001.

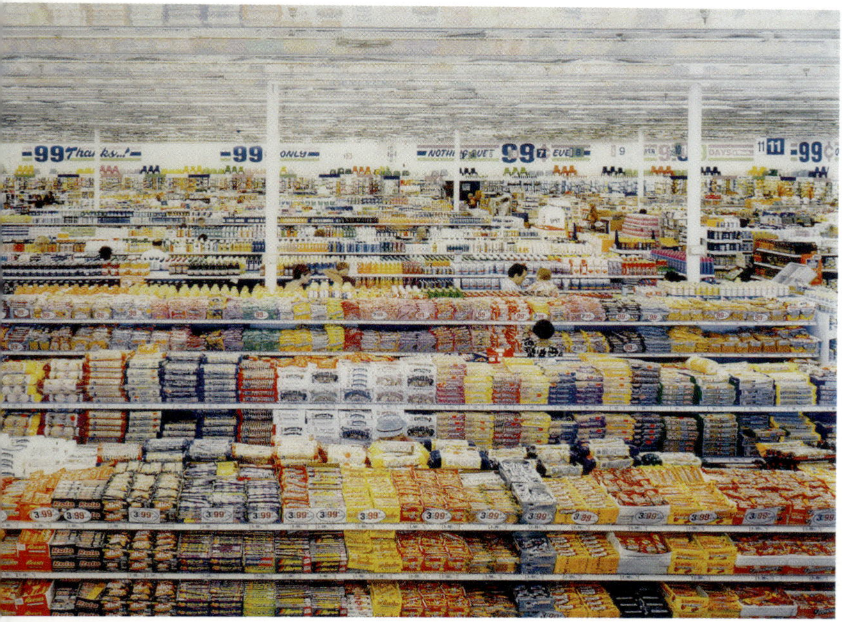

Ironie du sort ou élément déterminant de son succès commercial, *99 Cents*, réalisée dans un magasin new-yorkais de la chaîne de distribution discount « 99 Cents Only Stores », est l'image de Gursky la plus directement consacrée au vertige de la grande consommation.

hé de la photographie

e Man Ray à Richard Prince, des prix records depuis quinze ans

de photographies qui connaît un essor considérable. Aujourd'hui, des clichés astronomiques de la NASA à la photographie anonyme et vernaculaire, de la carte postale fantaisie à la photographie de mode, peu de domaines de l'image argentique n'ont pas été récupérés par le marché de la photographie.

Un objet convoité

L'essor du marché a été favorisé depuis une trentaine d'années par la multiplication des collections publiques bien évidemment, mais également privées et notamment d'entreprises, d'abord aux États-

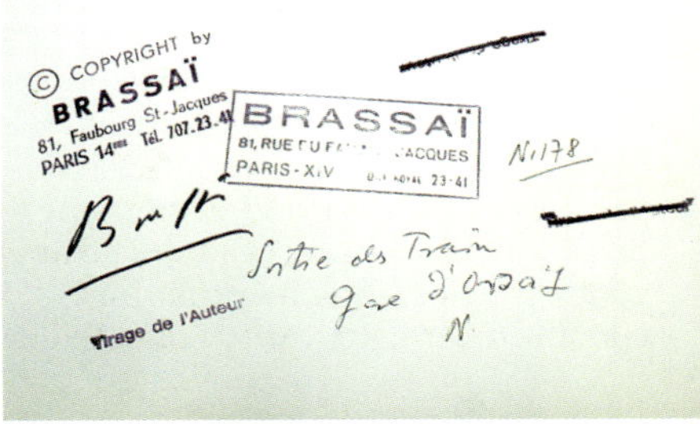

Unis puis en France. Ces collections fonctionnent comme des lieux de cristallisation des identités et des cultures d'entreprises : elles trouvent dans la photographie un miroir des valeurs de modernité et d'innovation qu'elles souhaitent incarner. La collection Gilman en 1975 (vendue au Metropolitan Museum de New York en 2001), l'entreprise Lhoist depuis, les banques ou instituts financiers NSMD/ABN AMRO, CCF, La Caixa, Deutsche Bank, Caisse des Dépôts, Stadtsparkasse Köln, des sociétés versées dans les médias (Jumex, Vivendi Universal-Seagram), se sont dotés de collections impressionnantes, pouvant rivaliser avec celles d'institutions muséales. Plusieurs ont lancé des initiatives dans le domaine de la photographie sous forme de prix, de commandes ou de concours : ainsi de Deutsche Börse qui, depuis 2005, promeut le Photography Prize, une des plus importantes distinctions annuelles.

Cette dernière n'est pas la seule, loin de là : objet de convoitise, la photographie s'expose et voit se multiplier les rencontres, biennales, manifestations annuelles, prix qui lui sont consacrés. En 1950, proposant images et appareils, Photokina à Cologne était une des premières manifestations d'envergure consacrées à la photographie, dans une visée essentiellement commerciale et technique. À partir des années 1970, se multiplient les rencontres et festivals, événements le plus souvent annuels qui sont l'occasion de présenter les principales tendances de la photographie contemporaine. Si les Rencontres d'Arles demeurent, quarante ans après leur première édition (1969), le premier festival de ce type au monde, d'autres structures sont venues compléter et parfois concurrencer cette offre, telles FotoEspaña

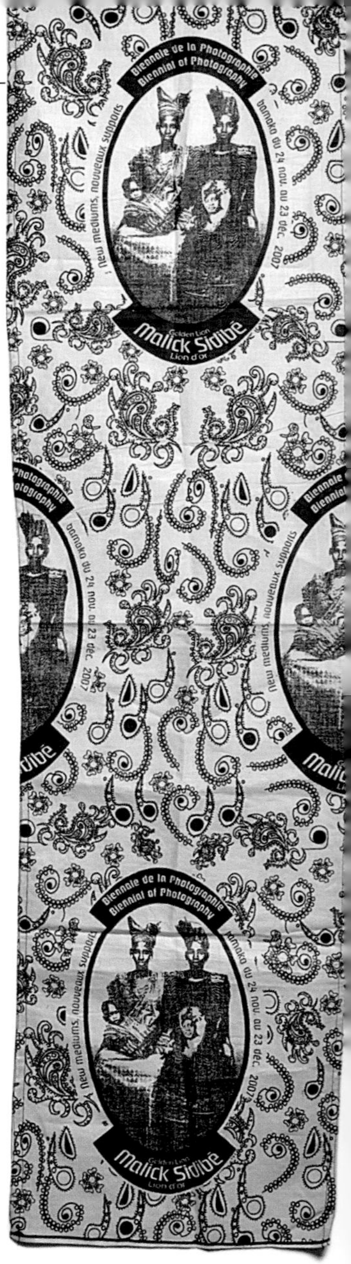

à Madrid ou, pour le photoreportage, Visa pour l'image à Perpignan, sans oublier de nombreuses biennales (Fotofest à Houston, Noorderlicht aux Pays-Bas ou encore, dernière venue, la Brighton Photo Biennal).

À ces réussites s'ajoute celle du Mois de la Photo : cette initiative parisienne, elle aussi sous forme de biennale, lancée en 1980, a depuis lors vu sa formule reprise par de très nombreuses villes et capitales de par le monde. La géographie de ces événements et manifestations évolue, rendant compte de l'éclatement toujours plus grand des pratiques et de la mondialisation : aujourd'hui les festivals de Pingyao en Chine, ou la Biennale de Bamako rencontrent un certain succès et une vraie reconnaissance.

Enfin, le système des prix internationaux et nationaux est venu renforcer cet ensemble. Le plus important est, depuis le milieu des années 1970, le prix Hasselblad, décerné en Suède chaque année à un photographe pour l'ensemble de son œuvre. Signe de l'évolution des pratiques, des mentalités et des décloisonnements toujours croissants entre monde de la photographie et monde de l'art contemporain, la Biennale de Venise a récompensé à deux reprises des artistes utilisant exclusivement le médium photographique : les Becher, en 1990, et, plus étonnant car extérieur au monde de l'art contemporain – et africain de surcroît –, le Malien Malick Sidibé en 2007.

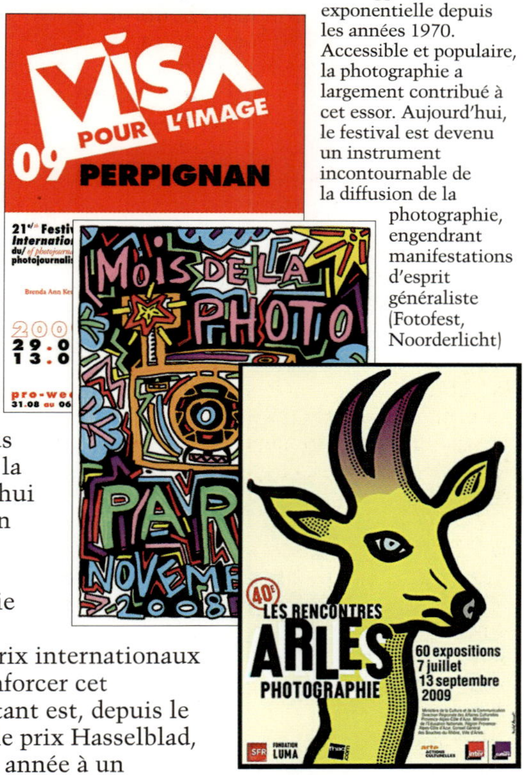

Mêlant enjeux culturels et intérêts touristiques et médiatiques, les festivals d'art se sont développés de manière exponentielle depuis les années 1970. Accessible et populaire, la photographie a largement contribué à cet essor. Aujourd'hui, le festival est devenu un instrument incontournable de la diffusion de la photographie, engendrant manifestations d'esprit généraliste (Fotofest, Noorderlicht) ou plus spécifique (Perpignan, sur le photojournalisme, ou Hyères, sur la mode), et s'ouvrant au monde non occidental (Ping Yao en Chine, ou Rencontres de Bamako [page de gauche, tissu créé en l'honneur de Malick Sidibé, à l'occasion des VIIe Rencontres, 2007]).

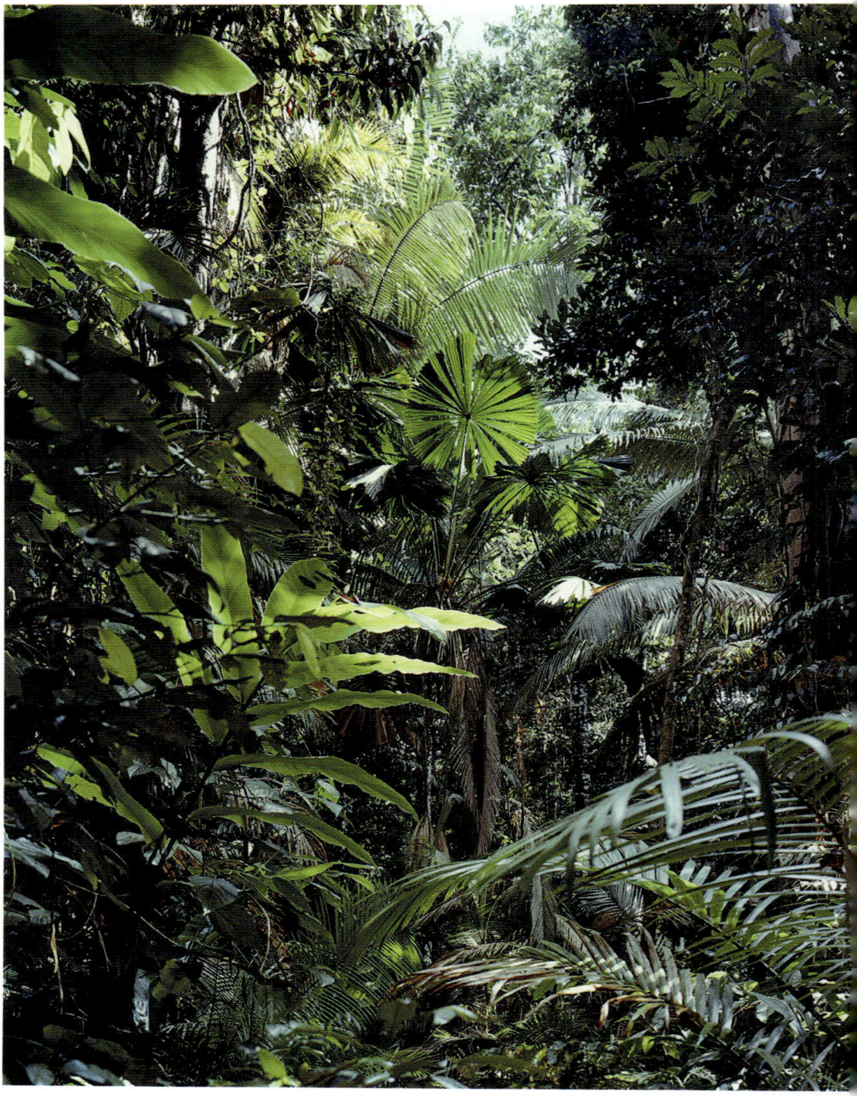

Traversée par d'autres médiums, renouvelée dans ses formes, la photographie, depuis plus de deux décennies, au rythme de mutations profondes, s'est inscrite définitivement dans une histoire de l'art.

CHAPITRE 4

SI C'EST UN ART

Des « Paradise » de Thomas Struth (page de gauche) aux évocations souvent autobiographiques d'Araki (ci-contre, photo de la série « Erotos », 1993), du mur de la galerie aux pages du livre, du pictural au photographique, les artistes utilisant la photographie ont pleinement joué, à partir de la fin des années 1970, de toutes les possibilités esthétiques et techniques désormais offertes par le médium.

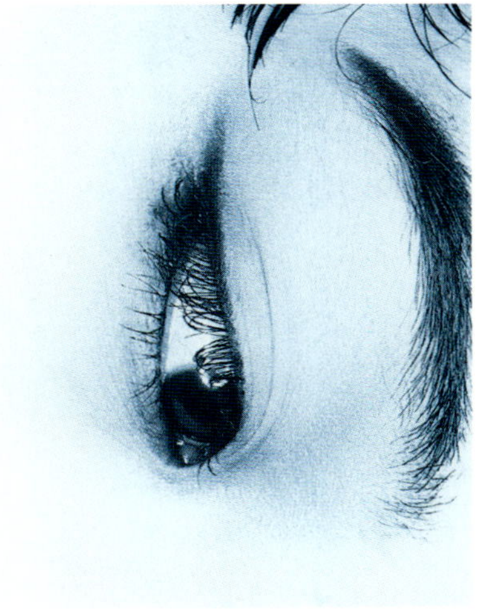

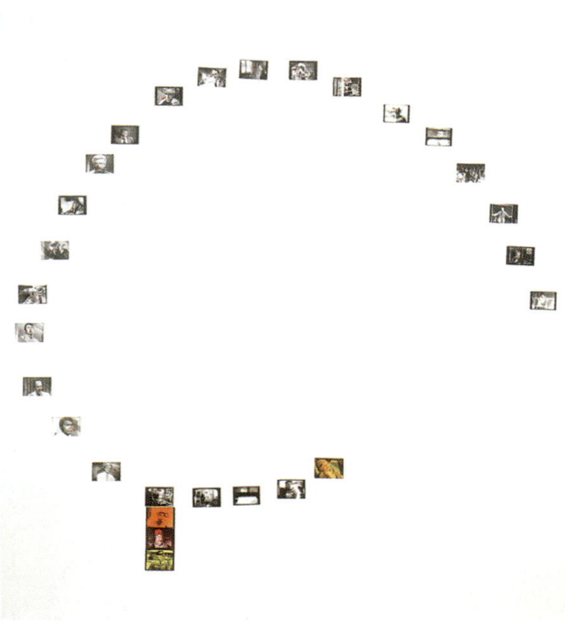

Des artistes venus de l'art conceptuel pratiquant la photographie, John Baldessari (à gauche) et Jan Dibbets (ci-dessous) sont sans doute ceux qui auront le plus chahuté les formes traditionnelles de l'exposition murale, allant jusqu'à proposer de véritables sculptures photographiques dans lesquelles l'espace du mur devient partie intégrante de l'œuvre.

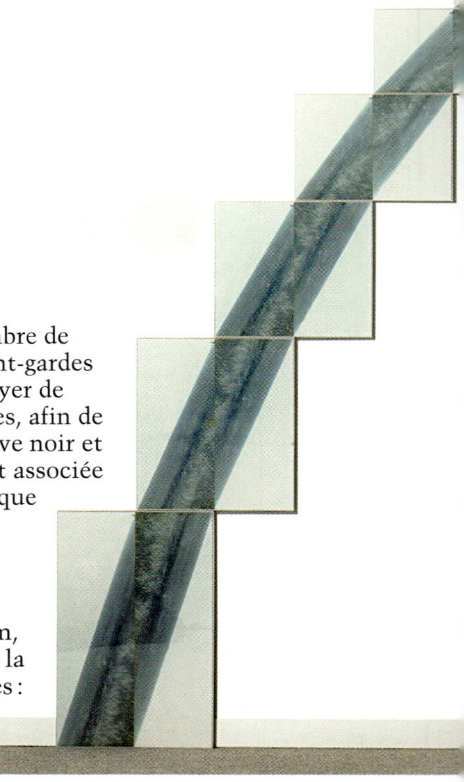

Peintres et photographes

Dès le début des années 1960, nombre de photographes ou d'artistes des avant-gardes utilisant la photographie vont essayer de mettre en place de nouvelles formes, afin de transcender la traditionnelle épreuve noir et blanc de petit format, à laquelle est associée une certaine tradition photographique dont ils souhaitent s'écarter. D'Ed Ruscha à John Baldessari, de Jan Dibbets à Robert Heinecken, remettant en cause le dogme moderniste de la pureté du médium, ils vont utiliser la photographie en la nourrissant d'influences extérieures : cinématographiques, littéraires, sculpturales, picturales. Alors que le livre était, jusque dans les années 1960, le principal support de diffusion, il se trouve à partir des années 1970 fortement contesté par le mur, celui de la galerie et du musée : du *slide show* à la toile peinte ou à l'installation photographique,

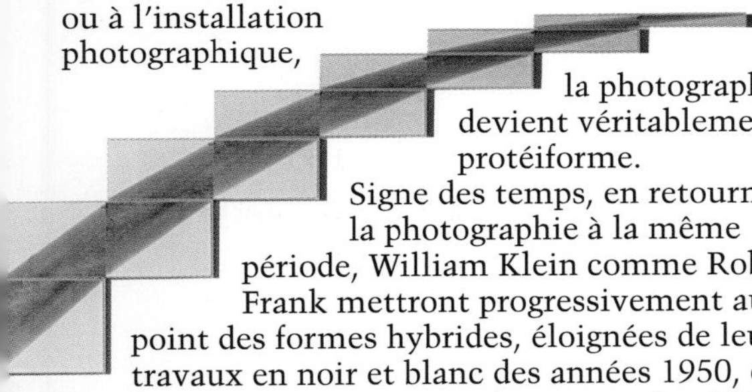

la photographie devient véritablement protéiforme. Signe des temps, en retournant à la photographie à la même période, William Klein comme Robert Frank mettront progressivement au point des formes hybrides, éloignées de leurs travaux en noir et blanc des années 1950, et nourries de pratiques autres, le cinéma, la vidéo, l'écrit, la peinture.

À partir du début des années 1980, ce mouvement va s'accentuer. C'est sous le titre « Ils se disent peintres, ils se disent photographes » que s'ouvre en 1980 au musée d'Art moderne de la Ville de Paris une exposition consacrée à la photographie contemporaine. Cette indétermination identitaire caractérise bien alors les bouleversements en cours dans les arts plastiques, accentués par les possibilités offertes par les développements techniques (vidéo, caméscope) et la circulation toujours croissante des images. La photographie se nourrit de nouveaux schémas narratifs et modèles formels : l'heure est à la fusion et au métissage, aux réflexions sur les apports respectifs, comme le montrent les très nombreuses expositions historiques et contemporaines consacrées à ces croisements : « Fotografie als Kunst, Kunst als Fotografie » (Kassel, 1975), « Malerei und Photographie im Dialog » (Lausanne, 1977), « Artist and Camera » (Londres, 1980). L'heure est aussi à une photographie réflexive qui entend redécouvrir son histoire, déconstruire ses usages traditionnels, interroger sa propre nature et explorer de nouvelles relations aux autres disciplines artistiques.

Organisée au musée d'Art moderne en 1980, l'exposition « Ils se disent peintres, ils se disent photographes » (ci-dessous, dessin satirique de Piem), à l'instar de « Artist and Camera » qui se tenait presque au même moment à Londres, entendait insister sur l'ambiguïté des statuts des artistes sélectionnés, comme sur le caractère mixte de leurs pratiques, partagées entre photographie et autres techniques. Les trente-huit artistes présents, de Feldmann

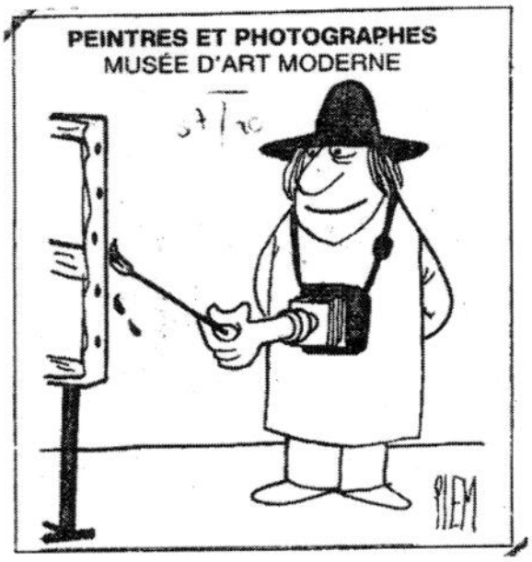

aux Becher, de Sherman à Messager, dessinaient un paysage artistique pluriel dans lequel la photographie jouait des rôles multiples. Par leur monumentalité et l'utilisation de la couleur, nombre des travaux montraient que ces artistes, pour beaucoup marqués par l'héritage conceptuel, introduisaient dans la photographie réflexions et normes issues de théories picturales.

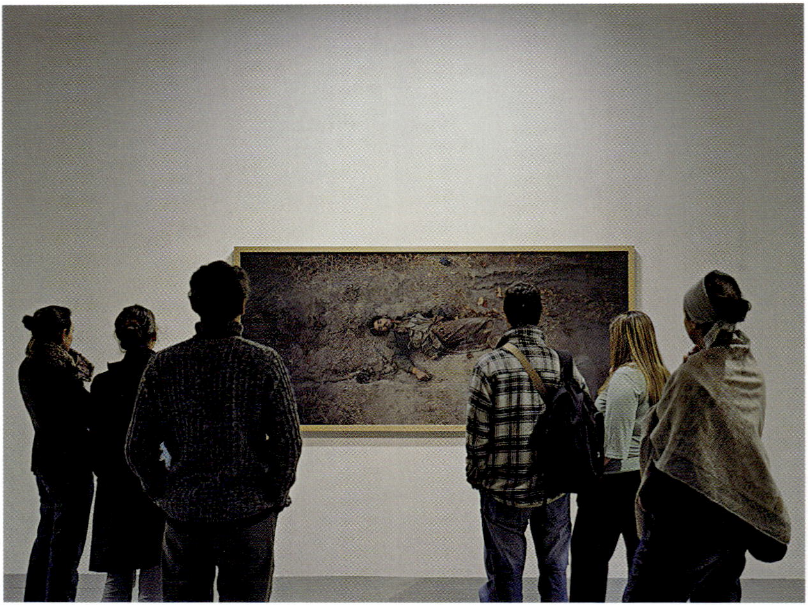

De nouvelles formes

Nombre de ces recherches autour des formes de l'image photographique sont rendues possibles par les progrès techniques accomplis surtout à partir des années 1980, notamment sur le tirage en couleurs. Ceux-ci permettent d'obtenir des formats de plus grandes dimensions. La photographie gagne en volume, en présence et en verticalité : dépassant son statut d'image, elle s'objective. Dès la fin des années 1960, les formats de plus grandes dimensions gagnent tant les expositions historiques (rétrospective Lartigue de 1967 au musée des Arts décoratifs à Paris) que, par la suite, les pratiques artistiques de l'avant-garde : en 1974, le Suisse Urs Lüthi et l'Allemande Katharina Sieverding proposent des impressions photographiques, sur toile ou sur papier, qui, par leurs dimensions, induisent un autre rapport physique du spectateur à l'image. Comme le souligne l'artiste Jeff Wall, il

« Il y a une réelle ambiguïté : je suis froid et détaché, assez invisible parce qu'assez insignifiant, et c'est à ce compte-là que je parviens à une pleine présence aux choses, à une relation simple et directe au réel. »

Luc Delahaye, 2004

D'ample dimension, les images de Luc Delahaye, fréquemment réalisées avec des appareils panoramiques de grand format, introduisent une relation enveloppante au spectateur, et tentent de restituer une présence plus essentielle au monde (ci-dessus, visiteurs devant *Taliban*, 2001).

s'agit pour la photographie, face à la concurrence des autres images, cinéma et publicité notamment, de « monter le volume ». À partir des années 1970, Wall, en compagnie de quelques autres (le Français Jean-Marc Bustamante, notamment), réalise des photographies de grand format dont l'aspect renvoie à l'idée d'un tableau : uniques, existant avant tout pour le mur, reprenant certains des constituants physiques classiques du tableau (la coupure du cadre remplaçant l'ancienne marge blanche du papier), ces « tableaux photographiques » sont à l'origine de la notion de « forme-tableau », forgée par le critique Jean-François Chevrier.

Si la forme du tableau photographique, favorisée par le marché, va connaître une belle vogue jusqu'à nos jours, de Luc Delahaye à Patrick Faigenbaum, elle ne saurait à elle seule incarner les nombreuses mutations de l'image photographique dans cette période. D'autres modes de présentation, plus sculpturaux, se développent, tel le polyptyque (les Becher, les Blume, Boltanski, Messager, Coplans), voire des œuvres en trois dimensions : installations photographiques ou environnements incluant des clichés photographiques (Jaar, Wang Du, Tillmans), sculptures ou objets photographiques.

Rompant avec le caractère jugé parfois trop classique de la forme-tableau, des modes d'accroche plus libres et simples, sans cadre par exemple, voient le jour (Tillmans, Petersen, Valérie Jouve). Les contrecollages sur aluminium de l'épreuve, très pratiqués dans les années 1990, ou aujourd'hui l'utilisation du Diasec, voire du papier mural

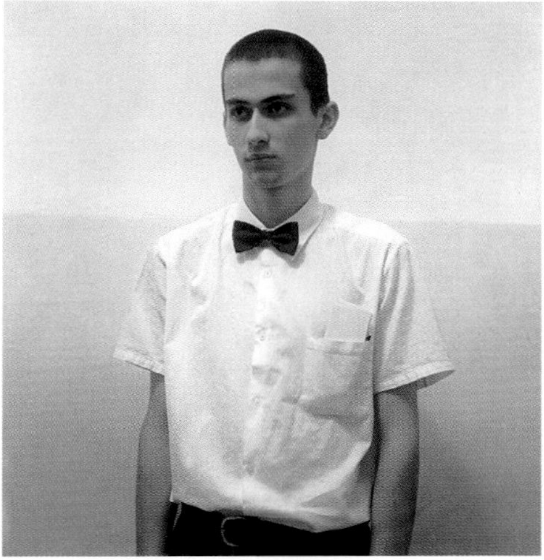

Peintre de formation, Patrick Faigenbaum s'est, depuis la fin des années 1970, essentiellement consacré à la pratique du portrait photographique. Ses images, réalisées à la chambre, souvent des pièces uniques, d'assez grand format, ancrées dans une tradition documentaire bien photographique, entretiennent cependant avec la peinture un dialogue évident. Le caractère pensif de ses modèles, souvent hiératiques, tel son serveur de Prague (ci-dessus), renvoie tant au Manet du *Bal aux Folies-Bergère* qu'au Watteau du *Gilles*.

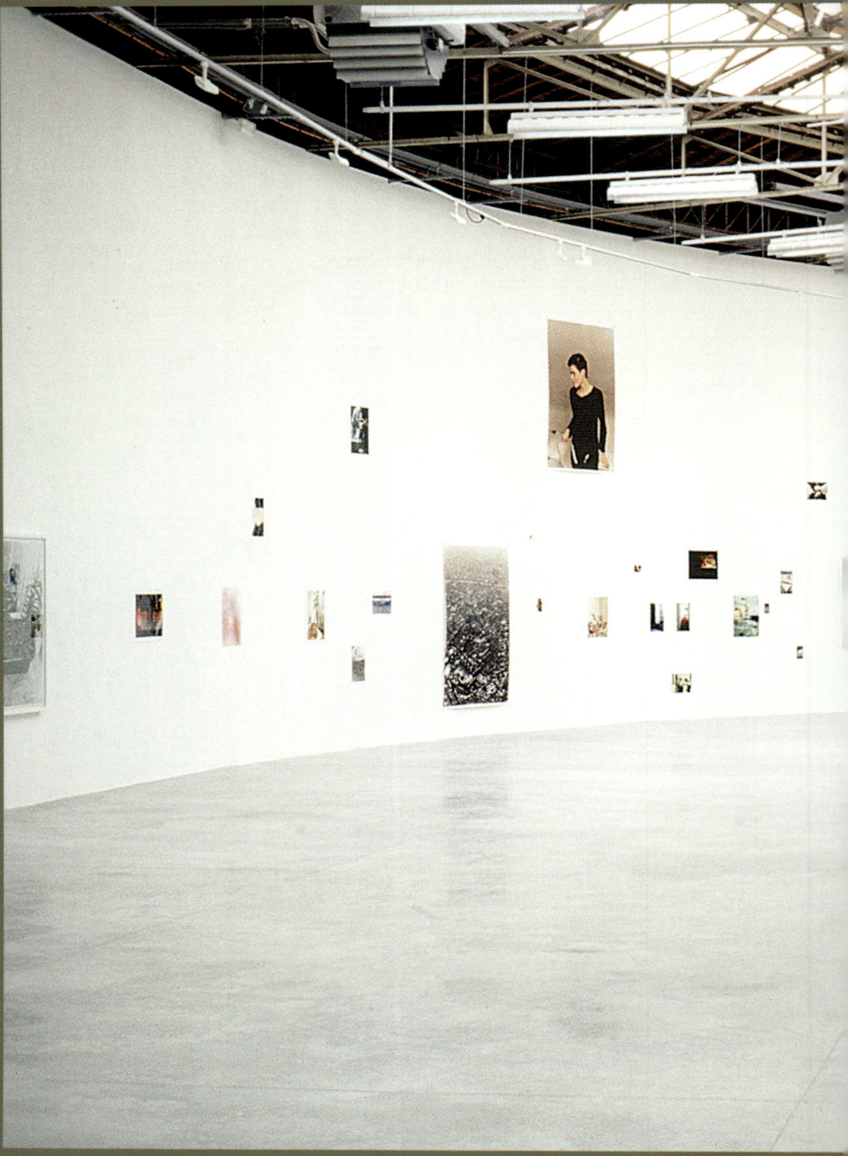

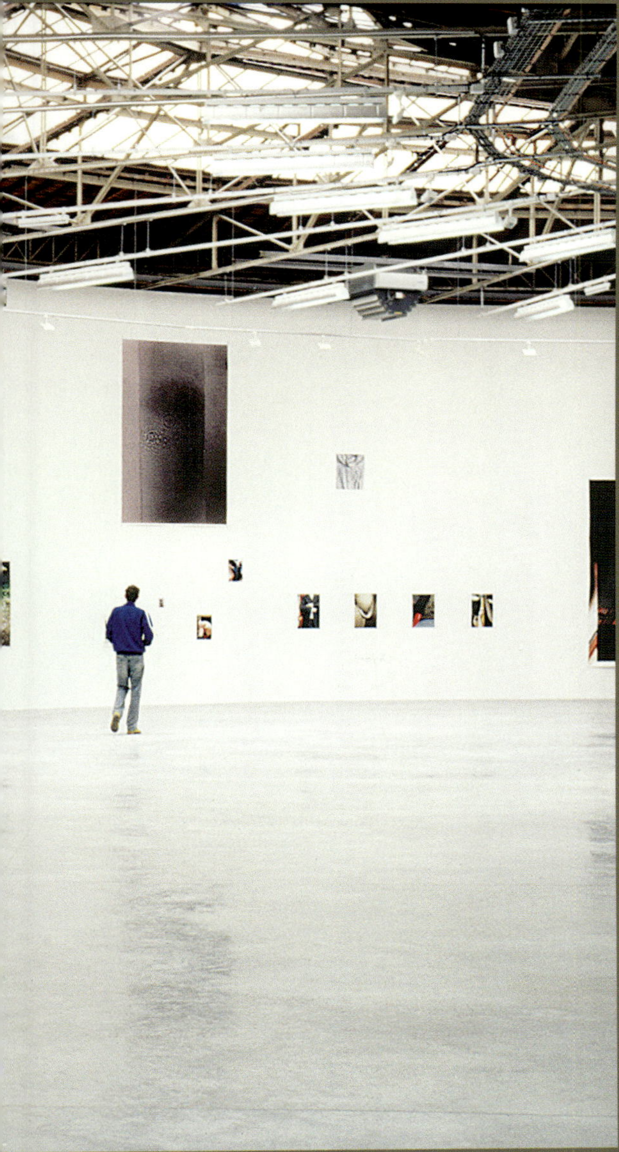

L'œuvre de l'Allemand Wolfgang Tillmans (ci-contre, une salle de son exposition « Vue d'en haut » au palais de Tokyo, 2002) s'est développée en partie autour de l'idée de prolifération des images : son intérêt pour la photographie tient tant à la singularité de tel ou tel cliché qu'aux relations qu'il aime à tisser entre les images, dans ses accrochages et ses mises en pages d'ouvrages, jouant fréquemment d'une parcellisation du monde à la manière de la vue aérienne. Venu du monde de la presse, utilisant, sans restriction aucune, les formats et les supports les plus divers (livres, mur de la galerie et du musée, périodiques illustrés de photographies, affiches), abordant sans exclusive les genres les plus variés, Tillmans a bâti son œuvre autour de ce caractère protéiforme de la photographie, désormais constitutive de la réalité elle-même : dans un volontaire chahut visuel qui s'efforce à chaque fois de rendre visibles et de tisser des liens entre ces « singularités multiples, simultanément accessibles puisqu'elles partagent le même espace ».

imprimé, entendent là encore s'écarter du schéma traditionnel du cliché encadré pour parvenir à des lectures plus directes de l'image, qui renouent d'ailleurs parfois avec certaines expérimentations murales de l'entre-deux-guerres.

Enfin, liées notamment au retour d'intérêt pour les formes documentaires, se multiplient de nombreuses formes de mise en relation d'images. En 1980, l'exposition « Absage an das Einzelbild » (« Renonciation à l'image particulière ») abordait ces questions, devenues centrales dans les décennies suivantes : séries (ensembles lâches d'images autour d'un sujet précis), séquences (supposant souvent une succession narrative), typologies (héritées d'un schéma scientifique) demeurent une composante essentielle des pratiques contemporaines.

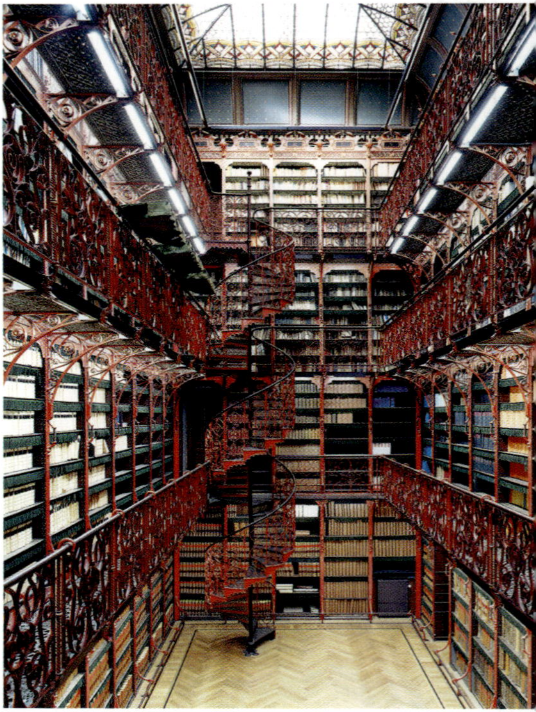

Parmi les plus anciennes élèves de Bernd Becher à Düsseldorf, Candida Höfer est également une de celles qui sont restées les plus proches de sa tradition photographique. Réalisées à la chambre, ses séries typologiques d'espaces culturels (musées, bibliothèques...) renforcent néanmoins, par le recours à la couleur et au grand format, une certaine théâtralisation inhérente à ces lieux.

Regards documentaires

Parmi les tenants du tableau photographique, c'est sans doute, dans les années 1980, ce que l'on a qualifié d'« école de Düsseldorf », soit le groupe d'étudiants de Bernd Becher à la Kunstakademie de la ville, qui va connaître le plus fort rayonnement, jusqu'à parfois résumer une certaine tentation picturale de la photographie de la période. Initialement formés dans la lignée documentaire en noir et blanc de Karl Blossfeldt, de Sander et Walker Evans, ils vont y introduire couleur et grand format,

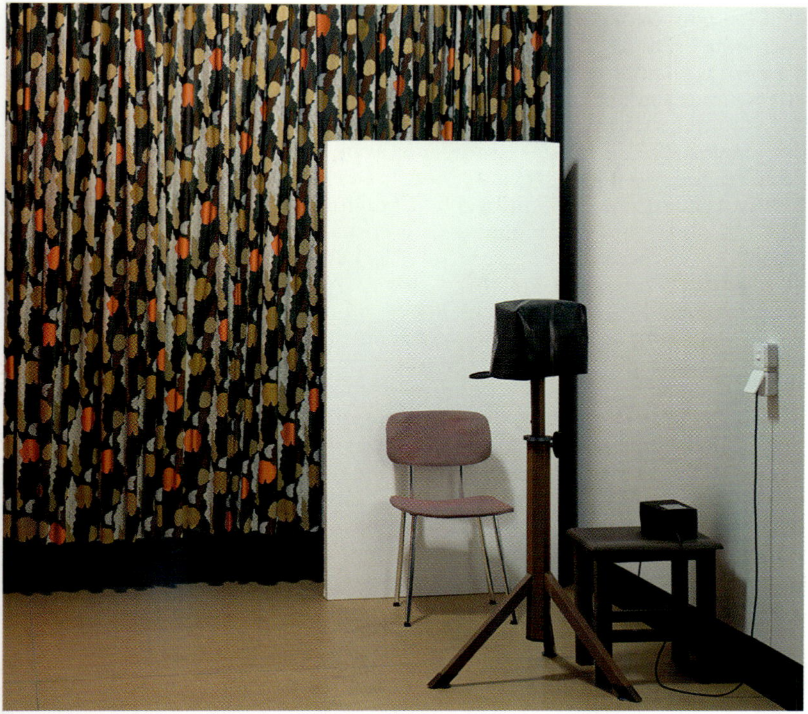

tout en respectant l'esprit sériel et typologique de cette tradition : les paysages d'Axel Hütte, les bibliothèques de Candida Höfer, ou les « paradis » et musées de Thomas Struth s'inscrivent dans cette veine. D'autres (Ruff et Gursky, notamment), à partir des années 1990, n'hésitent pas à remettre en cause la « croyance dans la vérité du médium », qui était au cœur de l'enseignement des Becher, en pratiquant la retouche, voire aujourd'hui en composant totalement leurs images sur ordinateur à partir de diverses prises de vue. Une nouvelle génération (Elger Esser, Jörg Sasse ou Thomas Demand) leur emboîte le pas à partir des années 2000. Signe des temps, Thomas Ruff succède à Bernd Becher à la tête de l'enseignement de la photographie à Düsseldorf.

Sculpteur de formation, passé brièvement par la classe de Bernd Becher, l'Allemand Thomas Demand réalise, à partir de clichés, des maquettes grandeur nature, le plus souvent en carton, qu'il enregistre par la photographie avant de les détruire. Leurres photographiques, pièges optiques, ses images (ici, *Photobooth*, 2009) jouent de la véracité que l'on accorde d'ordinaire au médium photographique.

Mais le rayonnement, artistique et marchand, de l'école de Düsseldorf ne doit pas faire oublier que de nombreuses autres tentations documentaires ont parcouru la photographie de cette période, sous la forte influence des courants américains des années 1970, ceux des « nouveaux topographes » et des coloristes (Baltz, Nixon, Shore) : à Berlin, avec le travail de Michael Schmidt ; en Grande-Bretagne surtout, où se déploie un courant à dominante sociale, à la suite de l'œuvre de Tony Ray Jones, avec Martin Parr, Paul Graham, Chris Killip, Graham Smith ou encore John Davies ; en France enfin, où, au milieu des années 1980, une entreprise de commande comme la mission photographique de la Datar crée l'occasion de concilier exigences documentaires et préoccupations esthétiques : rassemblant nombre de photographes de nationalités, générations et horizons très divers, elle est un important jalon dans la constitution d'un courant documentaire européen.

Ce souci de lier objectivité et document ne doit

Depuis ses débuts, à la fin des années 1970, le Britannique Paul Graham a tenté de renouveler, tant dans ses ouvrages que dans ses expositions, les formes et les genres de la photographie documentaire à contenu politique et social. Après l'Angleterre des années Thatcher et l'Europe de l'après-communisme, c'est aux zones urbaines et péri-urbaines des États-Unis que, depuis une dizaine d'années, il consacre son attention en concevant pour chaque série des dispositifs visuels spécifiques (ci-dessous, *American Night*, 2002).

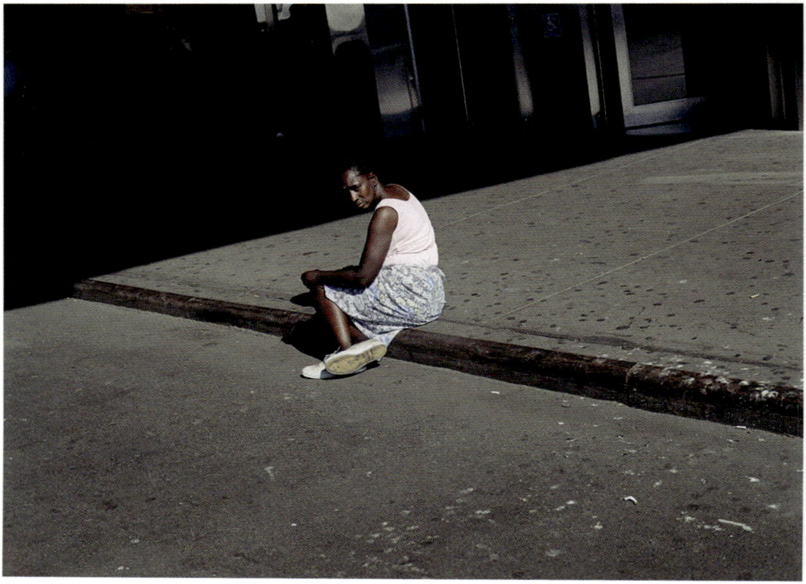

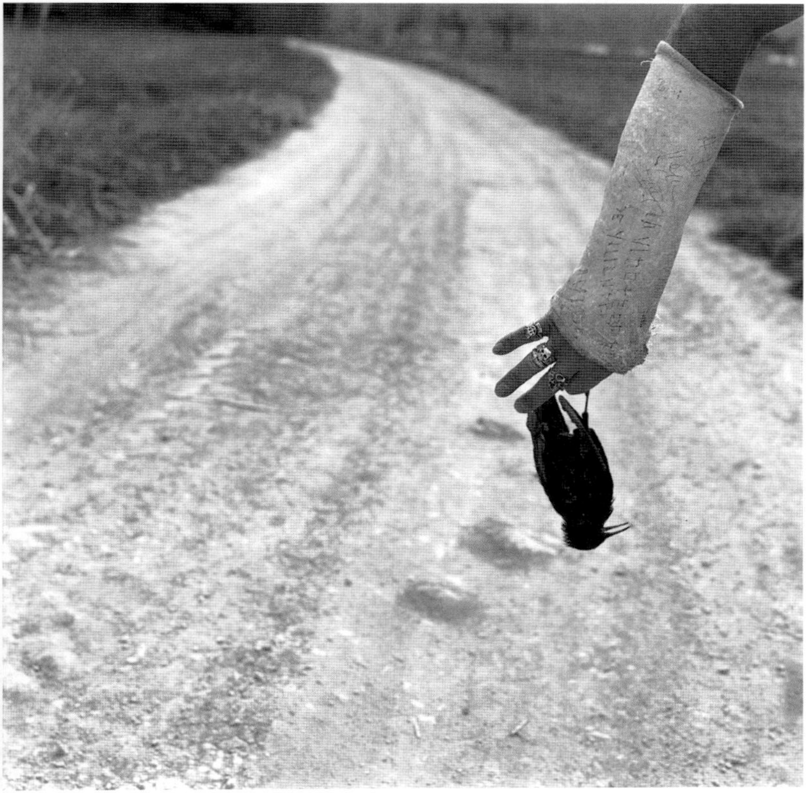

pas faire oublier que nombre d'entreprises affichant une dimension autobiographique et subjective possèdent aussi une dimension documentaire non négligeable. À cet égard, les écritures photographiques, entre la note ou le journal en images d'Araki, Daido Moriyama, Nan Goldin, Anders Petersen, Larry Clarke ou Alberto García-Alix parmi d'autres, témoignent à leur manière, dans leur forte subjectivité assumée, proche parfois d'un certain expressionnisme, de l'évolution du monde, en portant notamment un regard empathique sur la fragilité et l'humanité de ses marges.

Débutant son travail artistique à la chute du franquisme, Alberto García-Alix a accompagné les profondes mutations de la société espagnole et de ses marges, à partir des années 1980, dans une veine mêlant toujours préoccupations documentaires et itinéraire personnel (ci-dessus, *Autoportrait*, 1988).

Expérimentations

Poursuivant les déconstructions de l'acte photographique entreprises dans les années 1970, nombre d'artistes et de photographes vont à partir des années 1980 multiplier les interrogations autour des paramètres qui définissent l'acte photographique, renforçant une dimension expérimentale de la photographie, au sens où on a pu parler d'un cinéma expérimental. Ainsi des jeux autour des temps de la prise de vue qui visent à retrouver d'autres temporalités que l'instantané. Jusqu'à aujourd'hui, un certain nombre d'artistes plasticiens et de photographes d'horizons et de générations très divers (Michael Snow, Dan Graham, Jan Dibbets, Michael et Barbara Leisgen, William Wegman, Dieter Appelt, Paolo Gioli, Olafur Eliasson, Hiroshi Sugimoto, Alain Fleischer, Éric Rondepierre, Idris Kahn, Michele Zaza, Denis Roche...) ont joué de la photographie comme « montage de temps », pour reprendre les termes de Dieter Appelt, en empruntant largement aux dispositifs de l'image animée.

Répondant au cinéma en images fixes de Chris Marker dans les années 1960, ces tentatives d'« entre-images » (Raymond Bellour) des

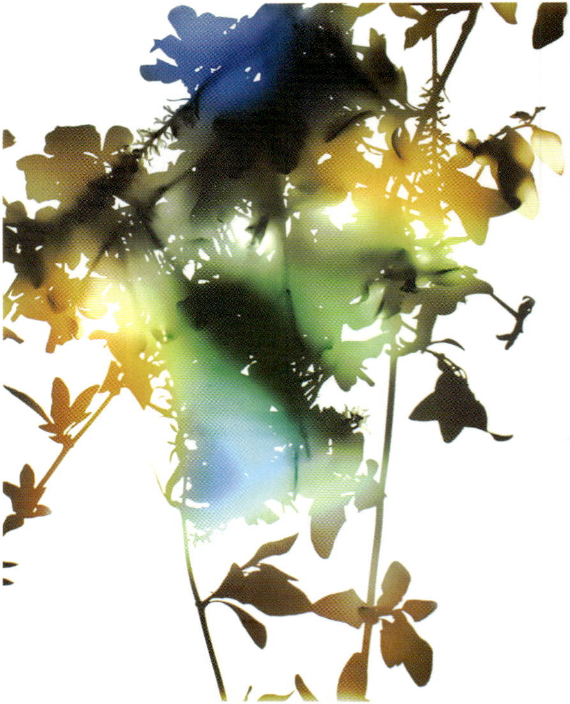

Jouant fréquemment sur les frontières ténues entre abstraction et figuration, James Welling, depuis maintenant plus de trente ans, explore les possibilités toujours plus grandes offertes par le médium photographique, notamment dans le domaine de la couleur, comme dans la série de ses photogrammes de fleurs, « Flowers », commencée en 2004.

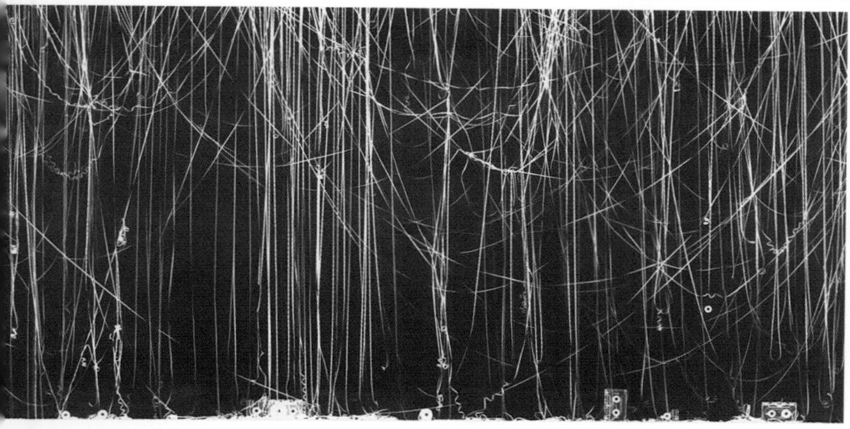

années 1980 et 1990 cherchent le plus souvent à traduire photographiquement la durée et l'écoulement du temps, à la manière des modèles précinématographiques de la fin du XIXe siècle – ceux de Muybridge et Marey notamment. La matière et la chimie de l'image ont été d'autres terrains privilégiés d'expérimentation à travers les travaux d'Ugo Mulas, Robert Heinecken, Tom Drahos, Sigmar Polke parmi d'autres.

La volonté de retrouver une perception moins mécanique et plus directe du réel conduit à la redécouverte de pratiques de prises de vue parfois anciennes : utilisation d'appareils rudimentaires (Sténopé) ou élaboration de dispositifs optiques proches de la *camera obscura* : à la suite de Rodney Graham à la fin des années 1970, ce sont des lieux entiers qui ont parfois été transformés en chambre obscure, comme en témoignent les images, souvent de grandes dimensions, de Vera Lutter, Abelardo Morell, Felten et Massinger, ou encore Gábor Ösz. Enfin, on citera le retour aux techniques de la photographie sans appareil avec notamment le photogramme : le travail de James Welling est exemplaire de cette approche, à laquelle on peut aujourd'hui rattacher également certains travaux de Christian Marclay, Susan Derges, Adam Fuss ou Walead Beshty.

Artiste à la production protéiforme, travaillant notamment sur les liens entre le son et l'image à la fin de l'ère analogique, Christian Marclay a beaucoup pratiqué la photographie sous diverses formes. Réalisés à l'aide de bandes de cassettes audio appliquées directement sur le papier photosensible, ses grands photogrammes au cyanotype (ci-dessus, *Memento*, 2008) jouent sur la rencontre de techniques d'enregistrement obsolètes : celle de l'empreinte négative directe, à l'origine de la photographie, celle du cyanotype, l'ancien « bleu » des architectes, tombé en désuétude, et celle de la cassette qui retrouve ainsi, par la métamorphose de l'impression photographique, une nouvelle actualité, d'une grande poésie formelle.

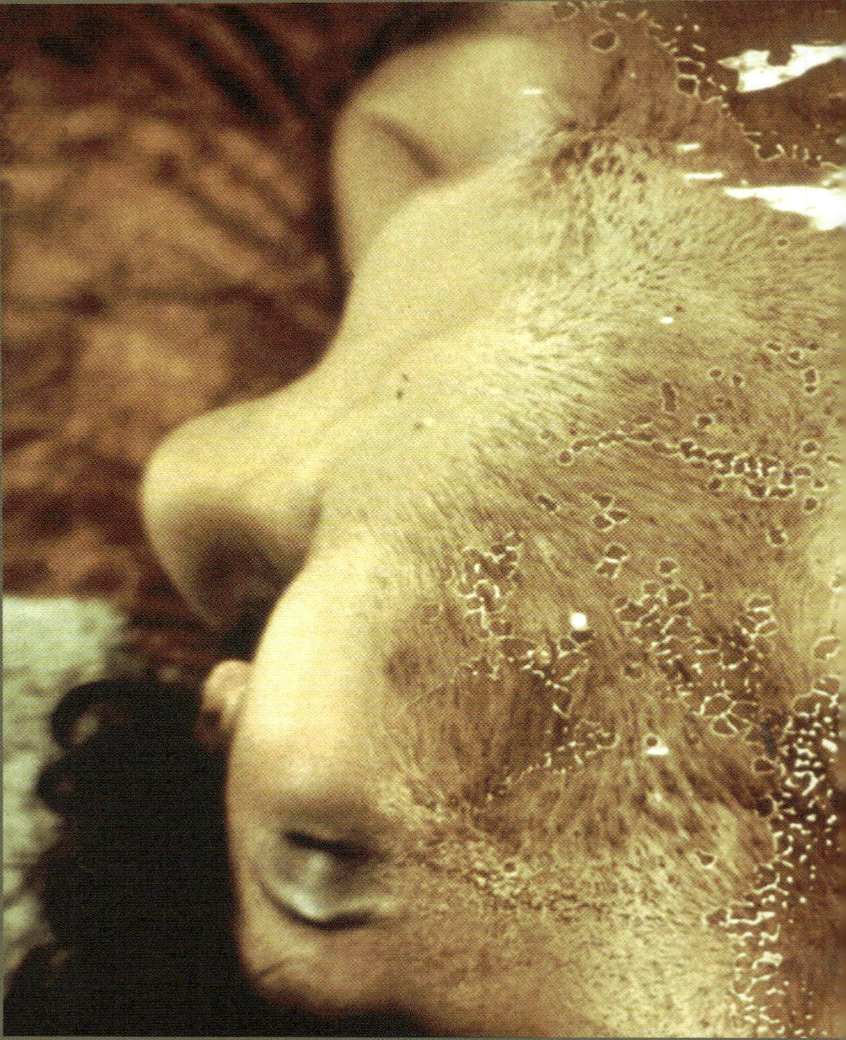

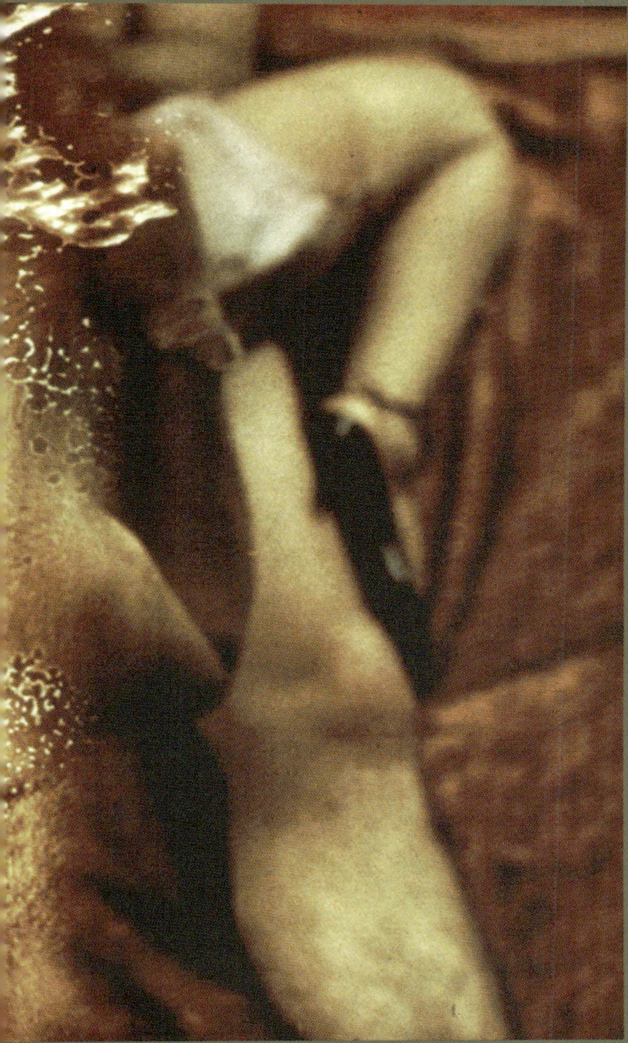

Ayant accédé à la reconnaissance artistique bien avant la photographie, le cinéma, l'autre grande technique indicielle du XXe siècle, a été tout au long du siècle une référence majeure pour les photographes et artistes utilisant la photographie. De même que nombre d'entre eux, à partir des années 1970, ont nourri leur pratique de références au modèle pictural, la période a vu se multiplier les pratiques hybrides, jouant sur les frontières du filmique, du cinématographique et du photographique, essayant de constituer des « entre-images », entre photographie et cinéma : soit en jouant des paramètres inhérents à l'acte photographique – étirement de l'acte photographique, jeux sur le déroulement et la séquence (Sugimoto, Dibbets, Wegman, Appelt) –, soit en construisant leurs images photographiques selon des procédés issus du cinéma (mises en scène de Sherman, Wall, diCorcia ou, plus près de nous, Gregory Crewdson), soit enfin en travaillant sur le matériau filmique lui-même, à l'instar d'Éric Rondepierre (ci-contre, *Convulsion*, de la série « Moires »).

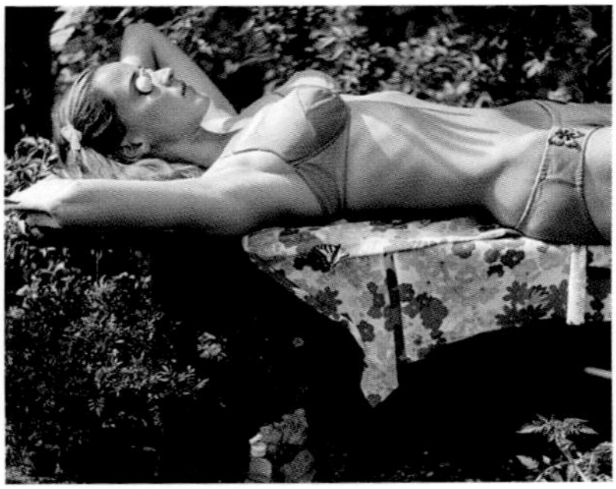

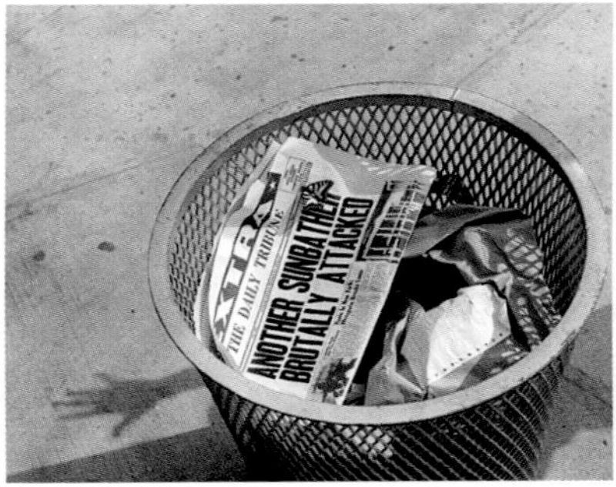

Théâtralité et cinéma

En 1976, dans la revue *Artforum*, le critique américain A. D. Coleman pouvait mettre en évidence l'existence d'un courant mis en scène dans la photographie contemporaine, qui empruntait au théâtre comme à l'imaginaire du cinéma, tout en représentant une des constituantes historiques de la photographie depuis ses toutes premières années. Apparu avec éclat dans la photographie nord-américaine des années 1960 (Michals, Krims, Uelsmann, Meatyard), ce courant a connu à partir du milieu des années 1970, au sein des avant-gardes artistiques, un regain avec, sous des formes diverses, les séquences narratives d'un MacAdams, les récits autobiographiques d'une Sophie Calle ou d'un Boltanski, les réflexions d'un Jochen Gerz, les autoportraits mis en scène de Lüthi, Warhol ou Rainer ou les premières compositions baroques d'un Witkin. À partir de 1977, Cindy Sherman présente ses « Film Stills », pseudo-photographies de plateau, dans lesquelles elle réinterprète certaines figures mythiques du cinéma de l'après-guerre, des héroïnes du néo-réalisme italien à celles des productions hollywoodiennes. Deux ans plus tard, Jeff Wall réalise ses premiers grands caissons lumineux, images soigneusement composées, très théâtralisées, à la frontière d'un langage photographique documentaire et d'un imaginaire cinématographique ou pictural. Poursuivant dans cette voie, les travaux de Crewdson, diCorcia, Olaf

En 1973, l'exposition « Story », organisée par John Gibson dans sa galerie new-yorkaise, présentait un certain nombre de travaux d'artistes (Jean Le Gac, Peter Hutchinson, William Wegman, Ger van Elk) ayant en commun de travailler sur les liens entre le texte et l'image et sur les logiques narratives liées au montage et à la séquence d'images. Ce courant, parfois connu sous le nom de *narrative* ou *story art*, devait connaître des développements nombreux et divers, des récits sans paroles souvent inquiétants de MacAdams (ci-dessus, *The Butterfly Murder*, 1977) marqué par l'univers du film noir et le goût pour le fait divers jusqu'aux travaux de Sophie Calle, livres ou installations, reposant le plus souvent sur l'interaction du texte et de l'image (page de droite, *Douleur exquise*, 1984-2003, autour du récit d'une rupture amoureuse).

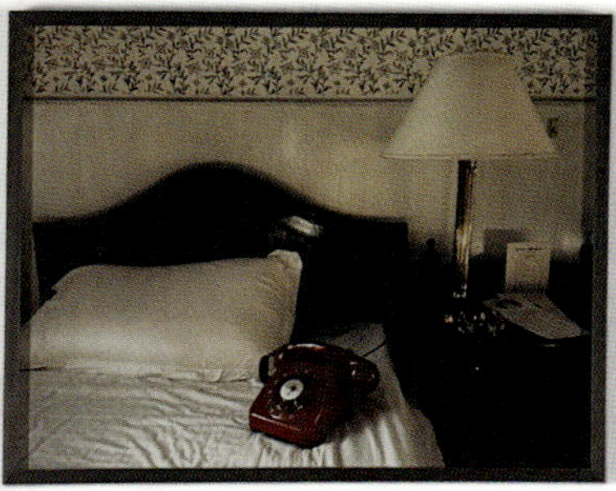

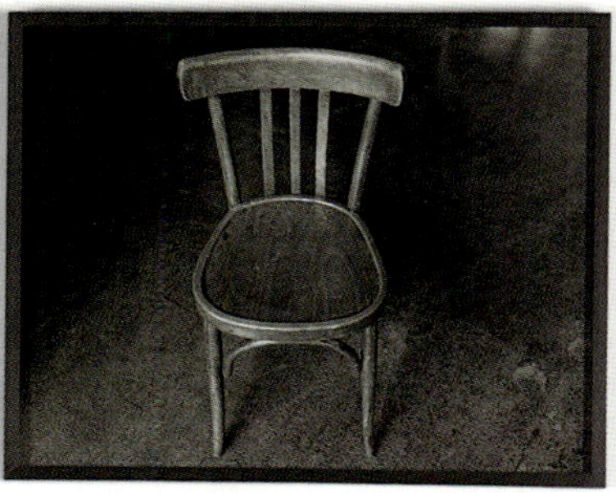

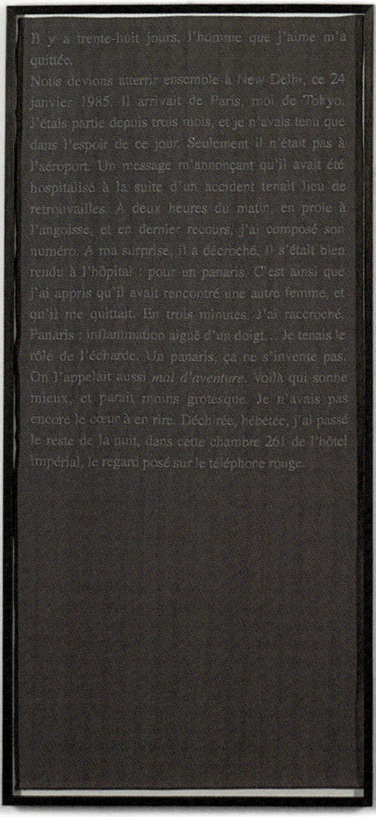

Il y a trente-huit jours, l'homme que j'aime m'a quittée.
Nous devions atterrir ensemble à New Delhi, ce 24 janvier 1985. Il arrivait de Paris, moi de Tokyo. J'étais partie depuis trois mois, et je n'avais tenu que dans l'espoir de ce jour. Seulement il n'était pas à l'aéroport. Un message m'annonçant qu'il avait été hospitalisé à la suite d'un accident tenait lieu de retrouvailles. À deux heures du matin, en proie à l'angoisse, et en dernier recours, j'ai composé son numéro. À ma surprise, il a décroché. Il s'était bien rendu à l'hôpital : pour un panaris. C'est ainsi que j'ai appris qu'il avait rencontré une autre femme, et qu'il me quittait. En trois minutes. J'ai raccroché. Panaris : inflammation aiguë d'un doigt… Je tenais le rôle de l'écharde. Un panaris, ça ne s'invente pas. On l'appelait aussi *mal d'aventure*. Voilà qui sonne mieux, et parait moins grotesque. Je n'avais pas encore le cœur à en rire. Déchirée, hébétée, j'ai passé le reste de la nuit, dans cette chambre 261 de l'hôtel Impérial, le regard posé sur le téléphone rouge.

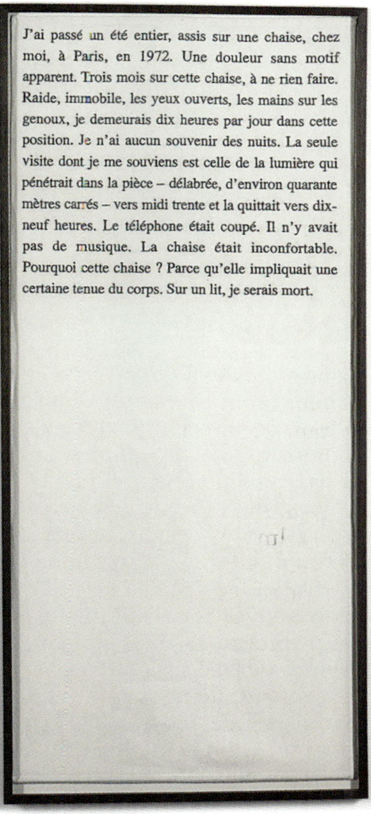

J'ai passé un été entier, assis sur une chaise, chez moi, à Paris, en 1972. Une douleur sans motif apparent. Trois mois sur cette chaise, à ne rien faire. Raide, immobile, les yeux ouverts, les mains sur les genoux, je demeurais dix heures par jour dans cette position. Je n'ai aucun souvenir des nuits. La seule visite dont je me souviens est celle de la lumière qui pénétrait dans la pièce – délabrée, d'environ quarante mètres carrés – vers midi trente et la quittait vers dix-neuf heures. Le téléphone était coupé. Il n'y avait pas de musique. La chaise était inconfortable. Pourquoi cette chaise ? Parce qu'elle impliquait une certaine tenue du corps. Sur un lit, je serais mort.

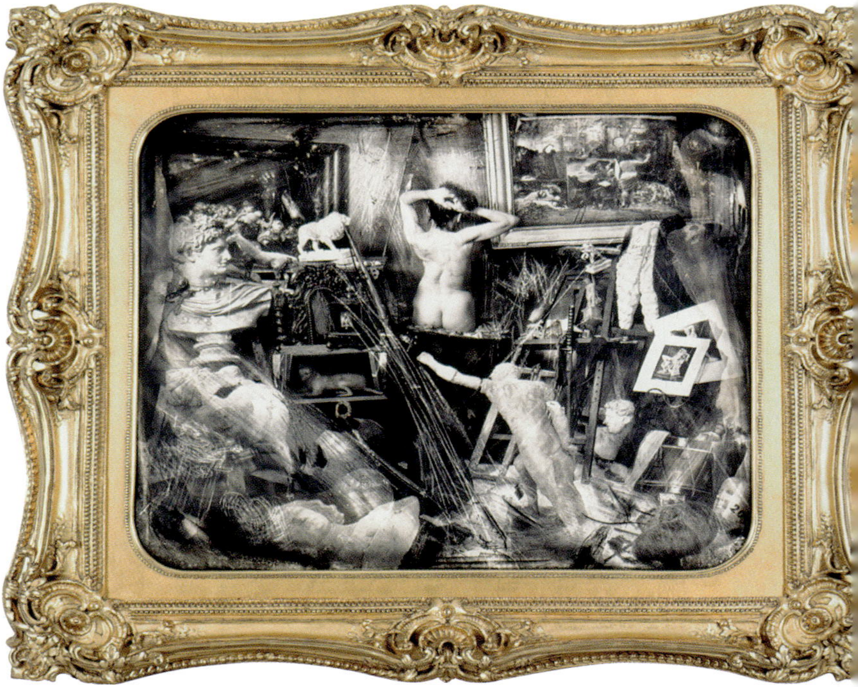

ou encore Sam Taylor-Wood et Tracey Moffatt transforment de manière consciente et revendiquée la photographie en un véritable « cinéma à l'arrêt », inversant l'idée de « photographie animée » liée au langage cinématographique.

Dans tous ces cas de figure, c'est reconnaître que la photographie est aussi mensongère qu'un autre médium et qu'elle n'implique plus cette « croyance » aveugle à l'égard de son objet. Dès les années 1970, Bernard Faucon, avec ses mannequins, Laurie Simmons, avec ses poupées, et David Levinthal, avec ses petits soldats photographiés de près, jouent pleinement de cette équivoque. À la même période, les Anglais Victor Burgin, puis Karen Knorr ou Olivier Richon utilisent théâtralité et narration pour déconstruire une pseudo-vérité du langage photographique, quand le Catalan Joan

Depuis les années 1970, dans la lignée d'une photographie nord-américaine marquée par le goût des mises en scène farfelues et surréalisantes (Les Krims, Duane Michals), Joel-Peter Witkin brasse les références picturales et photographiques (ci-dessus, *L'Atelier*, 1994, d'après un daguerréotype de 1850 de Charles Winter) dans des images baroques et très construites, souvent imprégnées d'une dimension morbide.

Fontcuberta installe cette interrogation au cœur de son travail. Anticipant même les transformations dues à l'image numérique, la réalité « construite » ou « mise en scène » devient une part importante de la production photographique des années 1980, comme en attestent les lieux imaginaires de James Casebere, Bernard Voïta, ou Philippe de Gobert et, aujourd'hui, les leurres photographiques d'un Thomas Demand.

Ces jeux fictionnels, ces références au cinéma, ont également, à partir des années 1970, largement irrigué les travaux des photographes de publicité et de mode qui y ont trouvé une manière de dépasser une simple évocation du vêtement, au profit d'un véritable *storytelling*, narrant une histoire ou campant une ambiance.

Si Irving Penn, photographe notamment pour *Vogue*, pouvait avancer que « le photographe moderne travaille pour la publication. Le but

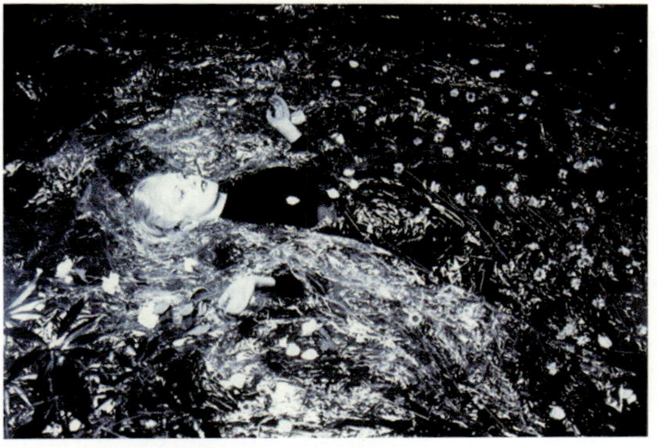

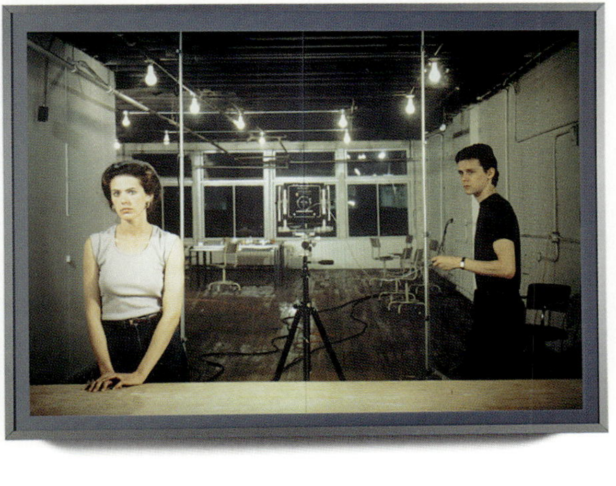

Montées dans des caissons lumineux, les images de grand format de Jeff Wall empruntent au langage de la publicité, mais aussi à la photographie, au cinéma et à la peinture. Déconstruction de la fabrique de l'image photographique et des relations de l'opérateur à son modèle, *Picture for Women* (en bas, 1979) – œuvre manifeste des débuts de sa carrière – est également une variation autour du *Bal aux Folies-Bergère* de Manet. Un même croisement de références anime l'œuvre de Victor Burgin dans les années 1980 : son *Ophélie* (ci-dessus) convoque dans le même temps nombre de citations d'artistes anglais, de la littérature (Shakespeare) à la peinture (l'*Ophélie* du préraphaélite anglais Millais) et au cinéma (scène de *Vertigo*, d'Alfred Hitchcock).

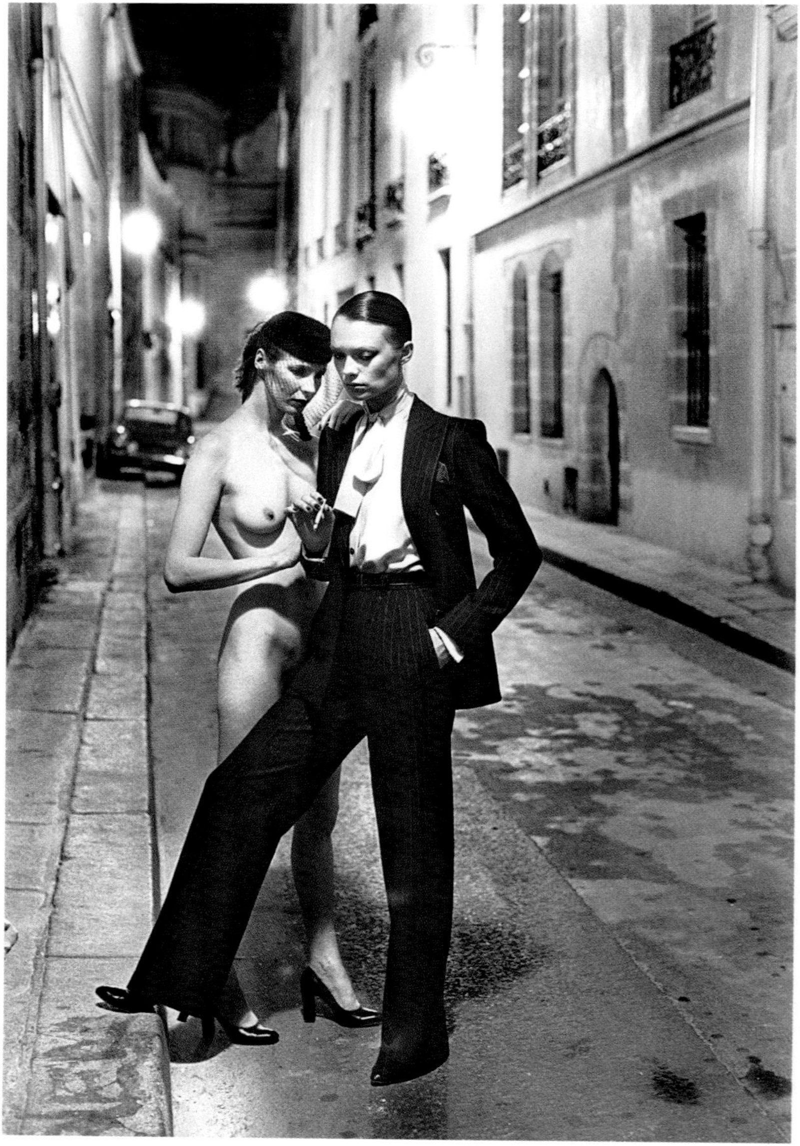

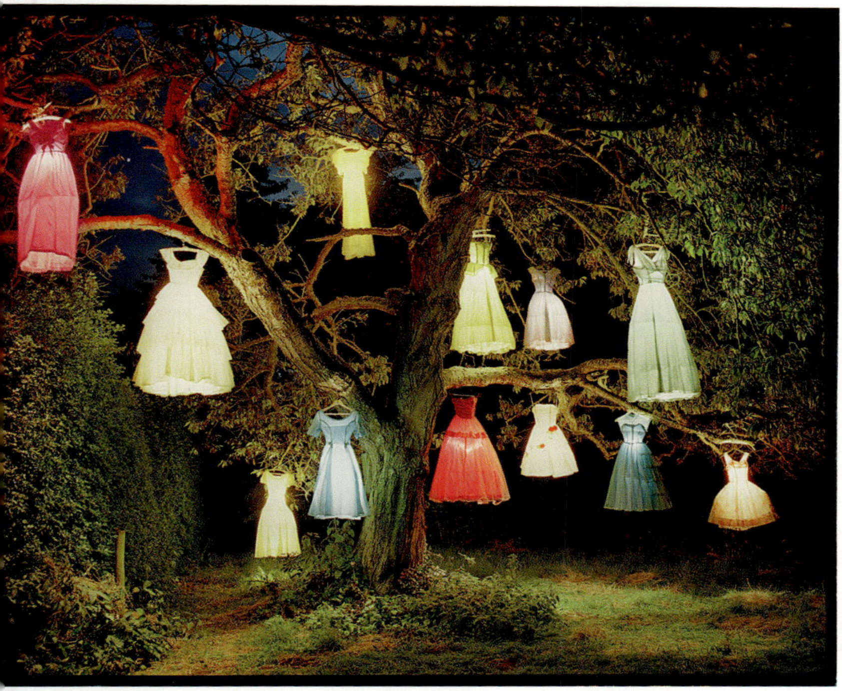

ultime de ses efforts est la page imprimée, pas l'épreuve photographique », cette situation a aujourd'hui beaucoup évolué, notamment dans le domaine de la mode. Les passerelles avec le monde de l'art sont de plus en plus nombreuses. Outre les reconnaissances de Penn et Avedon comme quelques-uns des plus grands photographes de la seconde moitié du XXe siècle, la modification du regard, après leur disparition, sur les productions de Guy Bourdin ou Helmut Newton, devenus sujets d'expositions et de catalogues, mérite l'attention. Cent ans après les premiers clichés du baron de Meyer, pionnier de la photographie de mode, le champ est pleinement reconnu comme un genre essentiel de la photographie contemporaine, comme le prouvent les travaux de Juergen Teller à Wolfgang Tillmans.

« La nuit apporte toujours une touche de magie. J'adore cette heure. Bien souvent, en mission, si le décor me déçoit, je choisis de photographier la nuit. Tout devient plus mystérieux, toute laideur s'estompe [...]. J'ai été fortement inspiré par les travaux de Brassaï ; c'était le maître des nocturnes. »

Helmut Newton, *Autoportrait*, 2003

[page de gauche, *Rue Aubriot*, pour *Vogue France*, 1975 ; ci-dessus, Tim Walker, *The Dress Lamp Tree*, 2002]

Citations, remakes et collections

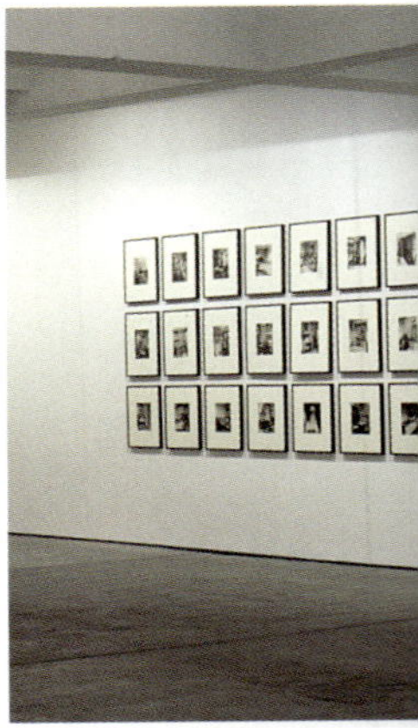

S'inscrivant dès les années 1970 dans un courant postmoderne de relecture critique du médium et de son histoire, nombre d'artistes et de photographes vont installer la citation, l'emprunt, la récupération, la collecte et le détournement de photographies au cœur de leurs travaux. Au milieu des années 1970, l'Américain Robert Heinecken, qui travaille à partir d'images trouvées, dans la presse essentiellement, se qualifie non plus de photographe mais de « paraphotographe ». Au même moment se développe, aux États-Unis principalement, un fort courant « appropriationniste » qui, par l'utilisation et le détournement systématique d'images réalisées par des tiers, entend remettre en cause les notions d'originalité, d'auteur et d'authenticité : Sherrie Levine, avec ses reprises d'images de grands noms de la photographie (Walker Evans, Edward Weston, Alexander Rodtchenko), ou Richard Prince, avec ses réutilisations d'images commerciales et publicitaires, notamment des publicités Marlboro, en participent pleinement. Aujourd'hui, la réappropriation – et le détournement, souvent parodique – d'« icônes » photographiques est un genre à part entière dans lequel se sont illustrées, dans des perspectives différentes, des personnalités aussi différentes que Zoe Leonard, Morimura, Vik Muniz, Aneta Grzeszykowska (d'après les « Film Stills » de Cindy Sherman) ou Joan Fontcuberta.

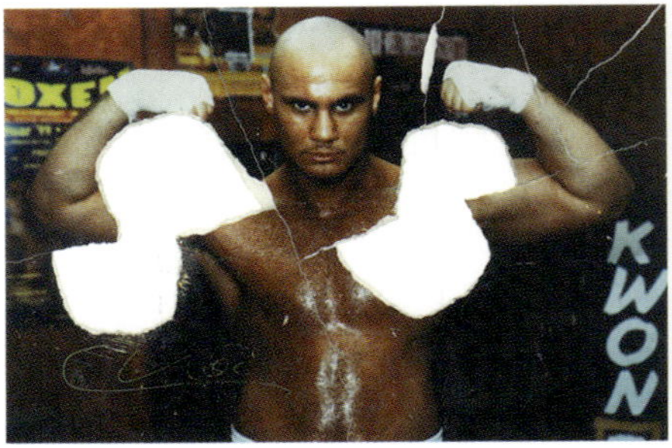

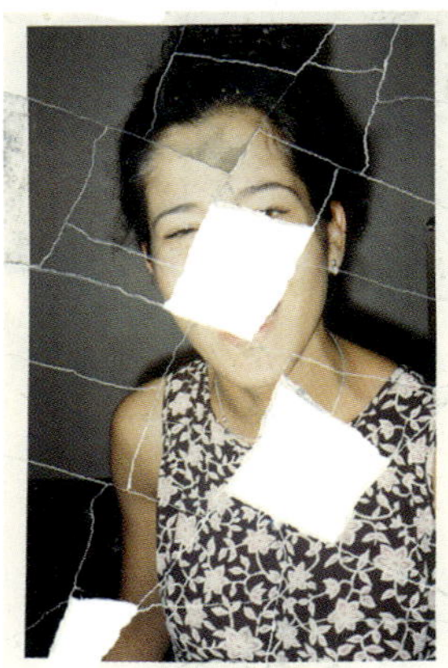

Depuis les années 1980, Joachim Schmid a fait de l'appropriation et de la réutilisation de photographies trouvées un des principaux moteurs de son travail. Réunissant plusieurs centaines d'images trouvées dans la rue aux quatre coins du monde – oubliées, perdues, ratées, rejetées –, la série « Found in the Street » apparaît comme un monument aux « laissés-pour-compte » de l'histoire de la photographie.

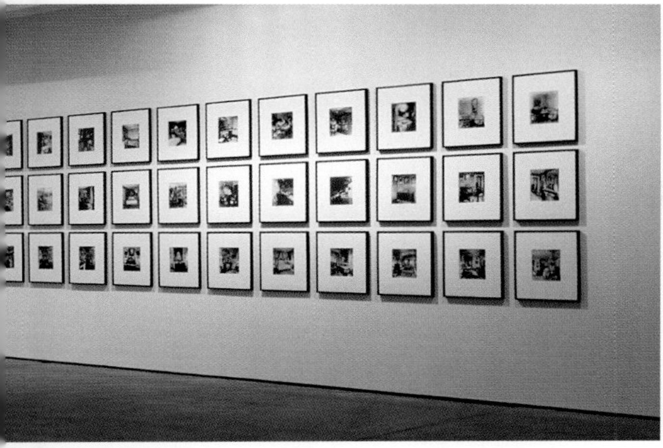

Les œuvres de Sherrie Levine, appropriations de travaux d'autres artistes tel Atget, interrogent quelques-unes des notions fondatrices de la modernité : l'auteur, l'originalité, l'authenticité (ci-contre, vue de l'exposition « Intérieurs parisiens d'Atget », galerie Paula Cooper, New York, 1997).

Après avoir joué dans ses faux autoportraits des années 1970-1980 de nombreuses citations, directes et indirectes – cinématographiques dans ses « Film Stills », picturales dans ses « portraits historiques » –, Cindy Sherman, aujourd'hui entrée de plain-pied dans l'histoire de la photographie, est, à son tour, devenue l'objet de réappropriations. En 2006-2007, la jeune Polonaise Aneta Grzeszykowska reconstituait, en couleurs, en se mettant elle-même en scène, sa célèbre série des « Film Stills » (double page suivante : à gauche, Cindy Sherman, *Untitled Film Still 15*, 1978 ; à droite, Aneta Grzeszykowska, *Untitled Film Still 15*, 2006).

La collecte puis la réutilisation d'images vont souvent de pair avec le modèle de l'archive, très prisé des avant-gardes artistiques depuis les années 1960, et dont l'exemple ultime est *L'Atlas* de Gerhard Richter, sorte de « journal mural » composé d'images glanées çà et là, qu'il expose et module en fonction des espaces de présentation depuis 1972. Outre le travail mené autour de cette forme depuis quarante ans par Hans-Peter Feldmann, les années 1980 et 1990 ont vu éclore les recherches ou ouvrages de Michael Schmidt (*Einheit*), Zoe Leonard (*The Fay Way Archives*), Hannah Collins (*War Damages*) ou, plus près de nous, les classements systématiques de Peter Piller, Erik Kessels (*In Almost Every Picture*) et Joachim Schmid et son archive d'images trouvées dans la rue (« Found in the Street »).

Nouvelles géographies

Depuis le début des années 1980, la naissance d'une pratique de l'art « mondialisée », issue des bouleversements économiques et culturels induits par le nouveau modèle d'accélération des échanges, a vu émerger des territoires jusque-là inexistants sur la carte de l'art contemporain international : l'Afrique, le Moyen-Orient, la Chine, l'Inde. La photographie a accompagné ce mouvement. Outre la scène

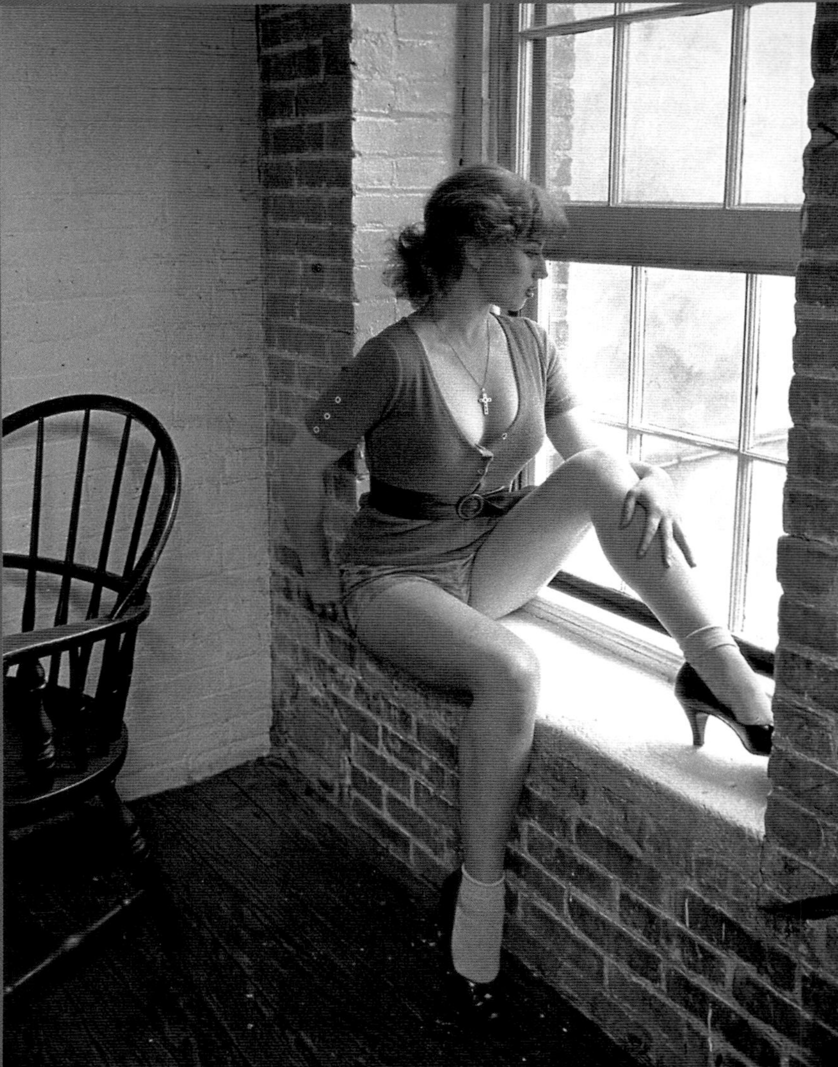

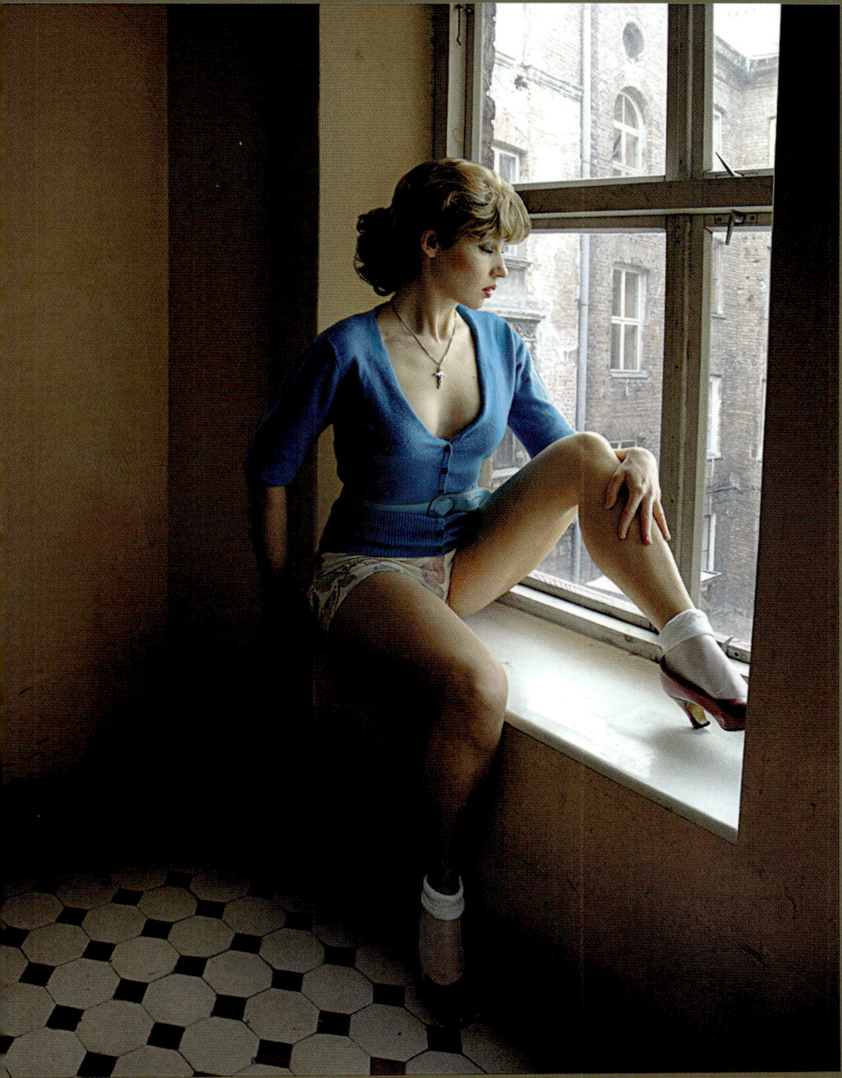

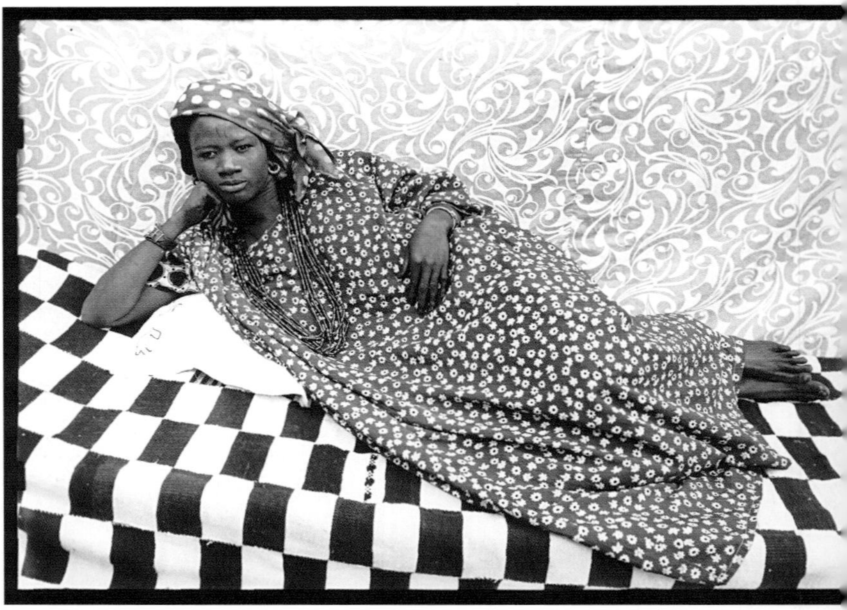

malienne où se perpétue une tradition du portrait d'atelier incarnée par les figures de Seydou Keita et Malick Sidibé notamment, l'Afrique du Sud de l'après-apartheid a vu émerger, dans la lignée du grand documentariste David Goldblatt, toute une génération de photographes (Pieter Hugo, Jodi Bieber, Mikhael Subotzky) interrogeant la situation sociale, politique et culturelle du pays. Au Moyen-Orient, autour notamment de l'action efficace de la Fondation arabe pour l'image, les travaux d'Akram Zaatari autour du portrait d'atelier, les réflexions sur l'archive et l'histoire de Walid Raad ou de Khalil Joreige et Joana Hadjithomas sont autant d'occasions de tisser des liens entre pratiques traditionnelles et situation contemporaine. Dans le même temps, l'Iran, grâce à quelques initiatives privées (Silk Road Gallery à Téhéran), voit se développer une scène autonome, sur laquelle notamment s'expriment des voix féminines (Shadi Ghadirian, Shirin Neshat) qui interrogent le rôle de

Figures majeures de la photographie africaine, Seydou Keita et David Goldblatt n'ont acquis une reconnaissance internationale que sur le tard. Le premier, né vers 1921 et décédé en 2001, photographe de l'État malien de 1962 à 1977, est devenu le plus célèbre représentant d'une tradition du portrait d'atelier (ci-dessus), encore très vivante en Afrique de l'Ouest. Le second, né en 1930, est considéré, avec Julius Schadeberg, comme le père d'un courant documentaire aujourd'hui important en Afrique du Sud, de Guy Tillim à Zwelethu Mthethwa.

la femme dans une société musulmane traditionnelle. Les femmes sont aussi très présentes en Inde, avec les travaux de Dayanita Singh ou Pushmapala.

L'évolution politique et l'ouverture des anciens pays communistes, notamment en Europe, ont été l'occasion de découvrir des regards nouveaux d'artistes singuliers ayant œuvré en marge des pouvoirs politiques, tels Boris Mikhaïlov et Sergey Bratkov en Ukraine, ou Miroslav Tichy en République tchèque. En Chine, l'engouement du marché pour la nouvelle scène contemporaine a vu, pour le meilleur et pour le pire, affluer un nombre considérable de jeunes photographes dans un pays sans forte tradition dans le domaine et où l'imitation des styles occidentaux est encore souvent la règle.

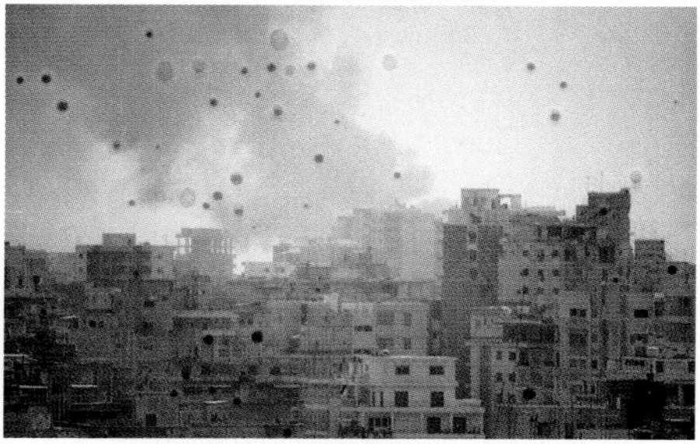

Abrité de 1999 à 2004 derrière un collectif fictif, The Atlas Group, l'artiste libanais vivant à New York Walid Raad mène depuis les années 1990 une œuvre prenant le plus souvent la forme de l'archive : son travail documente, de manière imaginaire, les divers conflits qui dévastèrent le Liban depuis 1975. Ses ensembles, composés d'images et de textes au statut et à l'origine souvent difficiles à déterminer, entretiennent dans leur présentation et leur composition des liens étroits avec l'art conceptuel (ci-dessus, un cliché de la série « We decided to let them say "We are convinced" Twice », 2002). Parallèlement à son parcours artistique, Walid Raad est l'un des membres fondateurs de la Fondation arabe pour l'image et a mené un travail de commissaire d'exposition.

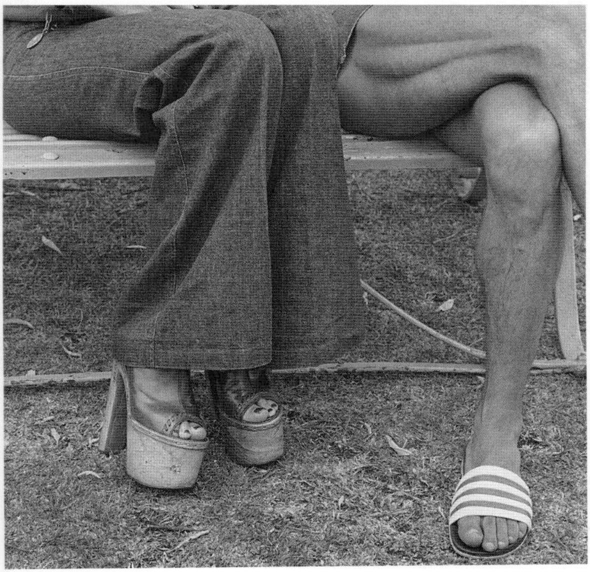

Ci-contre, *Couple at the Wilds*, 1975 (série « Particulars »), de David Goldblatt.

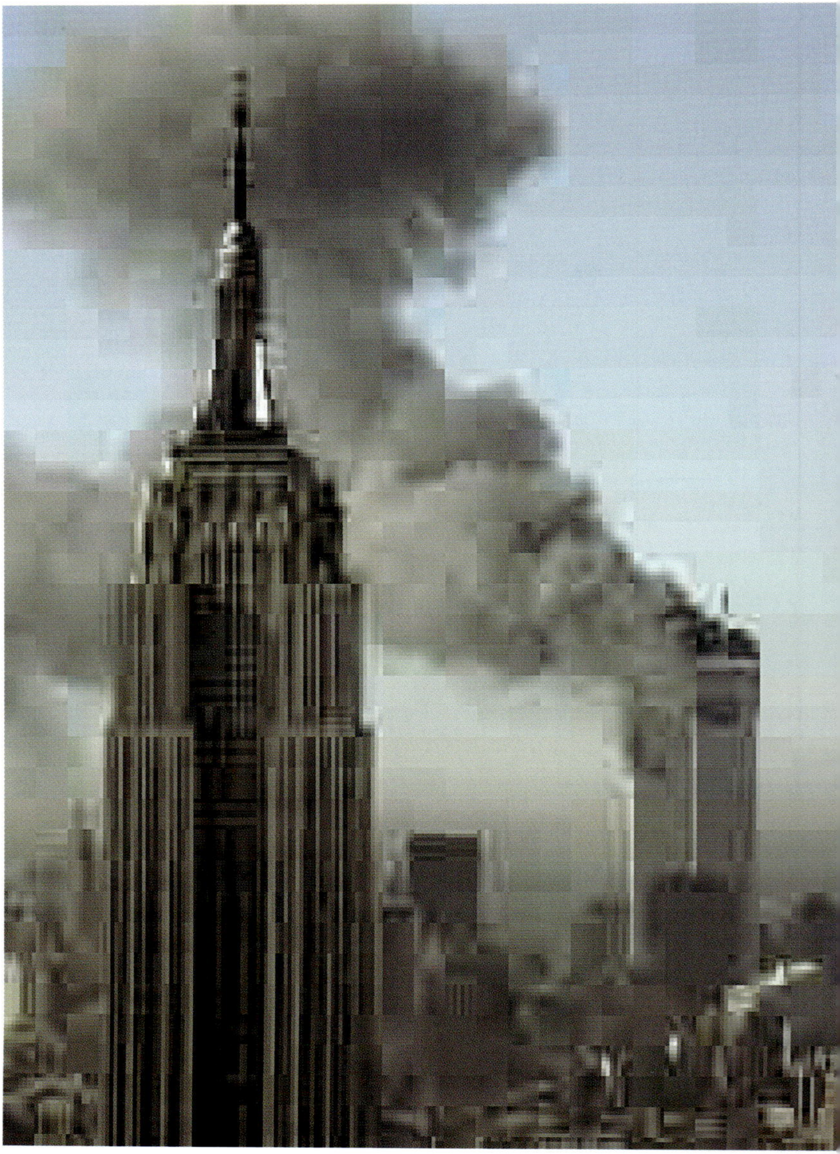

Apparue vers 1990, l'image numérique a entraîné, en à peine une décennie, un bouleversement de l'industrie de la photographie, et profondément transformé tant la nature, que les pratiques du médium, chez les professionnels comme chez les amateurs.

CHAPITRE 5

LE NUMÉRIQUE : ÉVOLUTION OU RÉVOLUTION ?

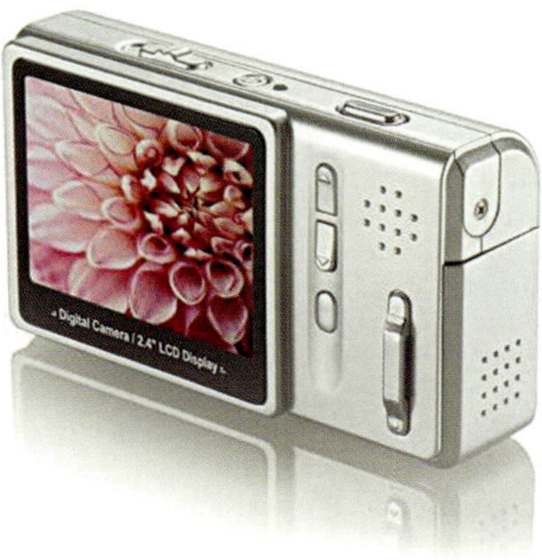

Commencée en 2004 et constituée aujourd'hui de plus de 155 images, la série « Jpegs » de Thomas Ruff (page de gauche), vaste encyclopédie visuelle contemporaine, est composée en grande partie de clichés glanés sur Internet, retouchés et agrandis jusqu'à en faire apparaître la trame numérique : tout à la fois figuratives et abstraites en fonction de la distance au spectateur, ces images renvoient également à une pratique picturale (ci-contre, appareil numérique grand public).

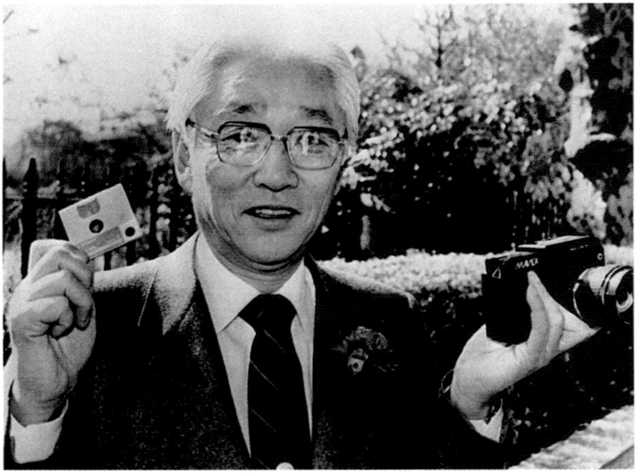

Il revient sans doute à Kodak, par le biais de Steven Sasson, un de ses ingénieurs développement, d'avoir mis au point, en 1975, le premier prototype d'appareil sans pellicule (*film-less photography*), pesant 3,6 kilos et réalisant des images de 100 x 100 pixels. Déposée sous le brevet n° 4 131 919, la technique ne sera pourtant pas développée par Kodak à cette époque. De même que 1839 ne marque pas la date de l'invention de la photographie mais celle du début de la diffusion (surtout commerciale) d'un de ses procédés, il semble que l'on puisse faire débuter l'ère de la photographie numérique à 1981, date de mise sur le marché du Mavica, premier appareil numérique développé par la firme Sony (en haut, son président montrant l'appareil à la conférence de presse de Londres, mars 1982). Avec son capteur permettant d'obtenir des images de 279 300 pixels, et sa capacité de stockage analogique de 50 clichés, cet appareil pouvait aussi se raccorder à un téléviseur sur lequel lire les images.

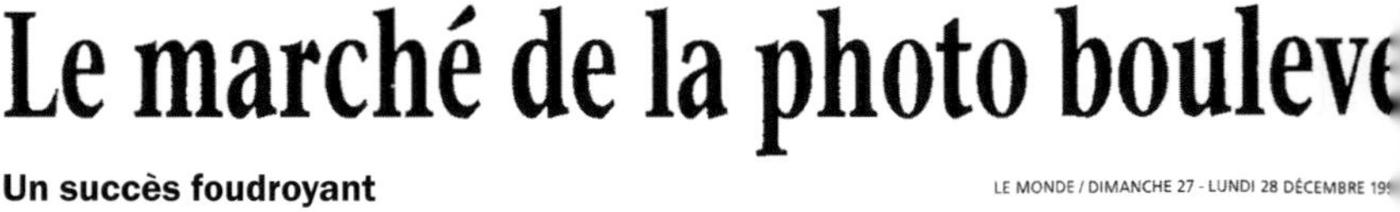

Un succès foudroyant

Avant même l'arrivée du numérique, l'industrie photographique avait tenté, dans les années 1980 et 1990, sans succès, de renouveler les standards du 35 mm alors en vigueur afin de relancer un marché quelque peu assoupi : en 1982, Kodak introduisait le Disc Camera, un appareil ultra compact, utilisant des négatifs de 8,2 x 10,6 mm. Malgré des ventes importantes (25 millions d'appareils en une quinzaine d'années), la faible qualité des images obtenues comme le faible gain par rapport au 35 mm, de meilleure qualité, n'assura pas la pérennité du système, qui disparut en 1998. L'autre tentative, l'APS (Advanced Photographic System), connut un succès mitigé. Lancés en 1996, ces nouveaux appareils fonctionnaient avec des films de 24 mm et un système électronique IX… L'arrivée soudaine du numérique et leur faible gain par rapport au 35 mm mirent encore une fois fin à ce qui apparaît aujourd'hui comme une parenthèse dans l'histoire des techniques : en 2004, Kodak cessait la fabrication des APS.

La relance de l'industrie photographique, c'est finalement par l'appareil photo numérique qu'elle intervient au tout début du XXIe siècle. Le premier modèle (Mavica, pour Magnetic Video Camera) est lancé, dans l'indifférence des concurrents, par Sony dès 1981, avec une résolution de moins de 300 000 pixels, la possibilité de stocker 50 images couleur et un prix de 650 dollars. Mais ce n'est véritablement qu'à partir de la seconde moitié des années 1990 que le mouvement prend de l'ampleur, avec l'apparition des appareils photo numériques tels que nous les connaissons à l'heure actuelle, équipés d'un écran couleur à cristaux liquides à l'arrière. L'explosion du marché se produit vers 1998 avec une rapide multiplication des modèles. En quelques années, à l'instar de ce qui était arrivé avec le disque compact une décennie auparavant, les appareils numériques s'imposent rapidement face à l'argentique, notamment auprès du grand public.

sé par la percée du numérique

La qualité des appareils stockant des images sur des supports électroniques s'approche peu à peu du niveau de l'argentique traditionnel. Les fabricants de pellicule et les laboratoires de développement réagissent en proposant des services nouveaux

Principes de l'image numérique

À partir des années 1980, les techniques informatiques binaires, déjà massivement utilisées dans le domaine de l'enregistrement du son, ont été utilisées dans la saisie de l'image, rompant avec les procédés argentiques et analogiques antérieurs fondés sur la sensibilité de la lumière à certaines composantes chimiques. Alors qu'auparavant la lumière venait imprimer directement

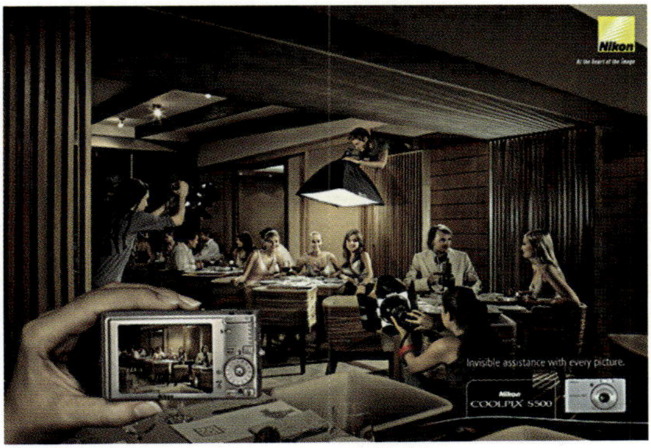

Dotés de fonctions automatiques de plus en plus perfectionnées, équipés d'un écran couleur à cristaux liquides à l'arrière, les nouveaux appareils numériques apparus dans les années 1990 proposent désormais à l'utilisateur toute une gamme de programmes assistés par ordinateur (photo « macro », « portrait », « sport », « nuit », « sans flash », « paysage »). Réduisant l'acte photographique à la seule opération de sélection du cadre et du moment, cette « invisible assistance », vantée par la publicité, semble renouer avec le slogan du Kodak des origines : « You press the button we do the rest. »

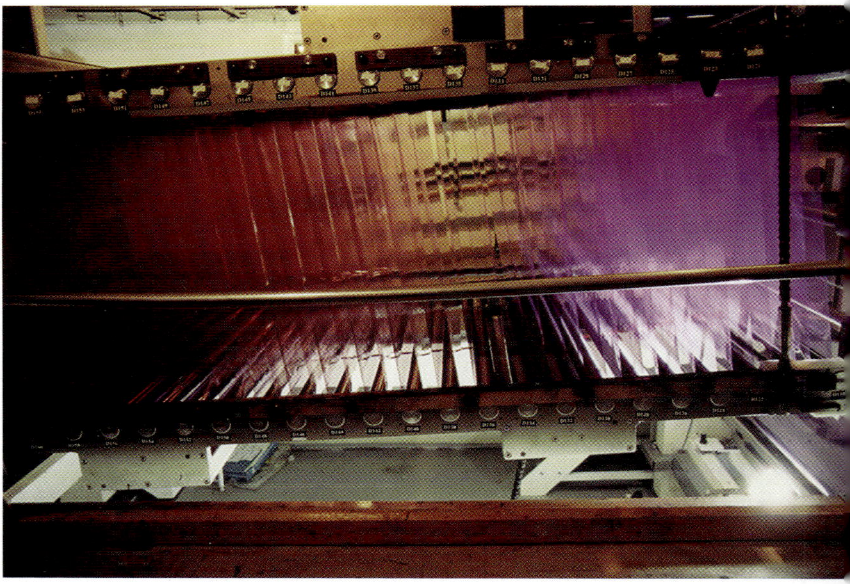

la surface sensible du film négatif, elle est désormais saisie par des capteurs électroniques qui traduisent les informations reçues en nombres, autorisant la reconstitution de l'image sur un périphérique informatique intégré. La technologie permet ainsi désormais l'encodage d'une image en une série de points, les pixels.

Du degré de résolution de ces capteurs, c'est-à-dire du nombre de pixels d'une image qu'ils sont capables de traiter, dépend une partie de la qualité de l'image finale – la qualité des optiques continuant néanmoins bien évidemment à entrer en ligne de compte. Cette capacité d'analyse est en progrès rapide et constant. Là où les premiers appareils numériques grand public disponibles sur le marché permettaient l'obtention d'images de quelques centaines de milliers de pixels, leur capacité est aujourd'hui d'environ 10 millions – et de plus du double, jusqu'à plus de 25 millions de pixels, pour des appareils plus sophistiqués (dits reflex), à usage des professionnels.

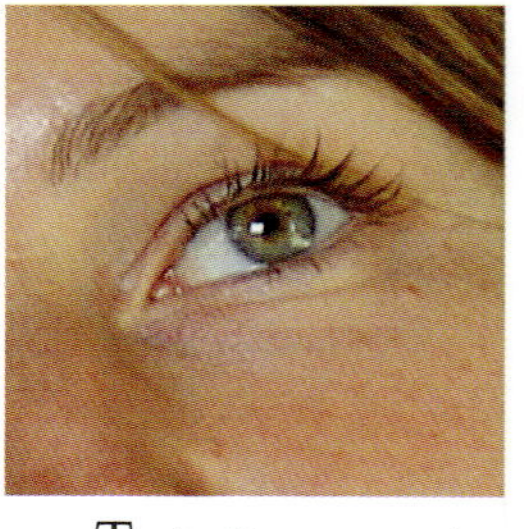

Tacita Dean poursuit, depuis ses débuts, une œuvre marquée par la disparition. Réalisé en 2006 à l'usine Kodak de Chalon-sur-Saône, son film *Kodak* (en haut) documente la production des dernières pellicules argentiques 16 mm : une œuvre élégiaque, d'une nostalgie inconsolable.

Une fois prise, l'image est stockée sous forme de fichiers de divers formats (les deux les plus fréquents étant le Jpeg, format compressé, et le Tiff, fichier compressé sans perte), sur une carte mémoire extractible ou dans la mémoire de l'appareil lui-même. Elle peut faire l'objet d'un transfert, à l'aide d'un câble, d'un système sans fil (Bluetooth) ou par la lecture directe de la carte mémoire sur un ordinateur.

Bouleversements industriels

Incontestablement, le numérique a fortement relancé l'économie de la photographie : rien qu'en France en 2009 il a dû se vendre 5 millions d'appareils de ce type. En 2007, Canon s'affirmait comme le chef de file du secteur des appareils photographiques numériques avec 20 millions d'appareils vendus. Dans le même temps, l'industrie de l'argentique semble moribonde, ne survivant désormais que dans un champ restreint de professionnels et d'amateurs. Des firmes aussi importantes que Nikon ou Canon ont annoncé que, face à un marché désormais trop restreint, elles renonçaient à développer dans ce secteur de nouveaux appareils quand, dans le même temps, la production des papiers et surfaces sensibles argentiques était en reflux partout, comme l'indique l'abandon d'Agfa, les difficultés rencontrées par Polaroïd, ou la fermeture des usines européennes de Kodak : en 2009, l'entreprise annonce qu'elle met à la production de son célèbre film couleur Kodachrome ; elle réalise désormais 70 % de son chiffre d'affaires avec le numérique.

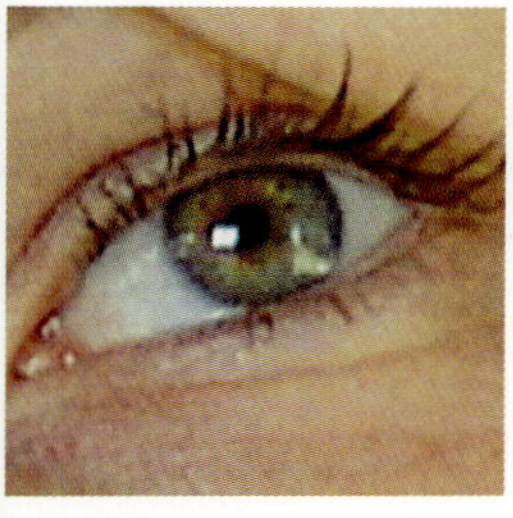

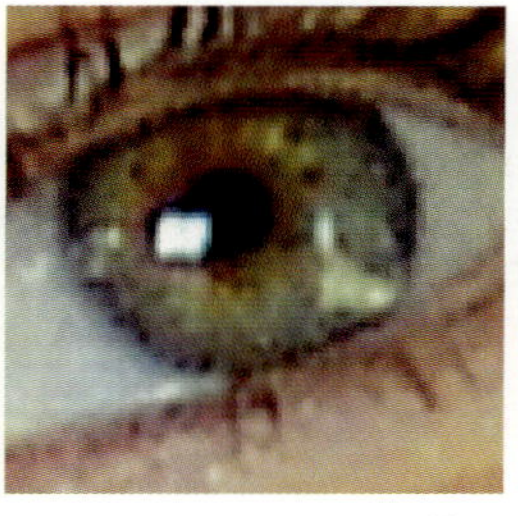

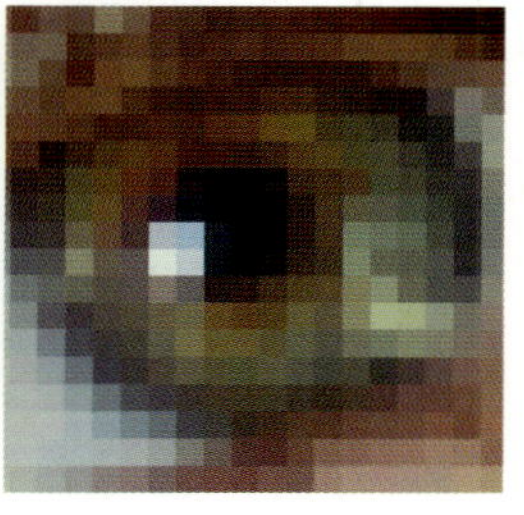

Provenant de la locution anglaise *picture element*, le pixel est l'unité de mesure de l'image numérique utilisée pour spécifier les définitions d'affichage de l'image sur l'écran. L'unité de résolution d'image s'exprime en français en ppp (pixels par pouce, le pouce correspondant à 2,54 cm). En fonction du nombre de pixels présents dans une image, on parlera de haute résolution (300 ppp, ou dpi en anglais) ou de basse résolution (72 ppp). Au-delà d'un certain niveau, l'inflation des millions de pixels sur les appareils n'aboutit pas à une image de meilleure qualité à l'œil nu, mais à une image à partir de laquelle des agrandissements de plus grande dimension peuvent être réalisés. Supposé rester indétectable à l'œil nu – une « pixellisation » excessive signale toujours la mauvaise reproduction –, le pixel est néanmoins, dans l'imaginaire collectif, le symbole de la révolution numérique.

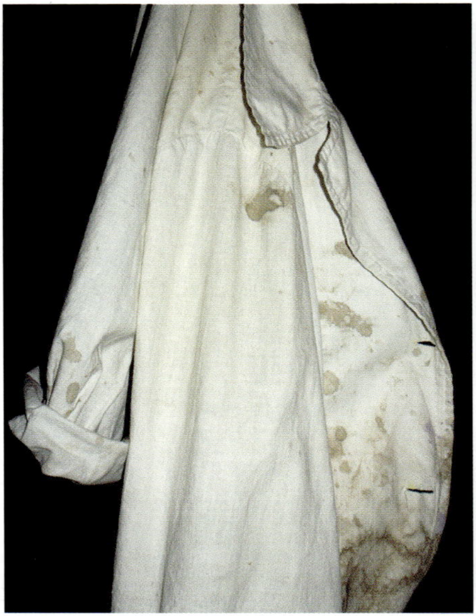

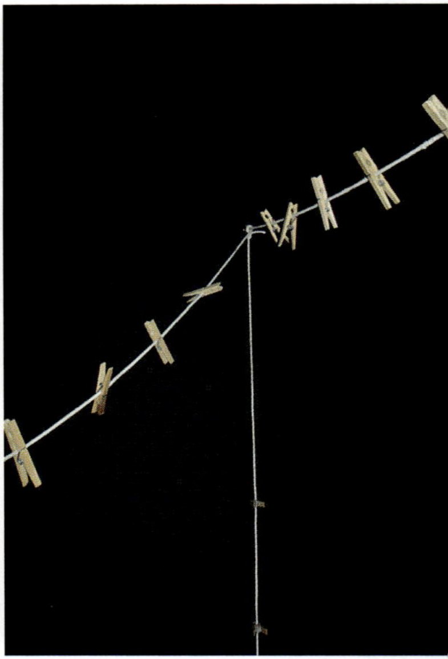

Enfin, l'avènement du numérique, avec l'évolution des pratiques et la multiplication des croisements qu'il induit, a vu arriver de nouveaux acteurs, venus d'horizons différents, notamment de l'électronique (Casio, Sony et le coréen Samsung), de la téléphonie et des télécommunications (l'américain Motorola, le finlandais Nokia) qui, tous, produisent des appareils photo intégrés, ou d'autres, de l'informatique, tels l'américain Hewlett Packard et le japonais Seiko-Epson, présents dans la bureautique et les impressions numériques. Si l'on tient compte des chiffres des appareils photo disponibles sur les téléphones portables, ce sont plusieurs centaines de millions d'outils d'enregistrement numériques d'images fixes qui sont vendus chaque année dans le monde.

Disparition programmée ?

Symboliquement, à la fin des années 1980, Victor Burgin, un des pionniers de l'analyse de l'image photographique depuis les années 1970, pouvait

En 2006, Rosângela Rennó a confié à 43 photographes le soin de réaliser, chacun à l'aide d'un appareil analogique de marque et d'époque différentes, une image du Christ rédempteur, monument iconique de Rio. Chaque œuvre de cette série intitulée « A última foto » (page de droite, celle de Ding Musa, avec un Agfa Anastigmat des années 1930), est composée d'un tirage de l'image réalisée et de l'appareil utilisé : diversités stylistique et technique se conjuguent pour souligner la richesse et la variété du langage argentique, arrivant à renouveler un « cliché » photographique.

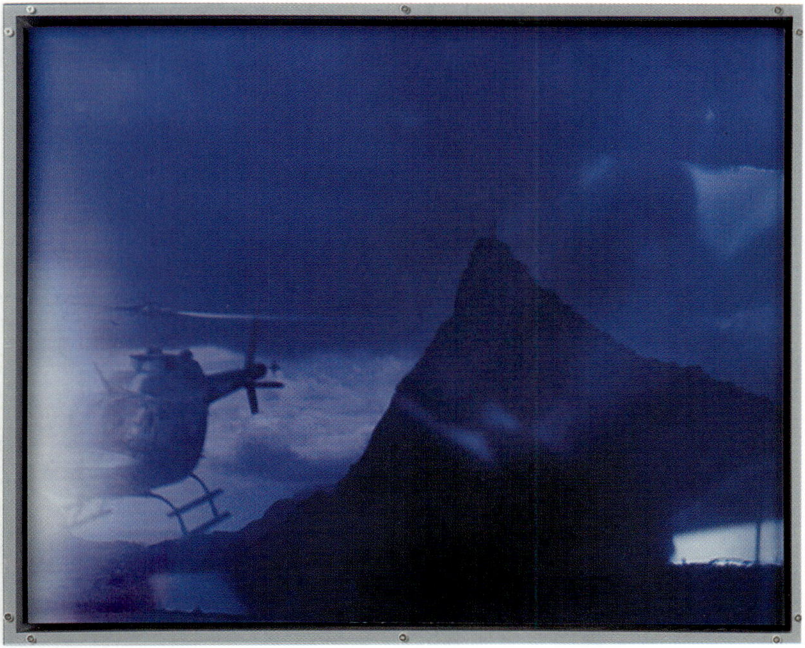

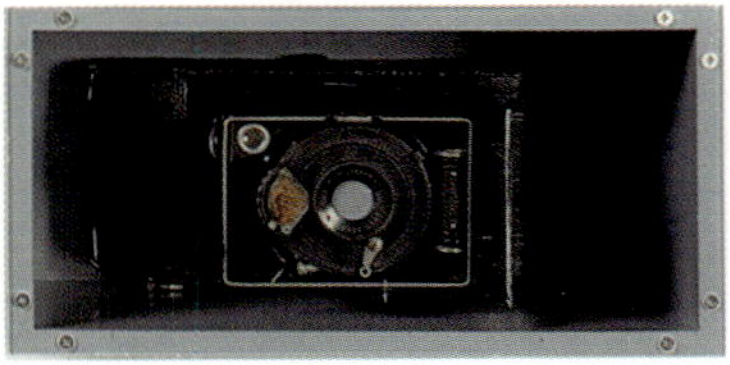

Entamée en 2005 et sous-titrée « De la désuétude argentique à l'ère de sa reproductibilité numérique », la série « Darkroom » de Michel Campeau (page de gauche) est consacrée à l'enregistrement de lieux et de pratiques appelés à disparaître : les chambres noires.

signifier son « Adieu à la photographie ». Quelques années plus tard, des expositions telles que « Le monde après la photographie » (1995) ou « Photography After Photography » (1996) dressaient un constat similaire : celui d'assister à la disparition progressive mais rapide et inéluctable d'un médium ou d'une technique, la photographie analogique, désormais entrée dans le régime général et beaucoup plus indifférencié, de « l'image » numérique. Depuis ces dernières années, de nombreux travaux d'artistes et photographes ont relayé ces interrogations : Daido Moriyama avec son *Bye Bye Polaroid* (2008), écho de son *Bye Bye Photography* paru en 1972, la Brésilienne Rosângela Rennó avec sa série « A última foto » (2006), ou encore le Canadien Michel Campeau et son travail sur les chambres noires (*Darkroom*, 2006).

Une technique en gestation

Le succès prodigieux et rapide de la photographie numérique auprès du public amateur s'explique par plusieurs facteurs. L'utilisateur possède enfin désormais un complet contrôle de la chaîne de production de l'image, de la prise de vue à sa mise en forme finale. À la prise de vue, ce contrôle renforcé s'exprime par la visualisation immédiate de l'image réalisée, comme par la possibilité d'effacer un cliché considéré comme raté. L'apparition de l'image réalisée sur l'écran de contrôle de l'appareil et sa diffusion immédiate, désormais possible, prolongent et renouvellent le vieux rêve de l'image instantanée du Polaroïd – dont le déclin est d'ailleurs concomitant.

Naguère prépondérante, l'étape de la prise de vue n'est cependant plus qu'une opération parmi d'autres dans une chaîne complète de manipulation de l'image, où le numérique apparaît comme mieux adapté aux usages et besoins du monde contemporain. Immatérielle, l'image obtenue par la prise de vue numérique possède une ductilité et une malléabilité sans commune mesure avec les anciennes photographies argentiques. Insérée avec facilité dans la chaîne numérique, elle bénéficie des nouvelles capacités de stockage désormais générées par les techniques informatiques.

L'image peut être modifiée et transformée à l'envi, soit pour des interventions mineures, à l'aide des programmes de retouche intégrés aux appareils, soit, surtout, à l'aide d'un logiciel de traitement d'image, type Photoshop ou Paint Shop. Elle peut enfin être imprimée à domicile à l'aide d'imprimantes couleur, développée via un site en ligne de développement d'images, envoyée directement de son téléphone portable, ou conservée à l'état d'écran, celui de la télévision, de l'ordinateur, du téléphone, ou aujourd'hui du simple cadre photo numérique : les gains en termes de stockage, de rapidité de transmission et de maniabilité de l'image sont dès lors considérables.

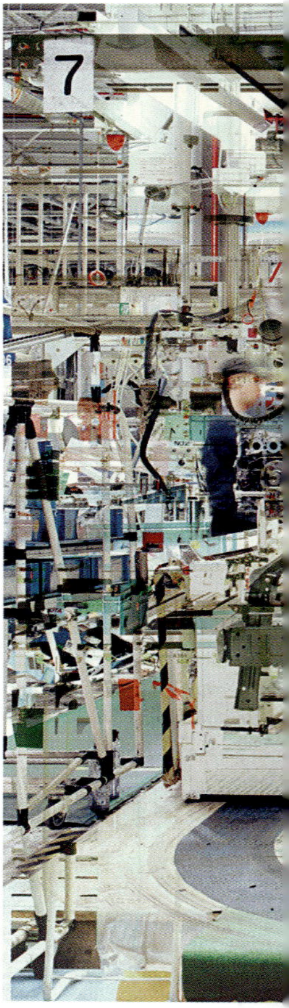

Entreprise en 2005, « Melting Point » (ci-dessus) est la première série dans laquelle Stéphane Couturier, jusqu'alors plus attaché à une approche strictement documentaire et non manipulée, a eu recours à l'outil numérique et à des modes de recomposition de l'image.

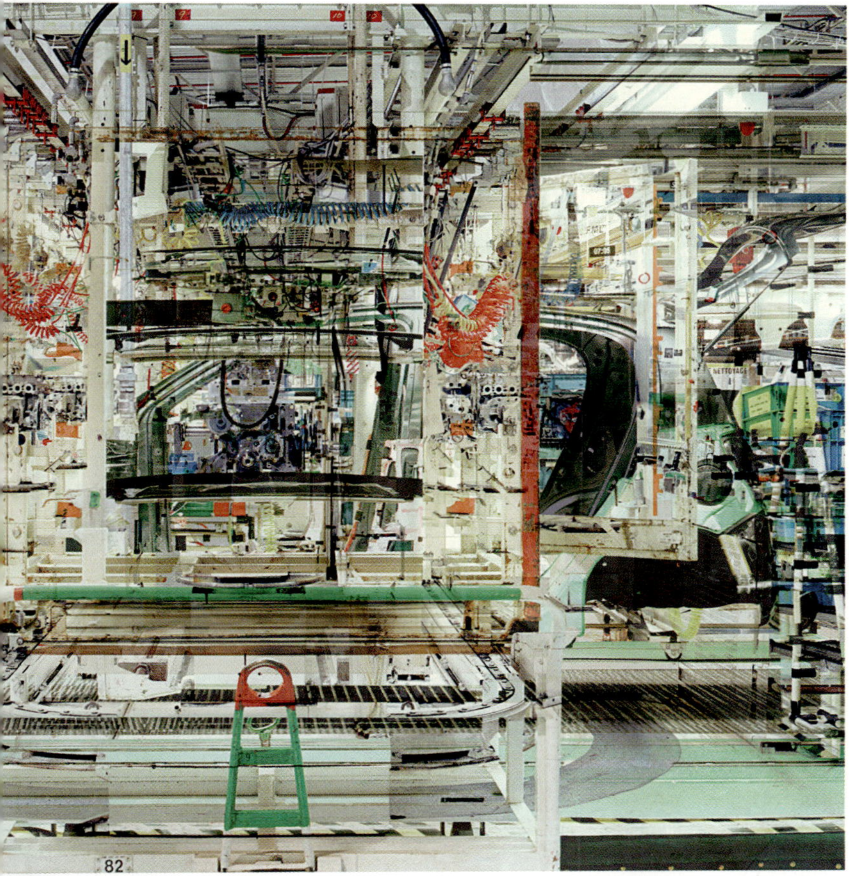

Ce succès intervient alors que, dans certains domaines, les appareils numériques sont loin d'avoir atteint la qualité et le confort de beaucoup d'appareils argentiques : le retard au déclencheur lors de la prise de vue qui rend délicate voire impossible sur nombre de modèles la pratique de l'image à la sauvette, le manque d'autonomie des appareils obligeant à des recharges fréquentes des batteries, la faiblesse de nuance des couleurs sombres, la nécessité de sauvegarder à intervalles

« À l'heure de l'image numérique, la frontière entre réel et artificiel devient de plus en plus floue [...] le doute devient partie intégrante de l'œuvre. Est-ce réel ou artificiel ? »

Stéphane Couturier, 2004

réguliers les fichiers sur de nouveaux supports, couplée à la pérennité sujette à caution de certains procédés d'impression des images sont quelques-uns des problèmes les plus criants.

Une mutation des pratiques amateurs...

L'utilisation d'imprimantes couleur à domicile a transformé considérablement l'économie du tirage, en rendant celui-ci plus facile et immédiat. L'apparition récente des kiosques, bornes publiques destinées à l'impression à partir de supports de types très différents et proposant notamment la réalisation de véritables livres ou albums, avec mise en page et texte, a encore accentué ce phénomène. Mais surtout, le tirage est devenu secondaire par rapport à la diffusion via Internet dont le développement simultané, notamment avec l'arrivée du haut débit, a donné à la photographie numérique amateur un essor sans précédent.

Aujourd'hui, la moitié des images numériques prises par les Européens sont mises en ligne. La création de services de partage et d'échanges de

L'apparition de l'écran de visualisation sur les appareils numériques introduit de nouveaux comportements de l'opérateur : autorisant une plus grande distance entre celui-ci et l'appareil, il permet notamment la visée à bout de bras, par-dessus un obstacle ou une foule (ci-dessous, au Louvre).

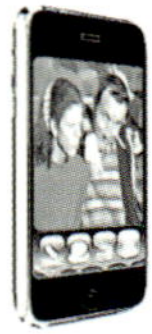

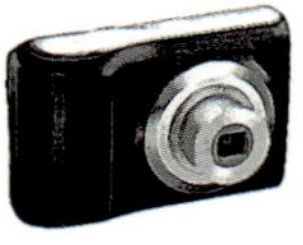

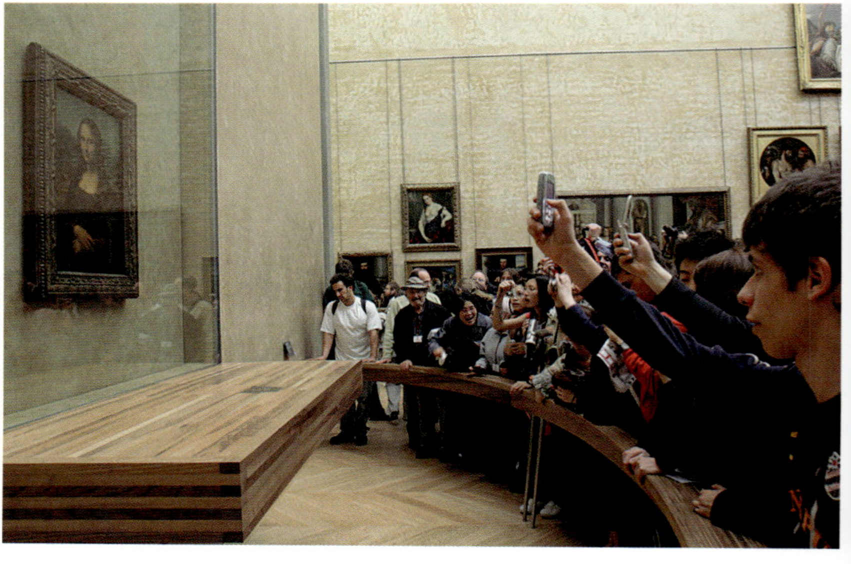

photographies – et aujourd'hui de vidéos – a entraîné une nouvelle ductilité, inédite auparavant, de l'image photographique, à l'échelle véritablement planétaire et dans une immédiateté jusqu'alors inconnue : sites payants (sites de tirage photo numérique proposant également du partage photo) ou gratuits (comme Picasa Web Album ou Flickr, rémunérés par la publicité), ou logiciels de partage « pair-à-pair » sur le modèle des échanges de fichiers musicaux. Enfin, depuis peu, la multiplication des blogs, où les textes peuvent être assortis de liens multimédias, et des photoblogs, essentiellement conçus par et pour l'image photographique, a fait de ces derniers d'autres voies de développement et de diffusion de la photographie amateur. Mêlant pratiques relationnelles, volonté légitime de partage et un certain exhibitionnisme inhérent à la société du spectacle, la photographie numérique amateur en ligne a connu depuis 2000 un essor sans précédent, faisant d'Internet un immense album de famille planétaire d'un nouveau genre, avec ses icônes et ses turpitudes.

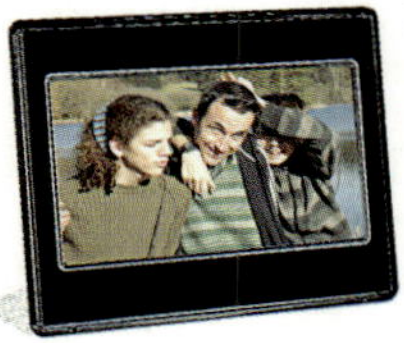

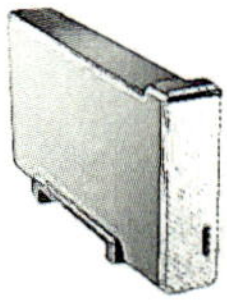

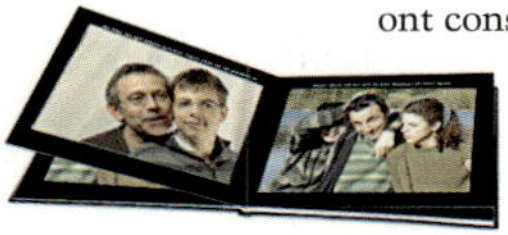

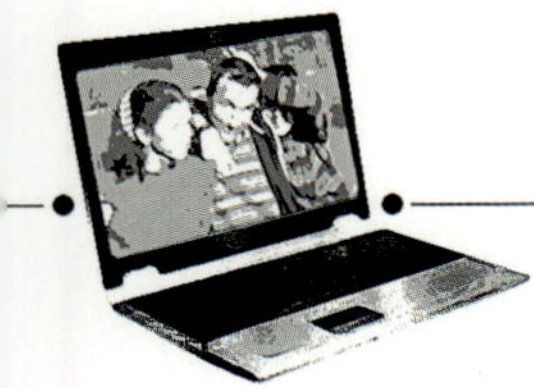

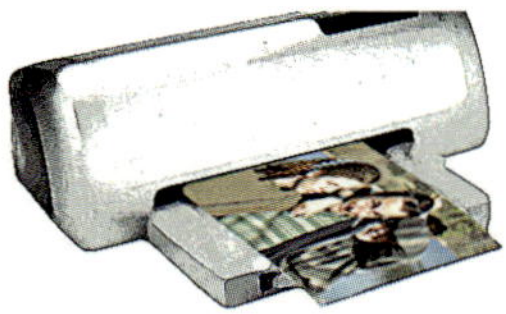

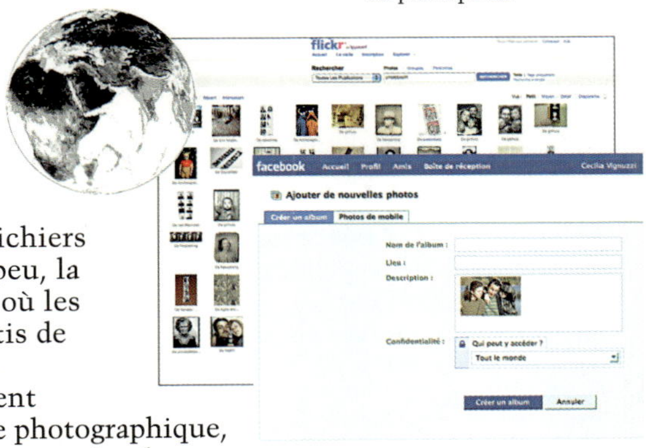

La prolifération des sites de partage en ligne, souvent gratuits, d'utilisation aisée, peu contrôlés, les progrès considérables de la téléphonie mobile, et la multiplication des supports numériques (écrans et cadres numériques), ont considérablement enrichi et complexifié les réseaux de diffusion de l'image photographique. Les difficultés souvent rencontrées par l'utilisateur dans le stockage et la lecture des images ont cependant permis au principe de l'impression de se maintenir, notamment par le biais des *photobooks*, les « livres photo » proposés en ligne aujourd'hui par la plupart des laboratoires professionnels.

... et professionnelles

Ce bouleversement est aussi fort dans le monde professionnel de l'image. Alors qu'à la fin des années 1980, le photoreporter devait encore développer – souvent dans des conditions précaires – l'image réalisée avant de l'envoyer par des lignes téléphoniques (engendrant des images souvent de médiocre qualité), quinze ans plus tard, les images sont immédiatement transmises à des sites Internet : en termes de rapidité, la photographie rattrape désormais son rival télévisuel.

Pour un grand nombre d'usages professionnels, le numérique, pour sa rapidité et sa maniabilité, s'est imposé, bouleversant radicalement l'économie de la presse et de l'image d'illustration. Dans cette phase de mutation de l'argentique au numérique, les agences filaires (Reuters, AFP, AP), possédant des moyens financiers plus conséquents, ont renforcé leur position et rendu souvent extrêmement précaire la situation de nombre d'agences indépendantes. Ces dernières sont devenues les proies de grands groupes d'images, récemment créés, conscients du caractère stratégique du contrôle de l'image dans nos sociétés modernes.

Créé en 1989, l'américain Corbis, après avoir racheté Betmann Archives et ses 11 millions de clichés, devenait en 1999 propriétaire de Sygma et ses 40 millions d'images ; le fonds d'investissement Green Recovery, en 2006, rachetait Gamma (aujourd'hui en dépôt de bilan), Keystone et Rapho à Hachette, pour devenir, sous le nom d'Eyedea, le troisième fonds photographique

Avec ses *Googlegrammes*, le Catalan Joan Fontcuberta poursuit à l'aide des nouveaux outils mis à sa disposition, en l'occurrence Internet, l'entreprise ludique de réflexion et de déconstruction de l'image photographique qui est la sienne depuis plus de trente ans. Ainsi la reproduction d'une carte postale d'un coucher de soleil sur l'île de Phuket en Thaïlande a-t-elle été réalisée à l'aide d'un logiciel photomosaïque de design graphique, à partir de 6 000 images trouvées sur le Web en utilisant comme mots clés : *tsunami, giant wave, seaquake, seismic, cataclysm, natural disaster, apocalypse*.

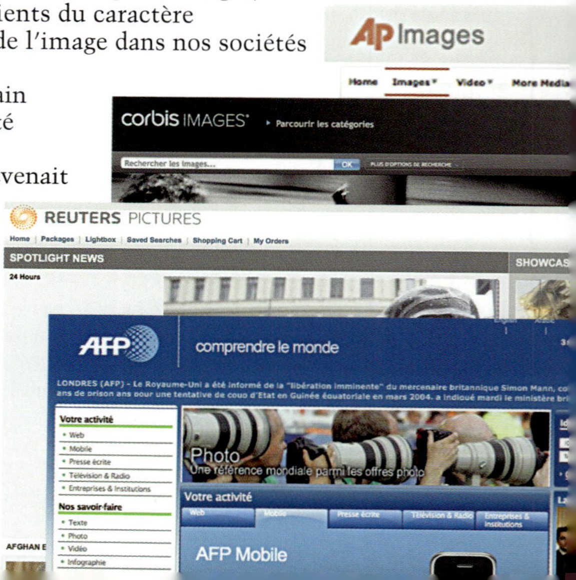

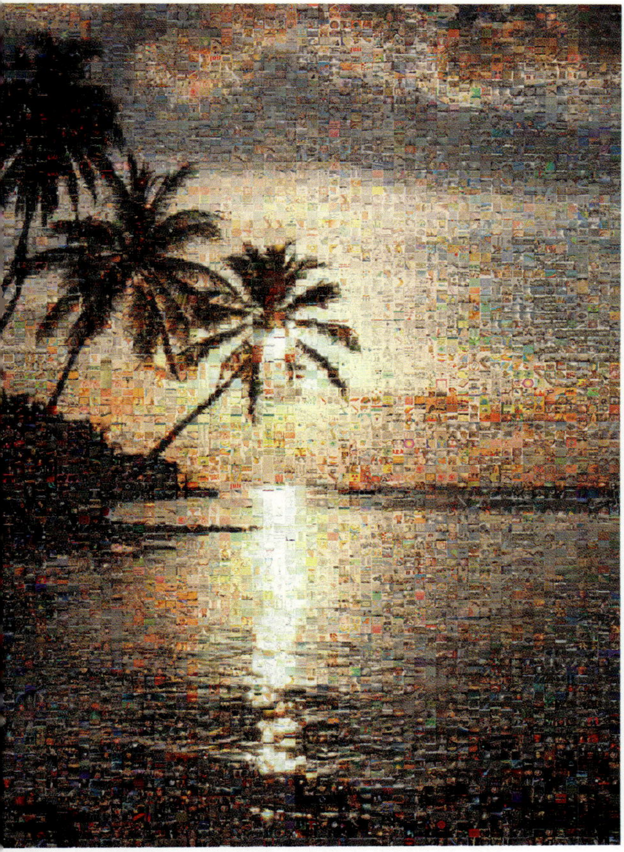

Regroupant plusieurs milliers à plusieurs millions d'images, les banques d'images et de photographies se sont multipliées sur le Net. Parfois dotées de leurs propres agences de presse et destinées à des groupes de médias, à des agences de publicité, ou de communication, voire à des particuliers, elles fournissent, sous divers formats, tous types d'images, d'actualité bien sûr mais surtout d'illustration. Appelé en anglais *stock photography*, ce type de clichés vendus clef en main, permettant d'illustrer des sujets concrets comme des notions abstraites, a connu, en raison notamment des problèmes liés au droit de l'image, un essor remarquable dans la presse. Aisément accessibles, équipées de moteurs de recherche performants, proposant des clichés classés par thèmes à des tarifs souvent inférieurs à ceux d'un photographe indépendant, ainsi que des images libres de droit, les banques d'images en ligne se sont rapidement imposées comme des acteurs centraux dans la fourniture de l'image photographique aujourd'hui. Cette évolution s'est faite au risque bien réel d'une standardisation sans cesse grandissante et d'un appauvrissement des contenus.

de la planète, derrière Getty Images. Cette concentration forcée a considérablement réduit le nombre de structures indépendantes : désormais, le marché de l'image de presse se segmente entre images d'actualité – le plus souvent libres de droits – qui représentent l'essentiel des images diffusées et dont le marché est alimenté essentiellement par les grandes agences filaires, la photographie d'illustration – fournie par les agences de stock –, enfin les reportages et images d'auteur, émanant le plus souvent de collectifs et de petites agences.

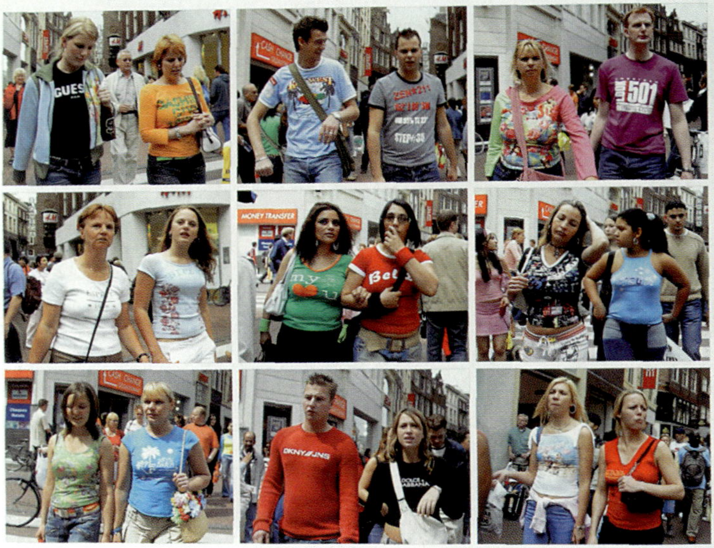

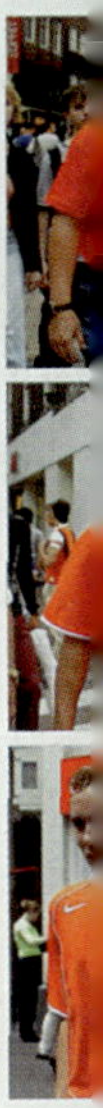

zaterdag 26 juni 2004

NL. Amsterdam, Kalverstraat # Spuistraat .... 13.30-14.30 uur

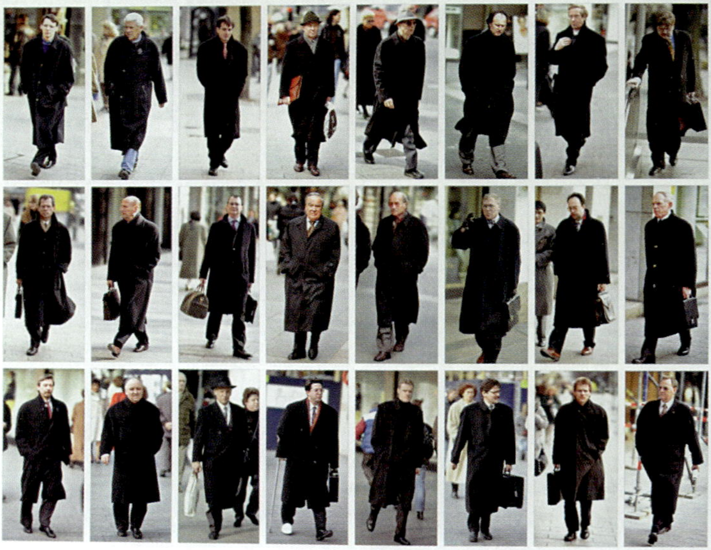

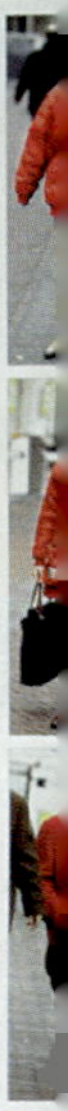

donderdag 28 maart 1996

D. Düsseldorf, Königsallee .... 12.30-13.30 uur

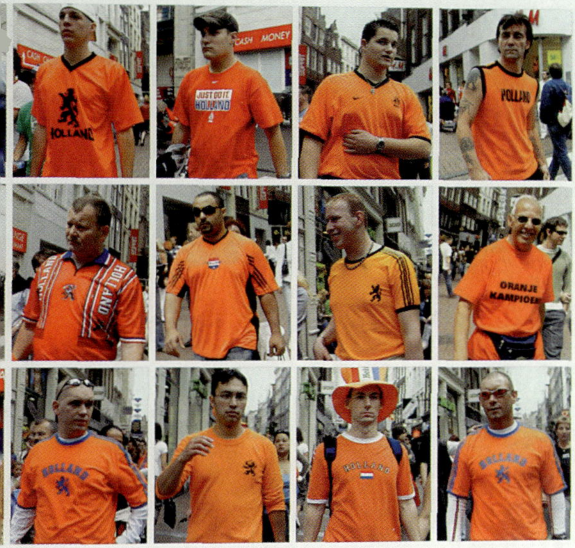

zaterdag 26 juni 2004

NL. Amsterdam, Kalverstraat # Spuistraat .... 14.30-15.00 uur

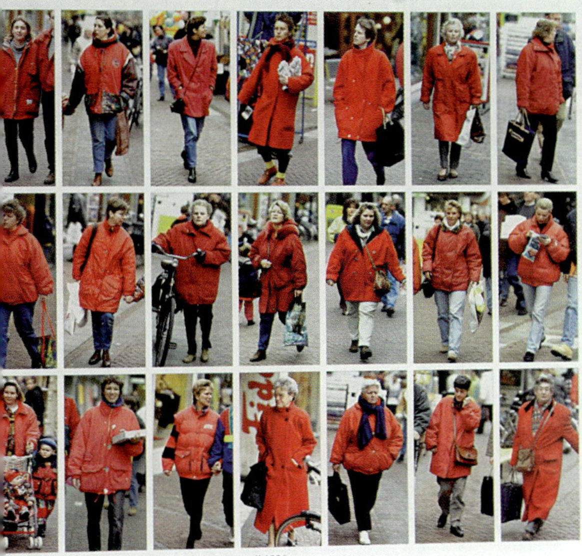

zaterdag 6 april 1996

NL. Woerden, binnenstad ———— 14.00-15.30 uur

Venu de l'art conceptuel dans les années 1970, inspiré notamment par les travaux de Douglas Huebler, le Néerlandais Hans Eijkelboom a tenu de 1992 à 2007 ses *Photo-Notes* : sortant chaque jour dans la rue et décidant de manière obsessionnelle et improvisée de photographier, pour une durée déterminée, un élément spécifique – détail ou couleur vestimentaires, attitude particulière, etc. Regroupées dans des ouvrages, sous formes de grilles et tableaux synoptiques, les images réalisées constituent une immense archive visuelle, d'un nouveau genre. Conjuguant, sous leur apparente rigueur typologique, une bonne dose d'humour et une véritable valeur anthropologique et sociologique, enregistrant le réel sans mise en scène ni retouche correctrice, les *Photo-Notes* d'Eijkelboom semblent aujourd'hui constituer un contre-modèle à l'imagerie convenue de la *stock photography*, cette photographie d'illustration stéréotypée offerte en ligne par la plupart des banques d'images sur Internet.

Nouvelles concurrences

La plus grande rapidité de la transmission des images et la multiplication croissante des appareils photo, sous la forme notamment des téléphones portables, ont entraîné pour la presse professionnelle et les photoreporters une nouvelle concurrence amateur : les attentats du 11 septembre 2001 ont été l'occasion de voir apparaître une multitude de témoignages photographiques d'amateurs, dont la diversité contrastait singulièrement avec l'uniformité de la couverture « officielle » assurée par les grandes agences et dont certains furent rassemblés en 2002 dans une exposition et un ouvrage au titre annonciateur : « Here is New York : A Democracy of Photographs ».

Certes, le phénomène n'est pas nouveau : dès 1947, le prestigieux prix Pulitzer pour la photographie avait été décerné à un amateur, dont le cliché enregistrant la défenestration d'une jeune femme à Atlanta, avait été diffusé par Associated Press. Cette concurrence est désormais beaucoup plus développée, systématique, immédiate et mondialisée, un cliché mis en ligne sur le Net pouvant être vu par la Terre entière. Les attentats du métro londonien en 2005, comme le tsunami thaïlandais de 2004 ont donné lieu à une abondance de photographies de ce type, qui, bien que de fort mauvaise qualité, ont parfois été reprises par des grands médias imprimés et en ligne ; certains ont salué l'émergence d'un « journalisme citoyen », échappant aux grands réseaux médiatiques, quand d'autres s'effrayaient de la prolifération de ces images sans producteur, par définition peu documentées et à la véracité parfois difficilement vérifiable.

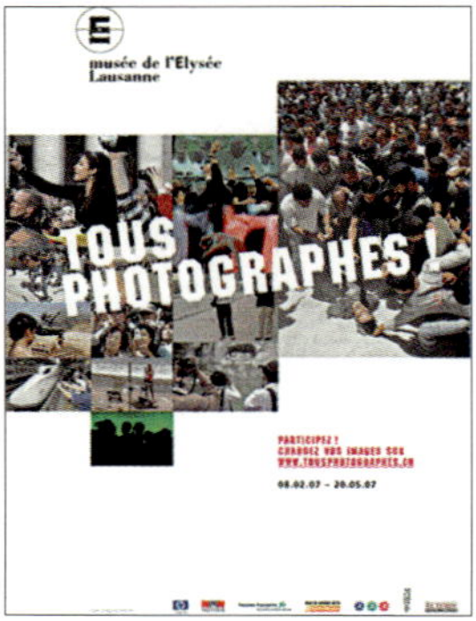

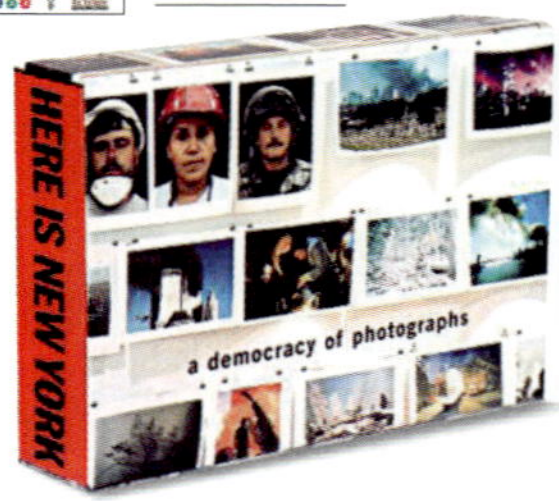

En 2007, l'exposition « Tous photographes », organisée par le musée de l'Élysée à Lausanne, revenait sur les enjeux de la démocratisation de la photographie engendrée par la multiplication des appareils numériques et la présence immédiate en tous points du globe d'apprentis reporters, prompts à saisir et à diffuser leurs images (à droite, Palestiniens photographiant le cadavre de Bassem Malah, 13 août 2009). En 2002, l'exposition « Here is New York : A Democracy of Photographs » avait déjà pointé l'importance de cette écriture amateur de l'histoire : initiée juste après le 11 Septembre par les photographes Michael Shulan et Gilles Peress, elle rassemblait, dans une boutique désaffectée de Manhattan, des clichés amateurs imprimés à l'aide d'imprimantes jet d'encre et accrochés par des pinces à linge. Elle connut un succès considérable, voyagea à travers les États-Unis, avant de devenir un ouvrage réunissant 1 000 des 5 000 images exposées.

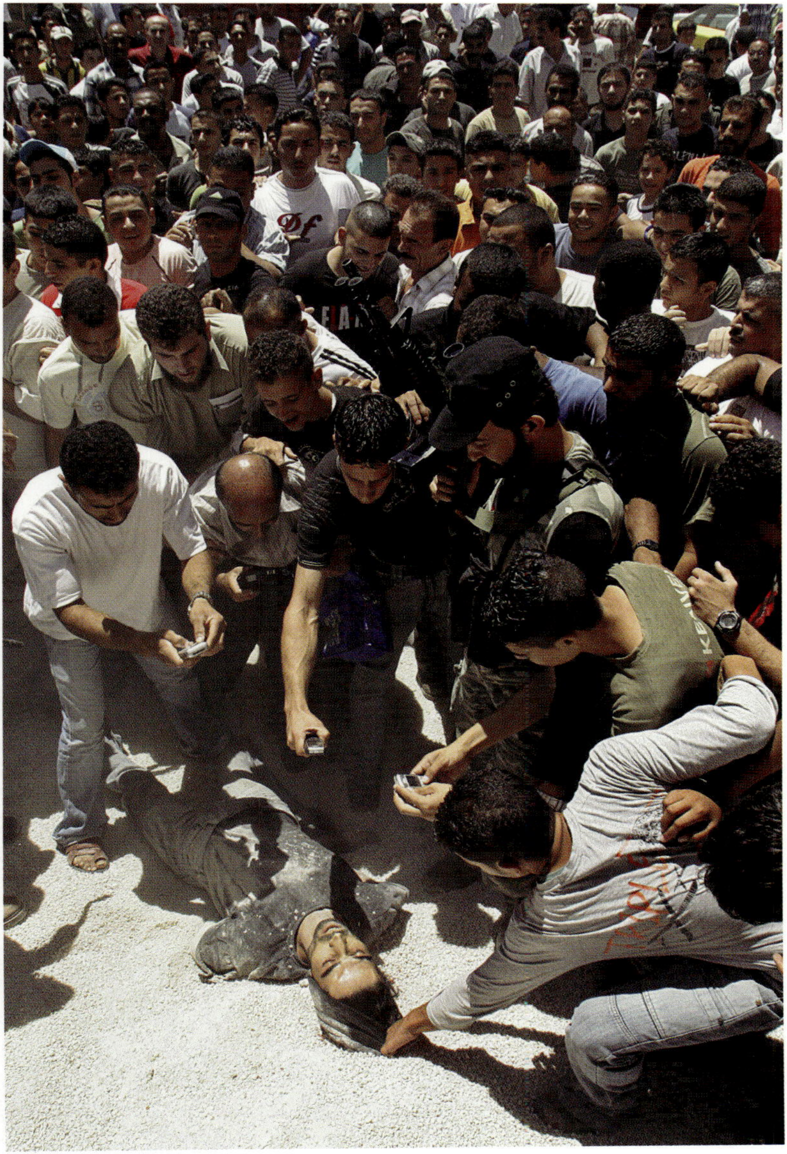

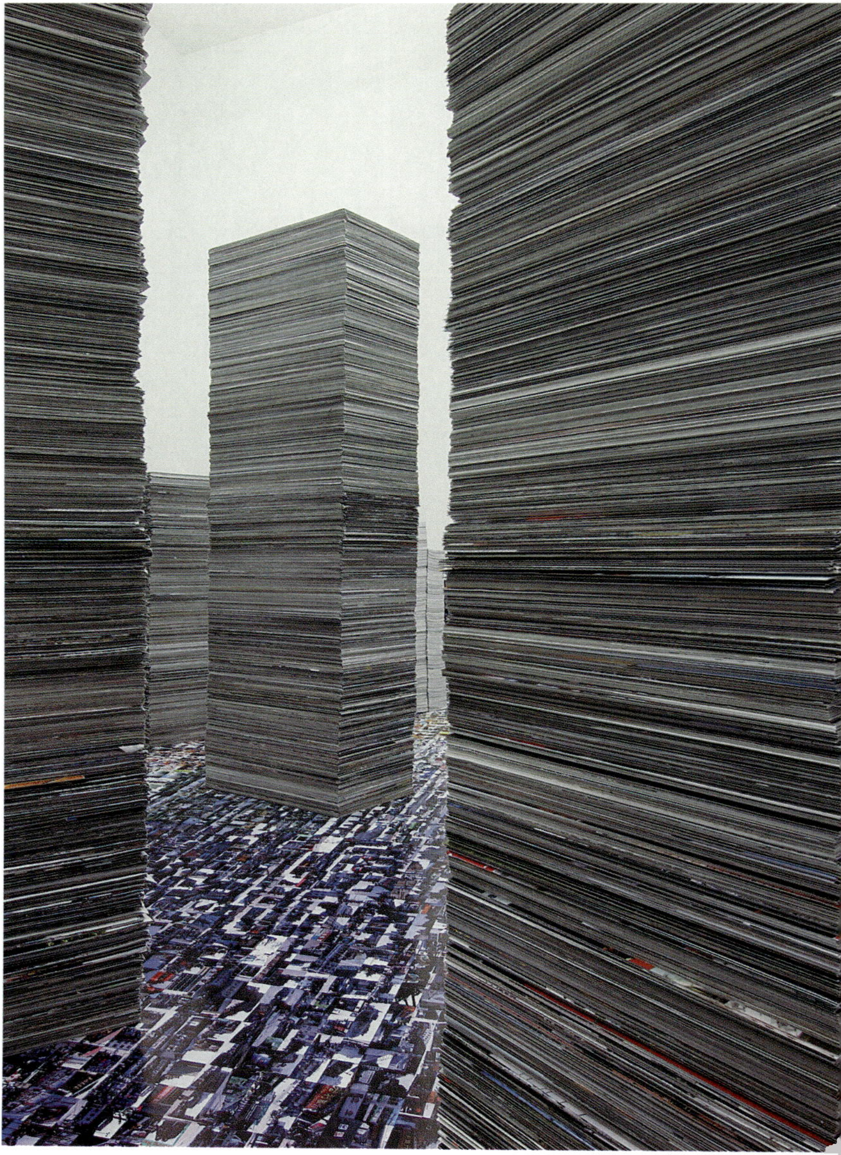

Avec l'avènement du numérique, la photographie a basculé dans le régime général des images. Détachée de son exigence de vérité, ayant perdu de son autorité, elle se trouve aujourd'hui contrainte à réexaminer son rapport au réel.

CHAPITRE 6

DE LA PHOTOGRAPHIE À L'IMAGE

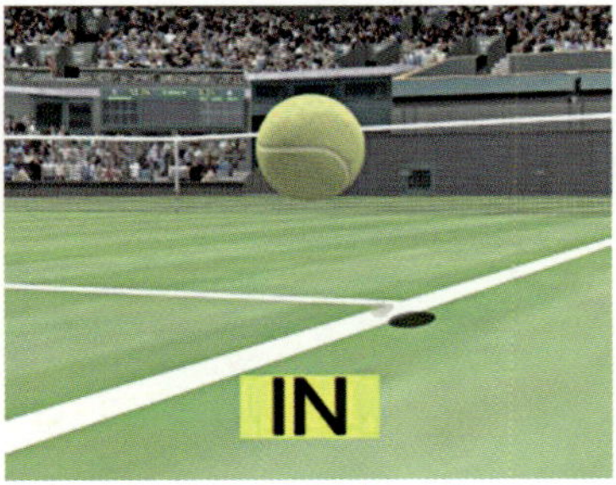

Entre saturation et disparition : la photographie est aujourd'hui menacée, tant par l'accumulation fascinante des images insignifiantes (page de gauche, installation de l'artiste Wang Du réalisée en 2007 à partir de 50 000 photographies prises au hasard) que par l'arrivée de nouveaux procédés (ci-contre, image de synthèse du système d'assistance vidéo à l'arbitrage Hawk Eye).

Une image construite

On a sans doute trop insisté sur le caractère indiciel de la photographie argentique et sur l'idée – sujette à caution – d'une contiguïté de matière entre la chose et sa reproduction. D'autres paramètres, optiques, mécaniques, font que toute photographie, même argentique est, avant tout, une construction. Il n'en demeure pas moins que, pendant plus d'un siècle et demi, par le processus physico-chimique commun à toutes les techniques employées, la photographie a entretenu avec le réel un rapport de proximité, d'analogie, qui en a fait l'instrument d'une vérité du monde, parfois à tort mais le plus souvent à raison.

Pour la première fois dans l'histoire de la photographie, l'intrusion du numérique vient rompre cette continuité et bouleverser cette relation au réel. En termes de création de l'image, d'abord: les possibilités offertes par l'électronique en amont (visionnage préalable) comme en aval (retouche et traitement) de la prise de vue permettent une maîtrise sans précédent sur l'image finale. En éliminant une part de l'incertitude, elles débouchent sur une esthétique de la composition,

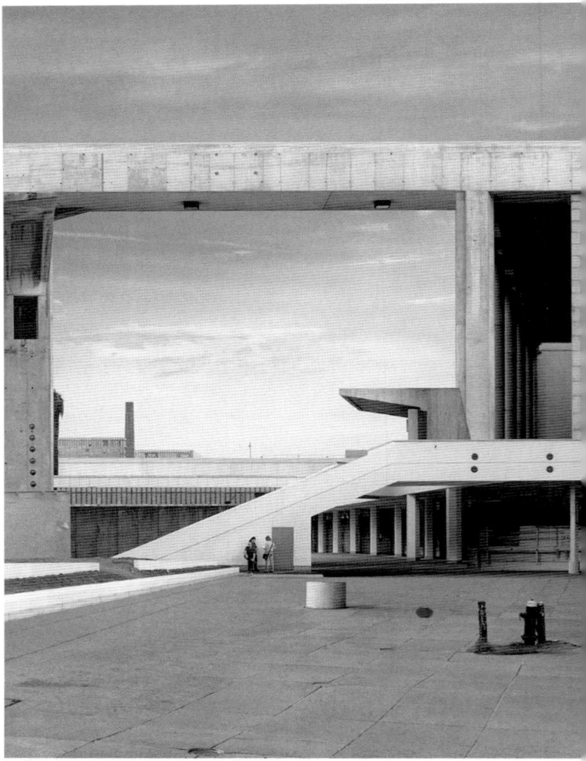

«Mes photographies sont des montages: des compositions créées à partir d'un grand nombre d'éléments différents, de 20 à 80 selon les œuvres. J'utilise Photoshop pour construire les images finales mais je photographie les images sources moi-même [...]. Mes images sont sans raison [...], déconnectées de la réalité, même si elles semblent réelles.»

Beate Gütschow [ci-dessus, *S#2*, 2005]

plus que de l'accident. Nombre d'artistes ont d'ailleurs aujourd'hui placé cette interrogation au cœur de leur travail, de Valérie Belin à Beate Gütschow. En termes de lecture ensuite : l'image numérique, obtenue par des langages de programmation mis en branle par des capteurs électroniques, instaure aujourd'hui un autre rapport, plus distant, au monde, dans lequel sa dimension indicielle s'efface.

L'ère du soupçon ?

Du « ça a été » au « ça a peut-être été », la nature numérique rend désormais souvent indécelable toute manipulation du cliché. Est-on pour autant entré dans une nouvelle ère du soupçon, où chaque image serait mise à distance et interrogée ? Rien ne semble moins sûr. Si nous sommes aujourd'hui dans un tout autre régime de production de l'image, il semble bien qu'en termes de lecture, nous demeurions – pour combien de temps ? – dans l'ancien régime de vérité. L'avènement du numérique n'a pas encore ébranlé fondamentalement l'édifice. L'idée de preuve attachée à la chose photographique, fût-elle de nature numérique, demeure : dès 2004, sous le titre révélateur d'« Inconvenient Evidence » (« Témoignages gênants »), l'International Center of Photography de New York ouvrait une exposition consacrée aux images amateurs, en grande majorité numériques, des sévices d'Abu Graib. L'événement inscrivait ces images numériques, pauvres par leur

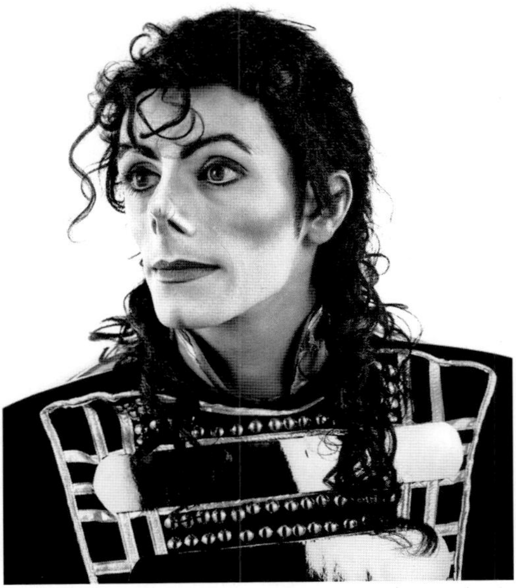

À l'instar de sa série consacrée aux sosies de Michael Jackson, visages en pleine mutation et en quête d'identité, le travail de Valérie Belin évolue chaque jour davantage vers un monde de leurres et de faux-semblants. Prenant en compte l'artificialisation croissante du monde comme la mutation généralisée des images, ses travaux des années 2000 s'inscrivent dans cet espace intermédiaire qui est aujourd'hui celui de la photographie : non plus celui de l'inscription, de la trace, mais d'un entre-deux indéfini.

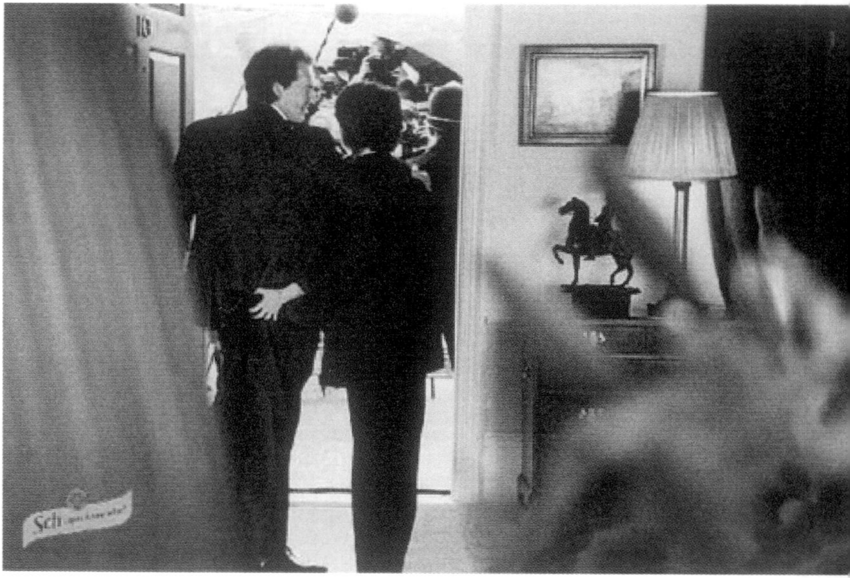

qualité, dans une continuité : celle d'une histoire de la preuve et du témoignage photographique.

Cette croyance encore vive dans la vérité du photographique renforce bien évidemment les risques inhérents à toutes les manipulations. Combien de temps durera-t-elle ? Ne sommes-nous pas en train d'assister, face à la généralisation de la retouche, à une érosion progressive – et sans doute aujourd'hui souhaitable – de l'autorité du document photographique ? La manipulation du cliché, plus ou moins profonde, est devenue une pratique courante, voire systématique, de la presse grand public. Rendant problématique le statut de l'image publiée, elle a contraint les grandes agences de presse à prendre position : suite à la diffusion de photos trafiquées, Reuters, début 2007, s'engageait à ne plus altérer de manière fondamentale la moindre image. La notion est cependant sujette à caution : la silhouette torse nu du président Sarkozy allégée pour les besoins de sa une par *Paris Match* à l'été 2007, ou celle du mannequin ultra-mince fabriquée

En 1999, la jeune Britannique Alison Jackson a produit ses premières images montrant, dans le style de la photographie volée cher à la presse people, des personnalités dans des situations intimes et inattendues : ces « images mentales », projections fantasmées, mises en scène à l'aide de sosies, entendaient explorer de manière ironique le pouvoir des images photographiques, avant d'être récupérées pour leur efficacité visuelle par le monde de la publicité et des médias (ci-dessus, Tony et Cherie Blair au 10 Downing Street, campagne pour Schweppes, 2001-2003).

pour les besoins d'une publicité Ralph Lauren au Japon en 2009 sont là pour rappeler quelques-unes de ces manipulations, en apparence minimes, mais pourtant significatives. Et ont poussé quelques associations à réclamer la mention systématique de ces pratiques : en France, une proposition de loi en ce sens pourrait être présentée à l'Assemblée nationale.

Mais plus que le rapport de la photographie au monde, c'est la conception même du réel qui évolue. Celui-ci a de plus en plus tendance à s'effacer, sous un déluge d'images composées ou de « simulacres » (Baudrillard) qui rend délicat tout décodage. Fiction et document ne sont plus des notions aussi antagonistes que naguère. Du docu-fiction à certaines pratiques photographiques de la retouche (Gursky et consorts), les deux sphères deviennent poreuses. Si l'impératif documentaire à l'ancienne s'éloigne de plus en plus pour la photographie, c'est aussi que la notion même de document est aujourd'hui malmenée et que le réel lui-même est plus délicat à appréhender.

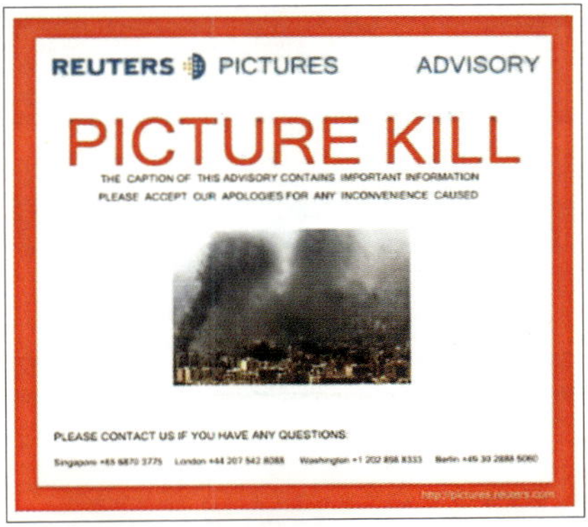

Bientôt une loi pour imposer la mention « photo retouchée » ?

Rue89

À la suite du scandale provoqué par la découverte que l'agence Reuters avait diffusé des images du conflit israélo-libanais de 2006 retouchées pour accentuer le caractère spectaculaire des clichés (ajouts de fumée…), l'agence s'est engagée sur un certain nombre de règles à suivre dans l'utilisation des logiciels de retouche. Ce texte publié par Reuters revient aussi sur la pratique des images mises en scène ou reconstituées, à laquelle elle interdit explicitement à ses photographes de recourir, tout en reconnaissant la frontière parfois délicate à établir entre mise en scène et simple réaction du sujet à la présence de l'opérateur.

Vers l'image de synthèse

Il est évident aujourd'hui que le passage au numérique, en mettant un terme à ce qui faisait traditionnellement la spécificité du photographique, a fortement contribué à renforcer cette idée d'une entrée dans un régime général de l'image dans lequel l'identité même du cliché photographique se dissout. Gommant les différences entre les techniques, le numérique renforce l'hybridation, souvent jusqu'à l'indécision du spectateur, contraint aujourd'hui bien souvent à la spéculation. À quoi exactement a-t-on affaire : photographie ? dessin ? peinture ? photogramme de film ? de vidéo ? image retouchée ? assistée par ordinateur ? Dans des directions et avec des réussites très différentes, les travaux d'Oleg Dou, Loretta Lux ou Ruud van Empel, comme les plus récentes séries abstraites de Thomas Ruff, jouent pleinement de cette ambiguïté. En ce sens, dans ce nouveau régime numérique, toute image tend à devenir une image de synthèse empruntant à des techniques et des modes divers.

Même dans ses usages traditionnels, la photographie est aujourd'hui le plus souvent assistée, voire remplacée par l'outil informatique, permettant notamment la visualisation d'images en 3 D. Dans le domaine de la médecine par exemple, malgré la persistance de pratiques classiques comme la radioscopie, les procédés photographiques ont cédé la place à des dispositifs hybrides, que l'on désigne aujourd'hui sous le terme générique d'« imagerie médicale » (IRM, IRT, etc.). Dans le domaine sportif, ce ne sont plus, bien souvent, les procédés analogiques (photo ou film), ni même les images numériques qui font preuve mais bien des images retraitées par ordinateur : depuis 2006, ce n'est pas le ralenti vidéo qui a été choisi par la Fédération internationale de tennis pour juger les points contestés, mais un système américain (Hawk-Eye) d'analyse et de restitution de l'image par image de synthèse. Désormais, nombre de retransmissions sportives ont recours à des systèmes de ralenti en trois dimensions, proches des jeux vidéo, pour mieux disséquer une action de jeu.

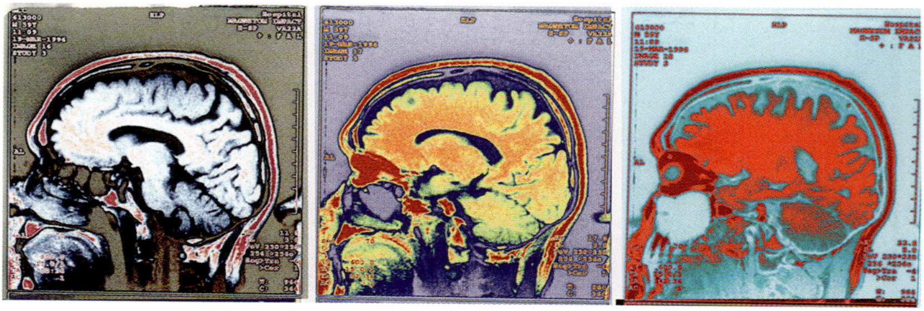

Prolongeant, d'une fin de siècle à l'autre, l'exploration intérieure du corps humain entamée à la fin du XIXe siècle avec la mise au point de la radiographie (les rayons X puis le scanner des années 1970, premier apport d'un traitement informatique des images), l'imagerie par résonance magnétique nucléaire (IRM) rend bien compte du tournant technique qui fait passer de l'ancienne photographie à l'actuelle imagerie médicale. Technique mise au point dans les années 1970 par les Américains Paul Lauterbur et Peter Mansfield, permettant d'avoir une vue 2 D ou 3 D d'une partie du corps, elle envoie des ondes électromagnétiques sur cette partie du corps et mesure le signal réémis par certains atomes, afin de déterminer la nature des tissus biologiques du champ examiné.

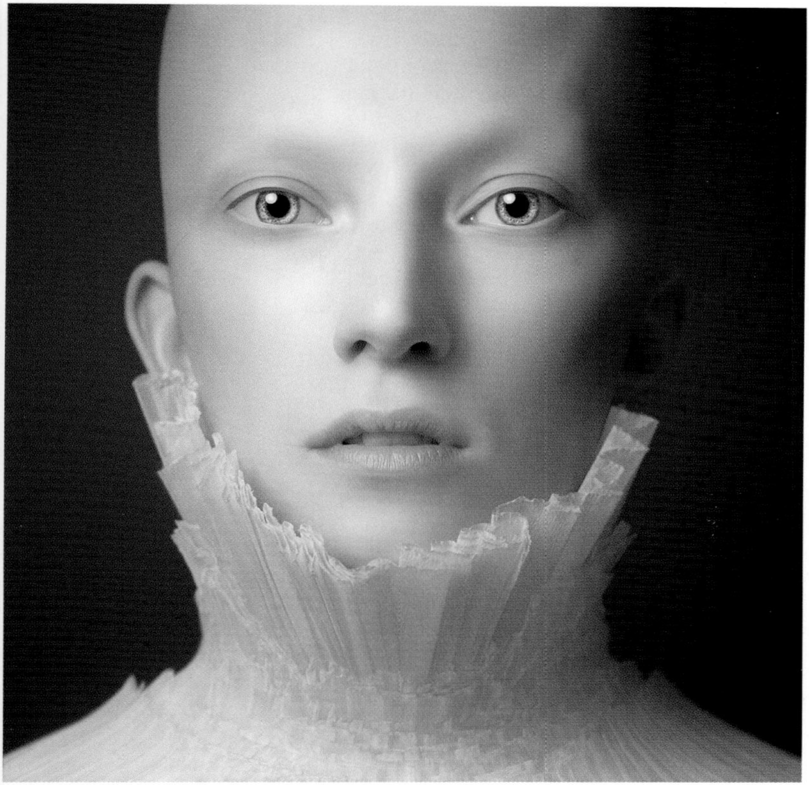

Comme Ruud van Empel et Loretta Lux, le Russe Oleg Dou, né en 1983, appartient à une jeune génération de photographes portraitistes formés à l'informatique – Dou est initialement web designer –, pratiquant une photographie totalement retouchée par ordinateur (ci-dessus, *Tight 2*, 2008).

Pratiques argentiques : une alter-photographie

C'est avec un décalage de presque plus d'une décennie sur le son que les procédés d'enregistrement de l'image sont entrés dans l'ère du numérique. Aujourd'hui, la photographie argentique est dans une situation comparable à celle du disque vinyle. L'une comme l'autre ne se maintiennent désormais que sur le mode de la résistance : si la reprise de la production de films Polaroïd par une entreprise néerlandaise – justement nommée The Impossible Project – en 2010 est un coup d'arrêt à une évolution qui semblait ne pouvoir être enrayée, sa portée ne saurait être surestimée. Ce phénomène demeure une économie de « niche », face à un mouvement inéluctable dans lequel le chiffre d'affaires généré par l'argentique ne représente environ plus que 5 % du marché de la photographie.

Il n'en demeure pas moins qu'aujourd'hui, dans les pratiques artistiques comme amateurs, une culture de l'argentique persiste, caractérisée par des résistances, des refus ou l'adoption de pratiques mixtes argentique/numérique. Nombre d'artistes (Hilla Becher, Nan Goldin) continuent ainsi à professer un attachement indéfectible à la pratique de l'argentique. Tantôt artistiques, tantôt nostalgiques, ces pratiques mettent le plus souvent en avant la valeur indicielle du médium et l'intimité de son rapport au réel. Elles se caractérisent également souvent par le refus de l'homogénéisation grandissante des usages et d'un diktat technologique issu de l'industrie photographique : ainsi de la résurgence planétaire, favorisée par l'échange sur le Net, sous l'égide de la Lomographic Society, du modèle du Lomo et autres appareils bon marché des anciennes industries communistes. Sous les auspices d'un goût pour l'image pauvre, d'un retour à l'erreur photographique et d'une volonté de photographier différemment, c'est toute une alter-photographie de l'argentique qui se manifeste.

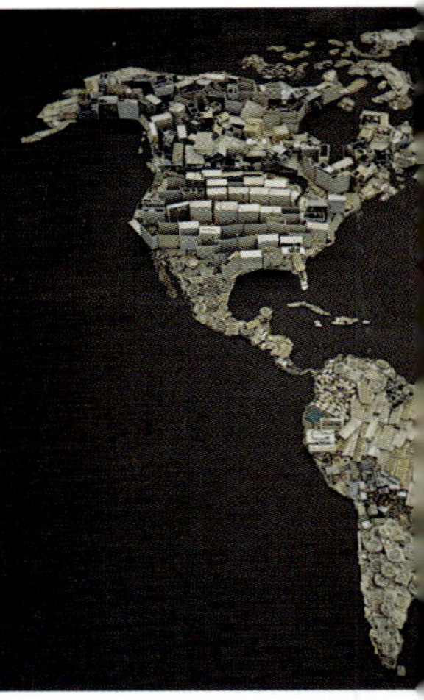

Les artistes utilisant réellement les possibilités de l'image numérique restent rares : ci-dessous, une installation du Britannique Jack Strange, pour la Frieze Art Fair de Londres en 2009, portraits-archives de six modèles réalisés à l'aide d'images et de morceaux de musique conservés dans des ordinateurs et iPod.

Un nouveau régime de l'art ?

Dans les années 1930, Walter Benjamin avait analysé les modifications apportées au régime des arts par la présence toujours plus forte des procédés de reproduction analogique (phonogramme, radio, photographie, cinéma), en pointant comment leur action avait modifié la notion même d'œuvre d'art et consacré, par la multiplication des reproductions, la perte d'une « aura » de l'œuvre – sans véritable nostalgie d'ailleurs puisque, selon lui, cette perte d'aura ouvrait également des perspectives de progrès. A-t-on véritablement aujourd'hui analysé les profondes modifications apportées par le

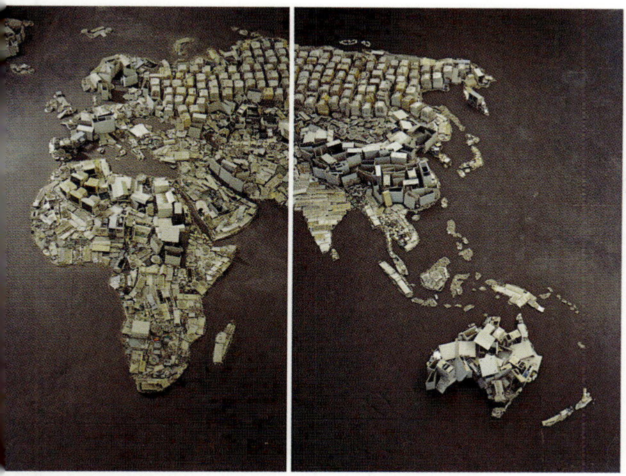

« Quel que soit ce qu'on peut penser, l'art directement ou indirectement a toujours à voir avec l'illusion » : depuis plus de vingt ans, l'artiste américano-brésilien Vik Muniz, dans une prolifération constante d'images photographiques, brasse et réinvente à sa manière l'histoire des représentations. Ses œuvres, ludiques et irrévérencieuses, jouent fréquemment d'un écart entre le sujet représenté et la technique de représentation utilisée, notamment dans ses reproductions d'icônes de l'histoire de l'art et de la photographie en matériaux peu conventionnels (coton, clous, caviar, chocolat, papiers, poussière...). Ses images, réalisées à l'aide de détritus et d'objets au rebut (à gauche, *The World*, 2008), par les jeux d'échelle et de volume qu'elles impliquent, s'inscrivent pleinement dans cette direction.

numérique à la définition même de la photographie ? Sans doute pas. Traditionnellement et malgré quelques exceptions comme le Polaroïd, la photographie au XXe siècle, dans sa définition traditionnelle, la plus courante, relevait de ce que Nelson Goodman appelait un régime autographique multiple : celui d'un original, singulier, en première phase (le négatif) qui donnait lieu à des originaux multiples en seconde phase (les tirages). Aujourd'hui le numérique, avec la disparition de l'objet négatif et la dématérialisation progressive des

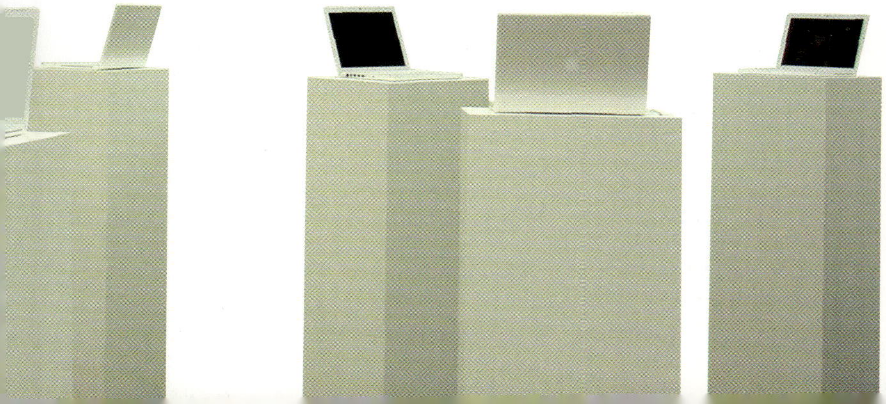

tirages, change la donne et fait basculer cette dernière dans un autre régime, plus proche d'un régime allographique, où la notion d'objet matériel s'efface devant celle d'objet idéal dont on ne connaîtrait que des réductions. Il y a fort à parier que ce bouleversement soit également, à l'avenir, économique pour le marché de la photographie où, face aux mutations des pratiques et à la dématérialisation croissante des supports, de nombreuses règles sont à (ré)inventer.

Jules Spinatsch, dans sa série « Temporary Discomfort » (2001-2003), s'est intéressé aux métamorphoses urbaines de certaines villes du monde (New York, Gênes, Davos...), sous la pression de l'obsession sécuritaire qui y règne lors des grands sommets qu'elles accueillent (G8, Forum économique mondial). À Davos, Spinatsch a réussi à installer dans des zones « sécurisées » un certain nombre de caméras de surveillance dont il a repris et assemblé les images sous forme de grands panoramas synthétiques, s'appropriant un dispositif de surveillance par l'image aujourd'hui universellement répandu...

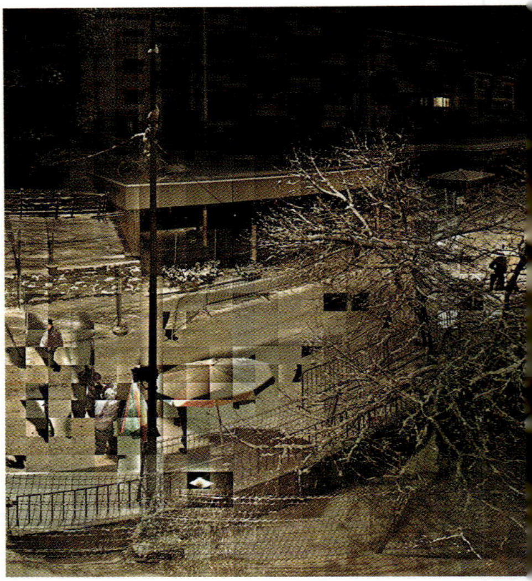

Mutations et renaissances

La relative stabilité technique qui fut celle de la photographie au XXe siècle a conduit à oublier que celle-ci a connu par le passé bien des mutations techniques, parfois profondes. Si aucune n'a constitué une rupture ontologique d'une telle ampleur, la révolution de l'instantané à la fin du XIXe siècle a néanmoins constitué un bouleversement, en partie comparable à celui que nous vivons actuellement. Trop facile, trop rapide, donnant des images de plus faible qualité que les techniques antérieures : toutes ces critiques, qui furent celles faites autour des années 1890 à l'encontre du gélatino-bromure d'argent, notamment par les milieux professionnels et artistiques, se retrouvent aujourd'hui sous la plume des contempteurs du numérique. Critiques en partie légitimes : la technique de l'instantané au gélatino-bromure d'argent, sur laquelle s'est bâtie toute une partie de la culture photographique du XXe siècle, ne constitue-t-elle pas elle-même, par rapport aux techniques qui l'ont précédée – les grandes plaques au collodion ou à l'albumine sur verre du XIXe siècle – une significative perte de richesse de matière et de précision ? Un même reproche ne peut-il pas de nos jours être fait à l'image numérique par rapport aux techniques argentiques ?

Pourtant, ce que la photographie a prouvé, à chacune de ses mutations forcées par l'industrie photographique, est avant tout sa capacité à renaître, à réinventer de nouvelles formes et de nouveaux usages. Ses mues successives se sont à chaque fois accompagnées d'un rajeunissement de son image et semblent lui avoir conféré une jeunesse et une modernité éternelles. La révolution numérique ne fait pas exception à la règle. Celle-ci a incontestablement relancé, non seulement l'industrie mais également l'activité photographique : rendant la pratique encore plus accessible, dépouillant encore un peu plus l'acte photographique de sa magie et l'image photographique de son aura, elle s'inscrit dans le droit fil de chacune des mutations antérieures, vers une démocratisation toujours plus grande de l'image photographique.

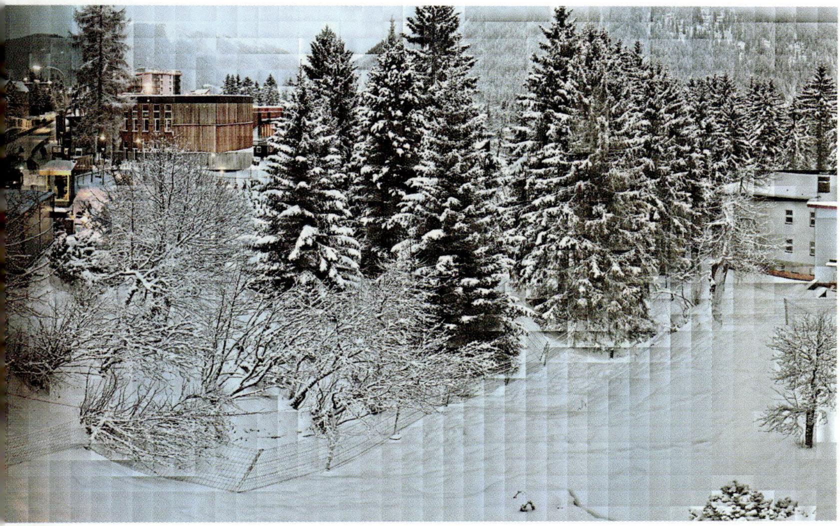

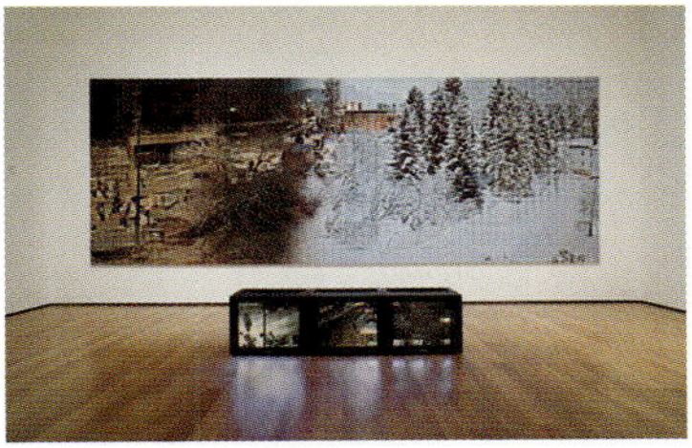

... Lors de la présentation au Museum of Modern Art de New York de *Surveillance Panorama A240635 : World Economic Forum WEF, Davos* (en bas), l'artiste confrontait les images au mur et, visibles sur des moniteurs au sol, les films des trois caméras de surveillance utilisées, confrontant deux modes de perception du temps et de l'espace.

Les nouveaux défis de la photographie

Plutôt que d'opposer de manière trop systématique argentique et numérique, il semble aujourd'hui plus judicieux de constater que, quelle que soit sa nature, l'image photographique est confrontée aux mêmes défis et aux mêmes menaces. La première tient paradoxalement tant à la profusion d'images qu'au manque de stabilité des supports qui mettent doublement en péril sa fonction mémorielle : la prolifération toujours plus grande des images empêche leur analyse et leur traitement, quand, dans le même temps, la fragilité de certaines techniques rend leur conservation problématique : les enjeux sont immenses, qu'il s'agisse de supports historiques (négatifs nitrate du début du XXe siècle, tirages couleur chromogènes depuis les années 1960) ou contemporains (obsolescence des instruments de stockage et de lecture des fichiers numériques, pérennité sujette à caution de certaines impressions numériques). La deuxième tient aujourd'hui aux nombreuses restrictions, d'ordre juridique, mises à la pratique et à la diffusion de la photographie. Celles-ci entrent de plus en plus fréquemment en contradiction non seulement avec le légitime souci d'informer (privatisation de l'espace public, interprétation parfois trop rigoureuse du droit à l'image) mais également de faire œuvre de création, comme l'attestent les récents problèmes de censure rencontrés en 2009 en Grande-Bretagne par les œuvres de Nan Goldin et Richard Prince, retirées de deux expositions.

Pour continuer d'exister face aux autres techniques, la photographie devra réexaminer son rapport au réel. Pendant cent cinquante ans,

Le Monde
Vendredi 28 septembre 2007

Censure
Elton John défend une photo taxée de pornographie infantile

Le chanteur britannique Elton John a pris la défense, le 26 septembre, d'une photographie de Nan Goldin dont il est propriétaire et qui a été saisie par la police, le 20 septembre, pour possible infraction à la législation sur la pornographie infantile. *Klara et Edda faisant la danse du ventre* (1998), montrant des enfants nus, devait figurer dans l'exposition

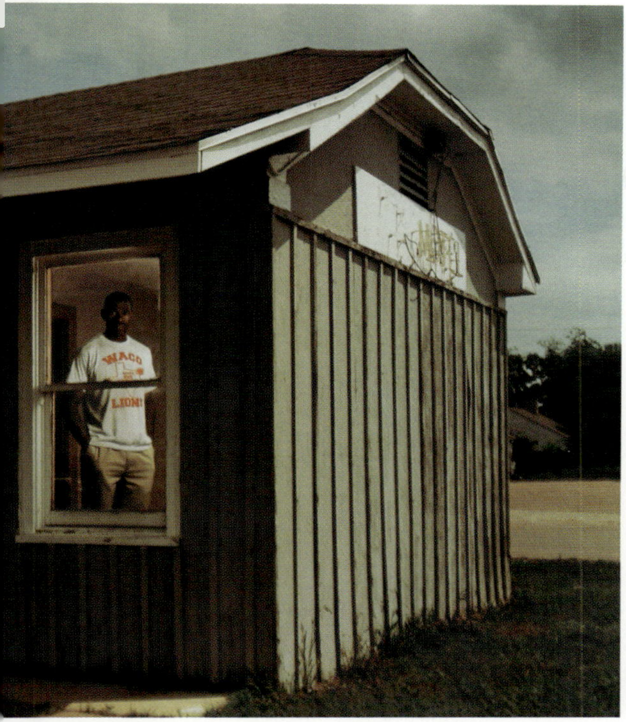

Réalisée par l'Américaine Taryn Simon, la série « The Innocents » traite de la confiance excessive accordée par la justice américaine à l'image photographique. Pour tous les innocents injustement condamnés qu'elle portraiture, la cause principale de l'erreur judiciaire a résidé dans une identification erronée, rendue possible par une croyance sans faille dans les outils photographiques utilisés par la police. Chaque portrait est assorti d'une légende précise. Ici : « Calvin Washington, Motel C&E, Chambre No. 24, Waco, Texas, où un informateur a affirmé avoir entendu Washington avouer son crime. Condamné à perpétuité pour meurtre, Washington passa 13 ans en prison avant d'être acquitté. »

l'enregistrement documentaire du monde fut – bien davantage que pour le cinéma – sa tâche prioritaire. Si cette mission demeure comme le prouvent de nombreux travaux photographiques de qualité, l'autorité de la chose photographique est aujourd'hui remise en question. Il n'est pas impossible que nous soyons en train d'assister au retour à une phase « pré-photographique », où plus aucune technique n'est là pour spécifiquement attester la réalité. On peut s'en réjouir et voir dans cette évolution une émancipation de la photographie, débarrassée, à l'instar de la peinture au XIXe siècle, de sa fonction documentaire et jouissant désormais d'une large autonomie. On peut aussi s'en inquiéter : qui désormais dira le réel ?

En 2007, la police faisait retirer des murs du Baltic Centre for Contemporary Art, une photographie de Nan Goldin, *Edda and Klara Belly dancing, Berlin* (1998), montrant deux enfants, dont l'une nue, faisant la danse du ventre. L'image, appartenant à la collection d'Elton John, avait pourtant déjà été reproduite sans soulever le moindre problème, notamment dans un ouvrage consacré à Nan Goldin en 2003.

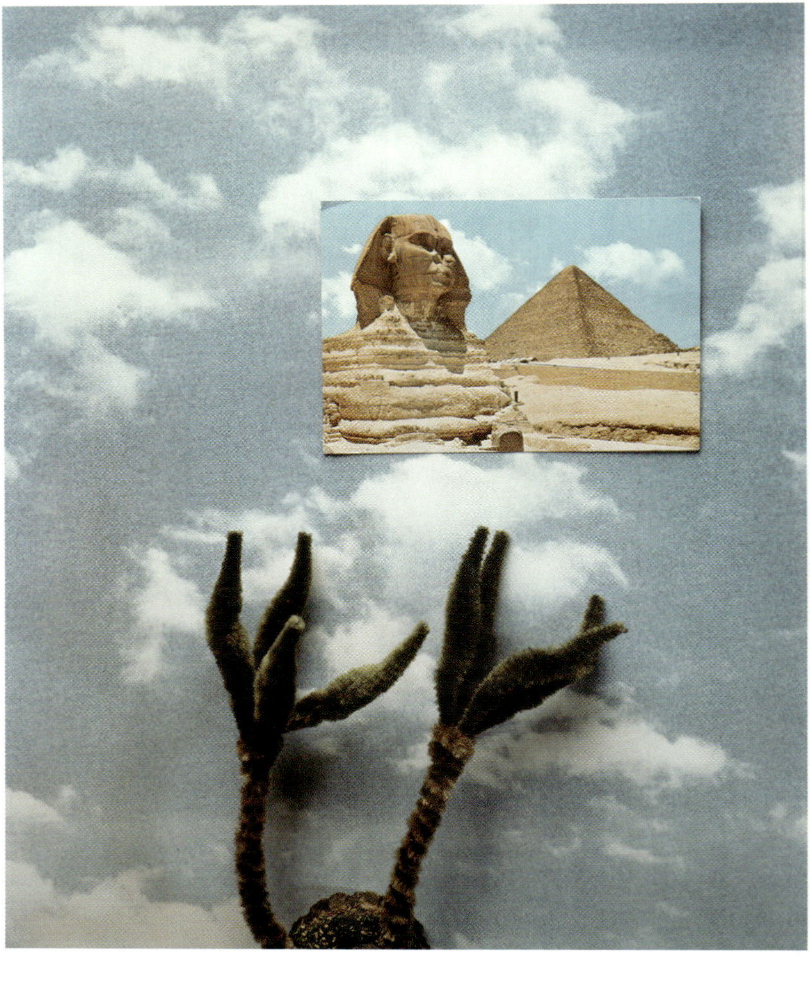

TÉMOIGNAGES ET DOCUMENTS

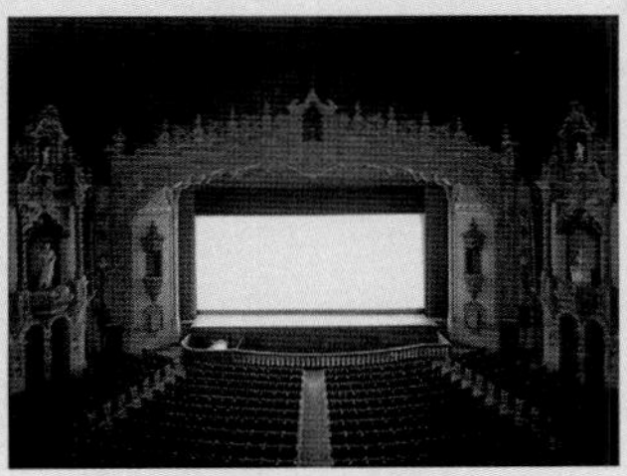

Photographie, réel et simulacre

Les années 1970 et 1980 ont été dominées par le débat autour de la spécificité de l'image photographique, en mettant en avant, avec notamment la notion d'index de Krauss et le « ça a été » de Barthes, la relation ontologique très forte et particulière qui la lie au réel. Si ces analyses sont toujours très présentes, les deux dernières décennies ont davantage insisté sur l'autonomisation progressive des représentations photographiques par rapport à la réalité, au sein d'un système qui voit réel et virtuel s'interpénétrer chaque jour davantage.

Une magie équivoque

Recueil d'articles parus entre 1973 et 1977 dans The New York Review of Books, Sur la photographie *de l'essayiste et romancière américaine Susan Sontag (1933-2004) a été un des livres de critique sur la photographie les plus influents des années 1970-1980.*

Collectionner des photographies, c'est collectionner le monde. La lumière des films et des émissions de télévision illumine les murs, vacille, et s'éteint ; mais avec les photographies, l'image devient aussi objet, un objet léger, bon marché à produire, facile à transporter, à accumuler, à stocker. Dans Les *Carabiniers* de Godard (1963), deux ouvriers agricoles fainéants s'enrôlent dans l'armée du roi, séduits par la promesse qu'ils pourront piller, violer, tuer ou faire subir à l'ennemi tout autre traitement qu'il leur plaira, et s'enrichir. Mais la valise de butin que Michel-Ange et Ulysse rapportent triomphalement à leurs femmes, des années plus tard, se révèle ne contenir que des cartes postales illustrées, des centaines de cartes postales, représentant Monuments, Grands Magasins, Mammifères, Merveilles de la Nature, Moyens de Transport, Œuvres d'Art et autres trésors répertoriés en provenance des quatre coins du globe. Le gag de Godard parodie brillamment la magie équivoque de l'image photographique. Les photographies sont peut-être les plus mystérieux des objets qui constituent et rendent plus épais l'environnement que nous reconnaissons comme moderne. Les photographies sont réellement de l'expérience captive, et l'appareil photo est l'arme idéale de la conscience quand elle cherche à multiplier ses possessions.

Photographier, c'est s'approprier l'objet photographié. C'est entretenir avec le monde un certain rapport qui s'éprouve comme rapport de savoir, et donc de pouvoir. Une première chute dans l'aliénation, phénomène notoire aujourd'hui, qui a consisté à habituer les gens à réduire le monde à des mots imprimés, est censée avoir engendré le surplus d'énergie faustienne et de trouble psychique nécessaire à l'édification des sociétés inorganiques modernes. Mais le texte imprimé filtre le monde, le transforme en objet mental, de façon moins traîtresse, semble-t-il, que les images photographiques qui sont maintenant la source principale où l'on apprend à quoi ressemblait le passé et ce que contient le présent. Ce qui est écrit sur une personne ou sur un événement se donne ouvertement comme une interprétation, au même titre que ces « propositions » plastiques artisanales que sont les peintures et les dessins. Les images photographiques ne donnent pas tant l'impression d'être des propositions sur le monde que des morceaux du monde, des miniatures de la réalité que quiconque peut produire ou s'approprier.

Les photographies, qui bricolent l'échelle du monde, se voient elles-mêmes réduites, agrandies, recadrées, retouchées, manipulées, truquées. Elles vieillissent, sous le coup des maux qui frappent normalement les objets de papier ; elles disparaissent ; elles prennent de la valeur, et on les achète et les vend ; on les reproduit. Elles qui emballent le monde, elles semblent inviter à l'emballage. On les colle dans des albums, on les encadre et on les pose sur des tables, on les punaise aux murs, on les projette sous forme de diapositives. Les journaux et les magazines les exhibent, les flics les indexent par ordre alphabétique ; les musées les exposent ; les éditeurs en font des volumes.

Depuis de nombreuses décennies, le livre est la façon la plus répandue de présenter (dans la plupart des cas, en les miniaturisant) les photographies, leur assurant ainsi longévité, sinon immortalité – les photographies sont des objets fragiles, aisément déchirés ou égarés – et un plus vaste public. La photographie publiée dans un livre est, cela va de soi, l'image d'une image. Mais étant à l'origine elle-même un objet imprimé et lisse, une photographie perd beaucoup moins de sa qualité essentielle, à être reproduite dans un livre, qu'une peinture. Toutefois, le livre n'est pas un procédé totalement satisfaisant quand il s'agit de diffuser des ensembles de photographies. L'ordre selon lequel les photographies doivent être regardées est proposé par celui des pages, mais rien n'astreint les lecteurs à l'ordre recommandé, ni n'indique le temps à passer sur chaque photographie. Le film de Chris Marker, *Si j'avais quatre dromadaires* (1966), méditation brillamment orchestrée sur des photographies de genres et de thèmes très divers, suggère une façon plus subtile et plus rigoureuse d'« emballer » (en les agrandissant) des images fixes. Elle impose à la fois l'ordre et le temps exact de passage de chaque photographie, et l'on gagne en lisibilité visuelle et en impact émotionnel. Mais une fois traduites sous forme cinématographique, elles cessent d'être des objets que l'on peut collectionner, ce qu'elles restent quand elles nous sont présentées sous forme de livres.

Susan Sontag, *Sur la photographie*,
Christian Bourgois, 1982,
trad. Philippe Blanchard

Un statut indiciel

La notion d'index, telle qu'exposée par l'historienne d'art et critique américaine Rosalind Krauss (née en 1941) en 1977, est devenue dans les années quatre-vingt une référence incontournable, tant aux États-Unis qu'en France, des discours théoriques autour de la nature de l'image photographique.

Mais le photogramme ne fait que pousser à la limite ou rendre explicite ce qui est vrai de toute photographie. Toute photographie est le résultat d'une empreinte physique qui a été transférée sur une surface sensible par les réflexions de la lumière. La photographie est donc le type d'icône ou de représentation visuelle qui a avec son objet une relation indicielle. Ce qui la distingue de la véritable icône, c'est le caractère absolu de cette genèse physique, une genèse qui semble court-circuiter ou refuser les processus de schématisation ou de médiation symbolique qui opèrent dans les représentations graphiques de la plupart des peintures. Si le symbolique fait son chemin dans l'art pictural à travers la conscience humaine qui opère derrière les formes de représentation, établissant une connexion entre les objets et leur signification, ce n'est pas le cas de la photographie. Son pouvoir participe de celui d'un index. Dans son article « L'ontologie de l'image photographique », André Bazin décrit le statut indiciel de la photographie :

« Aussi la peinture n'est-elle plus du même coup qu'une technique inférieure de la ressemblance, un ersatz des procédés de reproduction. L'objectif seul nous donne de l'objet une image capable de “défouler”, du fond de notre inconscient, ce besoin de substituer à l'objet mieux qu'un décalque approximatif : cet objet lui-même, mais libéré des contingences temporelles. L'image peut être floue, déformée, décolorée, sans valeur documentaire, elle procède par sa genèse de l'ontologie du modèle ; elle est le modèle. »

Quel que soit d'autre part son pouvoir, la photographie peut être appelée sub- ou pré-symbolique, laissant le langage de l'art retourner à l'imposition directe des choses.

Rosalind Krauss, « Notes sur l'index », *L'Originalité de l'avant-garde et autres mythes modernistes*, Macula, 1993

« Ce qui a été »

Si dès ses Mythologies *en 1957, Roland Barthes (1915-1980) avait manifesté son intérêt pour la photographie, c'est dans* La Chambre claire*, son ultime ouvrage, qu'il livre son analyse la plus personnelle de son rapport à cette dernière, autour notamment du paradoxe absence/ présence de l'objet photographié.*

La Photographie ne dit pas (forcément) *ce qui n'est plus*, mais seulement et à coup sûr, *ce qui a été*. Cette subtilité est décisive. Devant une photo, la conscience ne prend pas nécessairement la voie nostalgique du souvenir (combien de photographies sont hors du temps individuel), mais pour toute photo existant au monde, la voie de la certitude : l'essence de la Photographie est de ratifier ce qu'elle représente. J'ai reçu un jour d'un photographe une photo de moi dont il m'était impossible, malgré mes efforts, de me rappeler où elle avait été prise ; j'inspectais la cravate, le pull-over pour retrouver dans quelle circonstance je les avais portés ; peine perdue. Et cependant, *parce que c'était une photographie*, je ne pouvais nier que j'avais été là (même si je ne savais pas où). Cette distorsion entre la certitude et l'oubli me donna une sorte de vertige, et comme une angoisse policière (le thème de *Blow-Up* n'était pas loin) ; j'allai au vernissage comme à une enquête, pour apprendre enfin ce que je ne savais plus de moi-même.

Cette certitude, aucun écrit ne peut me la donner. C'est le malheur (mais aussi peut-être la volupté) du langage, de ne pouvoir s'authentifier lui-même. Le noème du langage est peut-être cette impuissance, ou, pour parler positivement : le langage est, par nature, fictionnel ; pour essayer de rendre le langage infictionnel, il faut un énorme dispositif de mesures : on convoque la logique, ou, à défaut, le serment ; mais la Photographie, elle, est indifférente à tout relais : elle n'invente pas ; elle est l'authentification même ; les artifices, rares, qu'elle permet, ne sont pas probatoires ; ce sont, au contraire, des truquages : la photographie n'est laborieuse que lorsqu'elle triche. C'est une prophétie à l'envers : comme Cassandre, mais les yeux fixés sur le passé, elle ne ment jamais : ou plutôt, elle peut mentir sur le sens de la chose, étant par nature tendancieuse, jamais sur son existence. Impuissante aux idées générales (à la fiction), sa force est néanmoins supérieure à tout ce que peut, a pu concevoir l'esprit humain pour nous assurer de la réalité – mais aussi cette réalité n'est jamais qu'une contingence (*« ainsi, sans plus »*).

Toute photographie est un certificat de présence. Ce certificat est le gène nouveau que son invention a introduit dans la famille des images. Les premières photos qu'un homme a contemplées (Niepce devant *La Table mise*, par exemple) ont dû lui paraître ressembler comme deux gouttes d'eau à des peintures (toujours la *camera obscura*) ; il *savait* cependant qu'il se trouvait nez à nez avec un mutant (un Martien peut ressembler à un homme) ; sa conscience posait l'objet rencontré hors de toute analogie, comme l'ectoplasme de « ce qui avait été » : ni image, ni réel, un être nouveau, vraiment : un réel qu'on ne peut plus toucher.

Peut-être avons-nous une résistance invincible à croire au passé, à l'Histoire, sinon sous forme de mythe. La Photographie, pour la première fois, fait cesser cette résistance : le passé est désormais aussi sûr que le présent, ce qu'on voit sur le papier est aussi sûr que ce qu'on touche. C'est l'avènement de la Photographie – et non, comme on l'a dit, celui du cinéma, qui partage l'histoire du monde.

C'est précisément parce que la Photographie est un objet anthropologiquement nouveau, qu'elle doit échapper, me semble-t-il, aux discussions ordinaires sur l'image. La mode, aujourd'hui, chez les commentateurs de la Photographie (sociologues et sémiologues), est à la relativité sémantique : pas de « réel » (grand mépris pour les « réalistes » qui ne voient pas que la photo est toujours codée), rien que de l'artifice : *Thésis*, non *Physis* ; la Photographie, disent-ils, n'est pas un *analogon* du monde ; ce qu'elle représente est fabriqué, parce que l'optique photographique est soumise à la perspective albertinienne (parfaitement historique) et que l'inscription sur le cliché fait d'un objet tridimensionnel une effigie bidimensionnelle. Ce débat est vain : rien ne peut empêcher que la Photographie soit analogique ; mais en même temps, le noème de la Photographie n'est nullement dans l'analogie (trait qu'elle partage avec toutes sortes de représentations). Les réalistes, dont je suis, et dont j'étais déjà lorsque j'affirmais que la Photographie était une image sans code – même si, c'est évident, des codes viennent en infléchir la lecture – ne prennent pas du tout la photo pour une « copie » du réel

– mais pour une émanation du *réel passé* : une *magie*, non un art. Se demander si la photographie est analogique ou codée n'est pas une bonne voie d'analyse. L'important, c'est que la photo possède une force constative, et que le constatif de la Photographie porte, non sur l'objet, mais sur le temps. D'un point de vue phénoménologique, dans la Photographie, le pouvoir d'authentification prime le pouvoir de représentation.

Roland Barthes, *La Chambre claire, notes sur la photographie*, Cahiers du Cinéma, Seuil / Gallimard, 1980

Un processus magique

Si dès les années 1970, Jean Baudrillard (1929-2007) s'était intéressé au phénomène de déréalisation du monde par ses représentations, Amérique *est pour lui la description sidérée et comme hallucinatoire d'une « vraie fantasmagorie », celle d'un pays où semble se vérifier au quotidien l'hypothèse que « la réalité n'existe plus ».*

Au Roxy, le bar insonorisé domine la piste comme les écrans dominent une salle de radioguidage ou comme la cabine des techniciens surplombe le studio de télévision. La salle est un milieu fluorescent avec – illuminations ponctuelles, effets stroboscopiques, danseurs balayés par les faisceaux de lumière – les mêmes effets qu'un écran. Et tout le monde en est conscient. Aucune dramaturgie du corps aujourd'hui, aucune performance ne peut se passer d'un écran de contrôle – non pas pour se voir ou se réfléchir, avec la distance et la magie du miroir, non : comme réfraction instantanée et sans profondeur. La vidéo, partout, ne sert qu'à ça : écran de réfraction extatique qui n'a plus rien de l'image, de la scène ou de la théâtralité traditionnelle, qui ne sert pas du tout à jouer ou à se contempler, mais à être branché sur soi-même. Sans ce branchement circulaire, sans ce réseau bref et instantané qu'un cerveau, un objet, un événement, un discours créent en se branchant sur eux-mêmes, sans cette vidéo perpétuelle, rien n'a de sens aujourd'hui. Le stade vidéo a remplacé le stade du miroir.

Ce n'est pas du narcissisme, et on a tort d'abuser de ce terme pour décrire cet effet. Ce n'est pas un imaginaire narcissique qui se développe autour de la vidéo ou de la stéréoculture, c'est un effet d'autoréférence éperdue, c'est un court-circuit qui branche immédiatement le même au même, et donc souligne en même temps son intensité en surface et son insignifiance en profondeur.

C'est l'effet spécial de notre temps. Telle est aussi l'extase du Polaroïd : tenir presque simultanément l'objet et son image, comme si se réalisait cette vieille physique, ou métaphysique, de la lumière, où chaque objet secrète des doubles, des clichés de lui-même que nous captons par la vue. C'est un rêve. C'est la matérialisation optique d'un processus magique. La photo Polaroïd est comme une pellicule extatique tombée de l'objet réel.

Jean Baudrillard, *Amérique*, Grasset, 1986

Une expérience religieuse

Commencée au milieu des années 1980, l'œuvre du romancier américain Don DeLillo (né en 1936) est parcourue par la fascination pour les images indicielles, (cinéma, télévision, photographie) et par la façon dont elles s'interposent entre le monde et nous et en modifient notre perception.

Quelques jours plus tard, Murray m'a interrogé à propos d'une attraction touristique, connue comme la grange la plus photographiée d'Amérique. Nous avons roulé pendant une cinquantaine de kilomètres dans la campagne des environs de Farmington. C'était plein de prairies et de champs de pommiers. Il y avait aussi des clôtures toutes blanches qui suivaient le mouvement des collines. Bientôt nous aperçûmes les premières pancartes. LA GRANGE LA PLUS PHOTOGRAPHIÉE D'AMÉRIQUE. Nous ne comptâmes pas moins de cinq pancartes avant d'atteindre l'endroit. Dans le parking de fortune, il y avait quarante voitures et un car. Nous avons suivi un petit sentier en direction d'un monticule, légèrement à l'écart, qui permettait de bien voir et de photographier facilement. Tous les gens avaient des appareils photo et certains des pieds, des téléobjectifs et une multitude de filtres. Un homme, dans une sorte de guérite, vendait des cartes postales et des diapositives, des vues prises du monticule. Nous nous plaçâmes près d'un bosquet d'arbres pour observer les photographes. Murray garda longtemps le silence en gribouillant des notes dans un petit calepin.

« Personne ne voit la grange », dit-il finalement.

Cette affirmation fut suivie d'un long silence.

« Dès qu'on a lu les pancartes signalant cette grange, ça devient impossible de la voir. »

Il se tut de nouveau pendant un long moment. Aussitôt que des gens – appareil en bandoulière – quittaient le monticule, ils étaient immédiatement remplacés par d'autres.

« Nous ne sommes pas ici pour enregistrer une image, nous sommes ici pour en consolider une. Chaque photographie renforce le mythe. Sentez-vous ça, Jack ? Un flot d'énergie sans nom. »

De nouveau un silence prolongé. L'homme dans sa guérite vendait ses cartes postales et ses diapositives.

« Accepter d'être ici est d'une certaine manière une capitulation spirituelle. Nous ne voyons que ce que les autres voient. Les milliers de personnes qui sont déjà venues ici et les milliers qui viendront dans l'avenir. Nous acceptons de percevoir les choses d'une manière collective. Et c'est cette acceptation qui donne sa couleur à ce que nous voyons. D'une certaine manière, c'est une expérience religieuse, comme l'est forcément toute forme de tourisme. »

Encore un moment de silence.

« Et voilà, ils prennent des photos de photos en train d'être prises. »

Il se tut un long moment. Nous pouvions entendre le cliquetis incessant des obturateurs et des leviers servant à faire avancer les films.

« Comment était cette grange avant qu'elle ne soit photographiée ? dit-il. À quoi ressemblait-elle, en quoi était-elle différente des autres granges, qu'avait-elle de commun avec ses sœurs ? Nous ne pouvons répondre à ces questions parce que nous avons vu les pancartes, parce que nous avons vu les gens prendre toutes leurs photographies. Nous ne pouvons échapper au mythe. Nous en faisons partie. Nous sommes ici et maintenant.»

Cela apparemment le rendait follement heureux.

Don DeLillo,
Bruit de fond,
Stock, 1984-1986

D'après la photographie

*« Ceux qui se livrent à l'écriture sans doute ne peuvent plus écrire comme autrefois, du temps d'avant l'image photographique, télévisuelle, cinématographique », écrivait Hervé Guibert. Renouvelant et prolongeant l'*ekphrasis *de l'Antiquité, cette description verbale d'un objet artistique permettant une mise en abyme de la réalité, la description littéraire du cliché photographique est devenue un genre à part entière, occasion de réflexions sur la vérité de la photographie et la place qu'elle occupe dans le monde contemporain.*

Exemple de photo de famille

Écrivain, photographe et journaliste, Hervé Guibert (1955-1991) voyait dans son principal ouvrage sur la photographie, descriptions de clichés photographiques, un « texte qui serait le désespoir de l'image et pire qu'une image floue ou voilée : une image fantôme ».

Les photos de famille sont gardées dans des boîtes à chaussures, entassées pêle-mêle dans des boîtes à gants, d'anciennes boîtes de chocolats de Noël. On les sort rarement et on peut les prendre à pleines mains, par paquets, comme une matière finalement indifférente qu'on n'a pas peur de racornir (une matière qui tient le coup, et qu'on a peut-être plaisir à maltraiter, tout juste un peu). C'est une sorte de photographie qui jaunit très vite, et qui se fendille aux bords, pour peu qu'on la laisse à la lumière (au bout du temps, la lumière se venge toujours de s'être laissée emprisonner : elle se récupère), ou qu'on la manipule trop souvent. Alors les photos de famille restent là, dans leurs petits cercueils de carton, et on peut les oublier, elles sont comme des croix plantées, elles appellent le plaisir mélancolique. Quand on ouvre le carton, aussitôt c'est la mort qui saute aux yeux, et c'est la vie, toutes les deux nouées et enlacées, elles se recouvrent et elles se masquent.

Ma grand-mère gardait différents objets rassemblés dans une enveloppe : des morceaux de fil, des timbres, des épingles à cheveux, des boutons de nacre, et elle avait marqué sur l'enveloppe, pour s'en rappeler le contenu : « Petits objets sans importance ». Elle n'y avait jamais recours, sans doute : tous ces objets étaient dépareillés. Sur le carton à photos il n'est rien inscrit, mais on pourrait y inscrire pareillement : « Petits souvenirs d'importance »… La photo marque la vie à la naissance, puis au mariage, ce sont les deux points forts. Entre-temps, comme la craie sur la toise, comme ces petites ciselures de croissance qu'on peut remarquer sur un os, à chaque anniversaire elle suit la poussée du corps, puis elle l'oublie, elle le dénie. Le corps adulte, le corps qui n'est plus vierge, le corps vieillissant tombe dans une trappe noire : il n'est plus photogénique.

Sa vieillesse venue, une femme, femme de photographe, déchire toutes les photos de sa jeunesse, annule à la fois toute trace de sa beauté et la pratique obstinée de son mari à vouloir la conserver, jalouse elle détruit sa momie de jeune fille. J'ai vingt-quatre ans, mais aux yeux des gens que j'aime mon image passée m'est déjà presque douloureuse, intolérable, je suis enclin à la cacher, j'ai peur qu'ils aiment l'image et qu'ils s'y arrêtent.

Hervé Guibert, *L'Image fantôme*, Les Éditions de Minuit, 1981

Planches-contacts

Sans parler des grands désastres de réglage, de mauvaises distances ou de mauvaises expositions, le premier mouvement, le premier réflexe, c'est la déception : « ainsi je n'ai vu que ça, voilà où m'ont mené toute cette tension et toute cette gesticulation, à ces petits rectangles 24 x 36 qui souvent ne me disent plus rien. » Les photos que j'imaginais les meilleures sont ratées, et celles auxquelles j'imaginais le moins d'avenir sont parfois assez bonnes. L'appareil m'a eu, encore une fois il n'est pas à ma hauteur, trop haut ou trop bas par rapport à ce que j'attendais de lui. Ou je suis un mauvais technicien, ou il est le mauvais médiateur.

Hervé Guibert, *op. cit.*

Dans le ronronnement du projecteur

Mêlant textes et reproductions, les écrits de W. G. Sebald (1944-2001) installent la photographie, l'archive, l'image et le document au sein même du récit, selon un principe de montage qui ébranle et complète l'ordre narratif, à la manière d'André Breton dans Nadja.

Mais, poursuivit le Dr Selwyn après un long silence, ce sont là de vieilles histoires et ne voulions-nous pas, dit-il en se tournant vers Edward, montrer à nos invités les photographies que nous avons faites lors de notre dernier voyage en Crète ? Nous regagnâmes le drawing room. Les bûches rougeoyaient dans l'obscurité. Le Dr Selwyn tira sur le cordon d'une sonnette fixé à droite du manteau de la cheminée. Presque instantanément, comme si à l'extérieur, dans le couloir, elle n'avait attendu que ce signe, Aileen entra avec une petite table roulante sur laquelle était installé le projecteur. Sur le linteau, la haute pendule d'or moulu et les biscuits de Meissen, un couple de bergers et un Maure aux yeux extasiés, vêtu d'habits bariolés, furent poussés sur le côté, et l'écran tendu sur un cadre de bois, qu'Aileen était repartie chercher, fut accroché devant le miroir. Le doux ronronnement du projecteur se fit entendre et la poussière en suspension dans la pièce, autrement invisible, se mit à briller dans le faisceau de lumière, préludant à l'apparition des images. Le voyage avait été entrepris au printemps. Comme masqué par un voile vert pâle, le paysage insulaire s'étalait devant nos yeux. À plusieurs reprises nous vîmes aussi Edward armé de jumelles de campagne et d'une boîte à herboriser, ou bien le Dr Selwyn en bermuda, avec une sacoche en bandoulière et un filet à papillons. L'un de ces clichés rappelait jusque dans les détails une photo de Nabokov prise dans les montagnes dominant Gstaad, que j'avais découpée quelques jours auparavant dans une revue suisse.

Bizarrement, aussi bien Edward que le Dr Selwyn avaient sur les photographies qu'ils nous montraient une apparence tout à fait juvénile, quoique au moment de leur voyage, qui remontait, à l'époque, à exactement dix ans, ils eussent déjà largement dépassé la soixantaine. Je sentais que tous deux n'étaient pas sans éprouver une certaine émotion à voir ainsi resurgir leur passé. Mais peut-être était-ce aussi bien une illusion de ma part, due au fait que ni l'un ni l'autre, alors qu'ils avaient commenté les nombreuses vues montrant la flore de printemps et toutes sortes de bestioles volantes et rampantes, n'avait voulu ou simplement pu dire rien sur ces photos-là, laissant s'instaurer dans la pièce, tandis qu'elles tremblotaient sur l'écran, un silence presque total. La dernière présentait le plateau de Lasithi, pris en plongée du haut d'un des cols du Nord. Le cliché avait sans doute été réalisé à l'heure de midi, car les rayons du soleil venaient frapper le spectateur. La montagne de Spathi, qui s'élève à plus de deux mille mètres et domine la plaine au sud, faisait l'effet d'un mirage derrière le flot de lumière. Sur la vaste surface de la vallée, les champs de pommes de terre et de légumes, les vergers, les bosquets d'arbres et les terres non cultivées composaient un camaïeu de verdure ponctué par les centaines de voiles blanches des pompes à eau. Devant cette diapositive aussi, nous restâmes longtemps silencieux, si longtemps même que pour finir le verre se fendit dans son cadre et qu'une fêlure noire courut sur l'écran. Le spectacle si prolongé, maintenu jusqu'à l'éclatement, du haut plateau de Lasithi s'est à l'époque profondément gravé dans mon esprit [...].

W. G. Sebald, *Les Émigrants*,
Gallimard, 1992-1999

Le monde photographié est mensonger

Sous titrée « Un effondrement », Extinction *est l'ultime œuvre romanesque de l'écrivain autrichien Thomas Bernhard (1931-1989), long monologue atrabilaire et fascinant dans lequel la photographie est cette « falsification totale » où l'homme accorde la représentation à ses désirs.*

Le monde programmé a produit l'homme programmé, inversement l'homme programmé le monde programmé, l'homme artificiel le monde artificiel et inversement. Il n'y a plus rien de naturel, avais-je dit à Gambetti, rien, absolument plus rien. Cependant nous partons toujours de l'idée, avais-je dit à Gambetti, que tout est naturel, c'est là une erreur. Tout est artificiel, tout est artifice. Il n'y a plus de nature. Nous partons toujours de l'observation de la nature, alors que depuis longtemps nous ne devrions plus partir que de l'observation de l'artifice. C'est pour cela, avais-je dit à Gambetti, que tout est tellement chaotique. Tellement faux. Tellement malheureux. Tellement mortellement confus. Là où il n'y a plus de nature, il ne peut plus y avoir non plus d'observation de la nature, Gambetti, c'est tout de même logique, avais-je dit à Gambetti. La photo qui représente mon frère à l'instant précis où il monte sur son voilier sur le Wolfgangsee le montre dans la pose de l'homme heureux, mais il est tout de même, sur cette photo, l'homme le plus malheureux qu'on puisse imaginer. Mes sœurs, sur la photo qui les montre à Cannes devant la villa de mon oncle Georg, sont figées dans une expression de bonheur et paraissent ainsi beaucoup plus malheureuses encore qu'elles ne le sont en réalité. Mon père et ma mère, sur la photo qui les montre à la gare Victoria à Londres, ont l'air aussi malheureux qu'ils le sont, bien qu'ils se soient donné du mal pour paraître heureux. Qu'est-ce qui donne toujours l'idée aux gens qui se font photographier de vouloir paraître heureux sur les photographies qui les représentent, en tout cas pas aussi malheureux qu'ils le sont ? me dis-je. Chacun veut être représenté comme quelqu'un d'heureux, jamais comme quelqu'un de malheureux, toujours comme quelqu'un de totalement falsifié, jamais comme celui qu'il est en réalité, c'est-à-dire toujours le plus malheureux de tous. Ils veulent tous constamment être représentés beaux et heureux, alors qu'ils sont tout de même tous laids et malheureux. Ils se réfugient dans la photographie, se racornissent volontairement sur la photographie qui, dans une falsification totale, les montre heureux et beaux ou, tout au moins, moins laids et moins malheureux qu'ils ne le sont. Ils exigent de la photographie leur image rêvée, idéale, et tous les moyens leur sont bons, serait-ce la plus effroyable grimace, pour réaliser sur une photo cette image rêvée et cette image idéale. Ils ne voient même pas de quelle manière terrible, épouvantable, ils se compromettent chaque fois. Celui qui est beau sur la photographie est chaque fois le plus laid, le plus heureux chaque fois le plus malheureux. Ils accrochent dans leurs appartements les photographies qu'ils ont fait faire d'eux, comme d'un monde beau et heureux, qui est en vérité le plus laid et le plus malheureux et le plus mensonger. Leur vie durant ils regardent fixement leurs belles et leurs heureuses images à leurs murs et en éprouvent du contentement, alors qu'ils ne devraient tout de même n'en éprouver que répulsion. Mais ils ne pensent pas, et cela les préserve de la terrible constatation qu'ils sont laids, malheureux et mensongers. Ils vont jusqu'à montrer à ceux qu'ils reçoivent dans leurs appartements et qui les connaissent, eux, les hôtes, comme des gens laids et malheureux et stupides et grossiers, ces photos sur lesquelles, croient-ils, ils sont représentés comme des gens heureux et beaux, ils n'ont pas honte de montrer ces photographies même à ceux qui les connaissent en réalité et les reconnaissent donc évidemment sur la photo comme des menteurs et en vérité des gens entièrement mensongers et perdus. Nous vivons dans deux mondes, ai-je dit à Gambetti, dans le monde réel, qui est triste et grossier et pour finir mortel, et dans le monde photographié, qui est de bout en bout mensonger mais, pour la majeure partie du genre humain, le monde souhaité et le monde idéal. Si aujourd'hui on ôtait à l'homme la photographie, si on la lui arrachait des murs, avais-je dit à Gambetti, et la détruisait une fois pour toutes, on lui ôterait aujourd'hui à peu près tout. On peut donc dire logiquement que le genre humain ne tient plus à rien, ne s'accroche plus à rien et finalement ne dépend plus non plus de rien que de la photographie. La photographie est son salut, Gambetti, avais-je dit, sur quoi Gambetti avait ri et m'avait traité d'imaginatif du matin, avait donc employé une expression que je n'avais jamais entendue, ce qui a provoqué, de ma part, un éclat de rire qui s'est naturellement communiqué à Gambetti qui a été savouré par nous pendant un bon moment avec le plus grand plaisir.

Thomas Bernhard, *Extinction*,
Gallimard, 1986-1990

« C'est exactement la même chose »

Dans L'insoutenable légèreté de l'être*, Milan Kundera (né en 1929) met en scène à travers notamment le personnage de Tereza, photoreporter, la vie des artistes et intellectuels dans le contexte de la Tchécoslovaquie du Printemps de Prague et de l'invasion soviétique.*

Elle avait emporté en Suisse une cinquantaine de photographies qu'elle développa elle-même avec tout le soin et tout l'art dont elle était capable. Elle alla les proposer à un magazine à grand tirage. Le rédacteur en chef la reçut aimablement (tous les Tchèques portaient autour du front l'auréole de leur malheur qui touchait les Suisses), l'invita à s'asseoir dans un fauteuil, examina les clichés, en fit l'éloge et expliqua qu'ils n'avaient aucune chance d'être publiés

(« aussi beaux soient-ils »). L'événement était maintenant trop éloigné.

« Mais à Prague, rien n'est fini ! », s'indignait Tereza, et elle tentait d'expliquer en mauvais allemand que dans son pays occupé, en ce moment même, envers et contre tout, des conseils ouvriers se constituaient dans les usines, que des étudiants étaient en grève et que tout le pays continuait à vivre comme il l'entendait. C'était justement ça, l'incroyable ! Et ça n'intéressait plus personne !

Le rédacteur en chef se sentit soulagé quand une femme énergique entra dans la pièce, interrompant leur conversation. Elle lui tendit un dossier : « Je t'apporte un reportage sur une plage de nudistes. »

Le rédacteur en chef était assez fin pour redouter que cette Tchèque qui photographiait des tanks ne trouvât bien frivole l'image de gens tout nus sur une plage. Il repoussa le dossier le plus loin possible sur le bord de son bureau et s'empressa de dire à la nouvelle venue : « Je te présente une collègue de Prague. Elle m'a apporté de splendides photos. »

La femme serra la main de Tereza et prit les photos.

« Pendant ce temps, regardez les miennes ! »

Tereza se pencha sur le dossier et en sortit les photographies.

Le rédacteur en chef dit à Tereza d'une voix presque coupable : « C'est exactement le contraire de ce que vous avez photographié, vous. »

Tereza répondit : « Mais pas du tout ! C'est exactement la même chose. »

Personne ne comprit cette phrase, et moi aussi j'ai quelque peine à m'expliquer ce que Tereza voulait dire en comparant une plage de nudistes à l'invasion russe. Elle examinait les épreuves et s'arrêta longuement sur une photo où l'on voyait en cercle une famille de quatre personnes : la mère toute nue penchée sur ses enfants, avec ses grosses mamelles qui pendaient comme pendent les mamelles d'une chèvre ou d'une vache, et de dos, pareillement penché en avant, le mari dont les bourses ressemblaient à des pis miniatures.

« Ça ne vous plaît pas ? demanda le rédacteur en chef.

– C'est bien photographié.

– Je crois que le sujet la choque, dit la photographe. Rien qu'à vous voir, on devine que vous n'iriez pas sur une plage de nudistes.

– Sûrement pas », dit Tereza.

Le rédacteur en chef sourit : « On voit tout de suite d'où vous venez. C'est fou ce que les pays communistes sont puritains ! »

La photographe ajouta avec une amabilité maternelle : « Des corps nus. Et alors ! C'est normal ! Tout ce qui est normal est beau ! »

Tereza se souvint de sa mère qui se promenait nue dans l'appartement. Elle entendait encore le rire qui l'avait accompagnée quand elle avait couru baisser le store pour qu'on ne vît pas sa mère toute nue.

Milan Kundera, *L'Insoutenable légèreté de l'être*, Gallimard, 1984

Un mirage

Écrivain chilien, figure majeure de la littérature sud-américaine, Roberto Bolano (1953-2003) a mené une œuvre politique et poétique, autour de la fin des utopies, notamment dans Les Détectives sauvages, *évocation romancée de sa jeunesse bohème en exil dans le Mexique des années 1970.*

Tiens (Angélica m'a passé un petit tas de photos qu'elles avaient déjà mises de côté), il faut les regarder en suivant un ordre chronologique. Il devait y avoir une cinquantaine ou une soixantaine de photos. Toutes avaient été prises au flash, et à l'intérieur d'une chambre, sûrement une chambre d'hôtel, sauf deux, où on voyait une rue nocturne, très mal éclairée, et une Mustang rouge avec quelques personnes à l'intérieur. Les visages de ceux qui étaient à l'intérieur de la voiture étaient flous. Les photos restantes montraient un jeune homme de seize ou dix-sept ans, mais il aurait pu aussi bien en avoir seulement quinze, blond, les cheveux courts, et une jeune fille peut-être plus âgée de deux ou trois ans que lui, et Ernesto San Epifanio. Il y avait sans doute une quatrième personne, celle qui prenait les photos, mais elle, on ne la voyait jamais. Les premières photos représentaient le jeune homme blond, habillé puis peu à peu moins habillé. À partir de la quinzième photo San Epifanio et la jeune fille apparaissaient. San Epifanio portait un veston long violet. La jeune fille, une élégante robe de soirée.

– Lui, qui est-ce ? ai-je dit.

– Toi, tais-toi et regarde les photos, ensuite tu poseras des questions, a dit Angélica.

– C'est mon amour, a dit San Epifanio.

– Ah ! Et elle ?

– C'est sa grande sœur.

À peu près à la vingtième photo le jeune homme blond commençait à revêtir les habits de sa sœur. La jeune fille, qui n'était pas aussi blonde et était un peu enrobée, faisait des gestes obscènes à l'inconnu qui les photographiait. San Epifanio, au contraire, du moins pendant les premières photos, conservait son contrôle, souriant, mais sérieux, assis sur un fauteuil en skaï, ou sur le bord du lit. Tout cela n'était cependant qu'un mirage, parce qu'à partir de la trentième ou trente-cinquième photo San Epifanio se déshabillait aussi (son corps, aux jambes et aux bras longs, paraissait excessivement maigre, squelettique, beaucoup plus qu'il ne l'était réellement). Les photos suivantes montraient San Epifanio en train d'embrasser le cou de l'adolescent blond, ses lèvres, ses épaules, sa verge à demi dressée, sa verge dressée (une verge, soit dit en passant, remarquable chez un garçon à l'apparence si délicate), sous le regard toujours attentif de la sœur dont parfois on voyait le corps en entier et parfois seulement une partie de l'anatomie (un bras et demi, la main, quelques doigts, la moitié du visage), et même parfois l'ombre seule projetée sur le mur. Je dois avouer que je n'avais jamais vu de ma vie quelque chose de pareil. Personne, évidemment, ne m'avait averti du fait que San Epifanio était homosexuel. (Sauf Lupe, mais Lupe avait aussi dit que moi j'étais homosexuel.) Donc j'ai essayé de ne pas laisser transparaître mes sentiments (lesquels étaient, pour le moins, confus) et j'ai continué à regarder. Comme je le craignais, les photos suivantes montraient le lecteur de Brian Patten en train d'enculer l'adolescent blond. Je me suis senti rougir et tout à coup je me suis rendu compte que je ne savais pas comment, de quelle manière j'allais pouvoir regarder les sœurs Font et San Epifanio quand j'aurais terminé de passer les photos en revue. Le visage du jeune homme enculé se tordait en une grimace que j'imaginais être de douleur et de plaisir mêlés. (Ou de théâtre, mais ça je l'ai pensé beaucoup plus tard.) Le visage de San Epifanio semblait s'affûter par moments, comme une lame de rasoir ou comme un couteau intensément éclairé. Et le visage de la sœur observatrice passait par toutes les phases expressives possibles, depuis une joie soudaine jusqu'à la plus profonde mélancolie. Dans les dernières photos on les voyaient tous les trois couchés sur le lit, dans des poses différentes, faisant semblant de dormir ou souriant au photographe.

Roberto Bolaño, *Les Détectives sauvages*,
Christan Bourgois, 1998-2006,
trad. Robert Amutio

Paroles de photographes

Dans leur volonté d'ouvrir de nouvelles voies et de s'éloigner d'une certaine tradition photographique issue des années 1950, photographes et artistes utilisant la photographie ont mené des interrogations communes – approches conceptuelles ou intuitives, saisies du réel ou construction de l'image, art majeur ou pratique mineure –, auxquelles ils ont apporté des réponses diverses et parfois contradictoires.

Edward Ruscha

Tant par ses livres d'artiste illustrés de photographies d'une neutralité volontaire que par ses toiles réalisées d'après clichés, l'artiste pop Edward Ruscha (né en 1937), a installé depuis les années 1960 la photographie au cœur de son travail.

Tout d'abord, j'ai une confiance aveugle en ce que je fais quand je projette de réaliser un livre. Je ne veux pas dire par là que je ne doute jamais, ou que je n'aie pas fait pas d'erreurs. Les livres ne m'intéressent pas non plus en tant que tels, mais les publications au caractère inhabituel m'intéressent. Le premier livre est né d'un jeu de mots. J'en avais le titre avant même d'avoir réfléchi aux photos. J'aime le mot *« gasoline »* et j'aime la qualité spécifique de *« twenty-six »*. Si vous regardez le livre, vous verrez comme la typographie fonctionne bien – j'ai travaillé à tout cela avant de prendre les photographies. Non pas que j'eusse un message important sur les photos ou sur l'essence, ou sur quoi que ce soit de ce genre – je voulais juste faire quelque chose de cohésif. Par-dessus tout, les photographies que j'utilise ne sont pas *« arty »*, dans tous les sens du terme. Je pense que la photographie est défunte parmi les beaux-arts. Elle n'a plus sa place que dans le monde commercial, pour des applications techniques ou pour l'information. Je ne parle pas là des photos de cinéma, mais des photos figées, je veux dire en éditions limitées, individuelles, développées à la main. Les miennes sont juste des reproductions de photos. On ne trouvera pas dans ce livre une collection de photographies d'art – il y a aussi bien des fichiers techniques que des photographies industrielles. Pour moi, ce ne sont rien moins que des photos prises sur le vif.

Edward Ruscha,
in David Campany, *Art and Photography*, Phaïdon, 2006

Garry Winogrand

Originaire du Bronx, Garry Winogrand (1928-1984) a fait partie, en compagnie de Lee Friedlander, Diane Arbus et quelques autres, des photographes qui, dans les années 1960 et dans la foulée de Frank et Klein, ont renouvelé le style documentaire aux États-Unis en lui insufflant une subjectivité revendiquée.

Il n'y a rien de plus mystérieux qu'un fait clairement décrit. Ce que j'écris ici est une description de ce qu'il m'a été donné de comprendre sur la photographie, en prenant et en regardant des photos.

Une œuvre d'art est ce genre de chose dont la forme et le contenu sont en adéquation organique avec les outils et les matériaux qui la composent. La photographie figée est un processus chimique, mécanique. La description littérale, ou l'illusion de la description littérale, est ce que les outils et les matériaux de la photographie figée font mieux que n'importe quel moyen d'expression graphique. Une photographie figée est l'illusion de la description littérale d'un fragment de temps et d'espace vu par l'appareil photo. Partant de cela, on peut poser comme principe le théorème suivant : chaque chose et toutes choses peuvent être photographiées.

Une photographie ne peut être que le reflet du sujet photographié tel que vu par l'appareil photo. Ou, de la manière dont l'appareil photo voit le fragment de temps et d'espace dépend l'apparence de la photographie. La photographie peut donc être vue sous différents angles. Ou il n'y a pas d'angle pour regarder une photographie (sauf considérée comme une description littérale). Ou encore, il n'y a pas de règles de design externes, abstraites ou préconçues qui puissent être appliquées à la photographie figée.

J'aime considérer le fait de photographier comme un acte de respect en deux points. Respect pour le moyen d'expression, en le laissant faire ce qu'il fait le mieux, à savoir, décrire. Et respect pour le sujet, en le décrivant tel qu'il est. Un photographe doit être responsable pour ces deux points.

Je fais une photographie pour voir à quoi ressemble le sujet une fois photographié.

Garry Winogrand, *Photography Speaks / 150 Photographers on their Art*, Aperture, 2004

Diane Arbus

Devenue aujourd'hui une figure mythique de la photographie de l'après-guerre, Diane Arbus (1923-1971) s'est intéressée, dans ses portraits frontaux, tout à la fois « symptômes et documents », aux marges de la société américaine des années 1960.

Si j'étais juste curieuse, il me serait très difficile de dire à quelqu'un « Je veux venir chez vous pour que vous me parliez et me racontiez l'histoire de votre vie. » Je suppose que les gens répondraient « Vous êtes folle. » Ils seraient en outre extrêmement sur leurs gardes. Mais l'appareil photo est une sorte de laissez-passer. Un grand nombre de gens veulent être payés par une grande attention et c'est une forme raisonnable d'attention que d'être payé…

Ce que j'essaye de vous décrire, c'est qu'il est impossible de sortir de sa peau pour se mettre dans celle d'un autre. Et c'est bien un peu le thème de tout cela. Que la tragédie d'un autre est différente de votre propre tragédie…

En photo, j'avais une prédilection pour les phénomènes de foire. Ce fut l'une des premières choses que j'ai photographiée et ils exerçaient sur moi une forme terrifiante d'excitation. Je les adorais, tout simplement. Et j'adore encore certains d'entre eux. Je n'irais pas jusqu'à dire qu'ils étaient mes meilleurs amis, mais ils éveillaient en moi un mélange de honte et de crainte respectueuse. Il y a une certaine qualité des légendes autour des phénomènes de foire. Ils sont comme ces personnes qui, dans un conte de fée, vous arrêtent et vous demandent de résoudre une énigme. La plupart des gens traversent l'existence en redoutant d'être confrontés à une expérience traumatisante. Les phénomènes de foire sont nés avec leur traumatisme. Ils ont déjà passé leur test dans la vie. Ce sont des aristocrates…

Je n'ai jamais pris un cliché comme j'en avais l'intention. Ils sont toujours meilleurs ou pires.

À mes yeux, le sujet de la photo est plus important que la photo elle-même. Et plus complexe. J'ai une certaine sensibilité envers les tirages, mais pas une sensibilité exacerbée. Je pense vraiment que le sujet fait la photo. Je veux dire qu'elle doit émaner de quelque chose. Et ce qui la compose est toujours plus remarquable que ce qu'elle est.

Je sens vraiment que j'ai un un rapport un peu particulier à la qualité des choses. Je veux dire que c'est très délicat et un peu gênant pour moi, mais je crois réellement qu'il y a des choses que personne ne verrait pas si je ne les photographiais pas.

Diane Arbus,
Photography Speaks…, *op. cit.*

Nan Goldin

Intimiste et souvent lyrique, l'œuvre photographique de Nan Goldin (née en 1953) se déploie, depuis les années 1980, sur le mode du journal intime, en liant étroitement dimension autobiographique et contenu social voire politique.

On pensait, dans les années 1980, que toutes les photos avaient été prises. Si vous parliez des problèmes de représentation et de leur exposition dans les médias populaires, de l'effet de Calvin Klein, alors, il valait mieux aller dans des lieux comme Herb Ritts ou Bruce Weber. Un très grand nombre d'idées étaient associées à l'image « populaire », et il semblait naturel que le commentaire de l'un puisse être apparenté aux images de quelqu'un d'autre. Mais une fois que l'idée d'avoir des idées fut tombée à l'eau, vous avez pu prendre vos propres images – parce que vous n'aviez pas forcément l'intention de vous exprimer sur le monde ; vous parliez juste de vous. Les gens de la Boston School prirent leurs propres images ; ils rompirent avec un double charme de la photographie, avec l'anti-sentimentalité des années 1980 et avec la technicité patriarcale des années 1970. Les artistes qui voulaient parler de la vie intime devaient aller dans leur banque d'images personnelle, et redéfinir ainsi la photo de documentaire et la notion de famille.

Nan Goldin,
entretien avec Tom Holert,
Artforum, mars 2003

Cindy Sherman

Par la seule photographie, et en se prenant pour unique modèle, Cindy Sherman (née en 1954), figure majeure de la scène new-yorkaise, mène depuis trente ans une œuvre autour de la question des identités et des représentations féminines.

Vers la fin des années 1970 et jusque dans les années 1980, je me rendais compte que le monde de la peinture et de la sculpture regardait de haut ceux qui utilisaient la photographie. Simultanément, je sentais que le monde de la photo regardait de haut ceux qui avaient un pied dans le monde de l'art. J'étais ainsi étrangère à ces deux mondes, et je pensais à mon travail comme d'un art, mais pas comme d'un art « majeur ». Ce qui était très bien, car je ne voulais pas faire quelque chose de trop précieux. Je ne voulais pas faire de l'art « majeur », je ne voyais pas l'intérêt pour moi d'utiliser la peinture, je voulais trouver quelque chose d'accessible à tous, même sans connaissances en art contemporain.

Je ne pensais pas en termes de tirages précieux ou de qualité d'archive ; je ne voulais pas que mon travail soit considéré comme un produit (que de toute façon personne n'achetait). Je me mis à la couleur vers 1981 et le tirage devint un peu plus cher, si bien que je ne pouvais plus être aussi insouciante. Mais ce n'était toujours pas la qualité du tirage qui posait problème, c'était l'idée.

Cindy Sherman,
entretien avec David Frankel,
Artforum, mars 2003

Chuck Close

Peintre de la mouvance hyperréaliste, célébré notamment pour ses portraits en buste de grande dimension, Chuck Close (né en 1940), selon un processus courant dans l'histoire de l'art, a vu sa pratique de la photographie évoluer, d'un simple outil documentaire à une œuvre autonome.

La raison principale qui m'a poussé à me mettre à la photographie est que je savais vouloir faire des tableaux auxquels je consacrerais énormément de temps. Je voulais véritablement travailler pendant des mois sur une œuvre et ne voulais pas avoir le modèle autour de moi, et je ne voulais pas que les conditions changent sans cesse, comme, vous savez, le modèle qui prend ou perd du poids ; il a les cheveux qui poussent ou il les perd, il dort ou il est éveillé, et le tableau devient une sorte de représentation moyenne de tout cela. On réagit différemment par rapport au modèle, parce qu'il est présent. Je voulais quelque chose comme un instant figé dans le temps, qui aurait l'urgence d'une fraction de seconde, même si, dans certains cas, je travaillerais jusqu'à douze ou quatorze mois sur un tableau. Je voulais que les scènes donnent l'impression de s'être passées à l'instant. Ça ne devait pas paraître élaboré, je ne voulais pas non plus que les gens pensent : « Ô mon Dieu, le travail que s'est fait ce mec. » J'ai pensé qu'ainsi je pouvais conserver une sorte de clone d'un laps de temps, d'un bref instant, alors que je travaillerais dans un cadre de temps nettement plus proche du roman, d'une manière incrémentielle, très comparable à celle de l'écrivain qui façonne une œuvre…

Je ne pensais tout d'abord jamais à mes photographies comme à des produits finis, je ne me considérais pas moi-même comme un photographe parce que la chose que j'étais en train de faire était un tableau ; alors que les photographies étaient un ingrédient essentiel dans le processus, je ne leur accordais qu'un statut de souvenirs ou de produits dérivés : une chose indispensable sans laquelle le produit final, le tableau, ne pouvait pas être réalisé. Mais elles n'avaient en tant qu'objets pas de statut particulier autre que celui de souvenirs. Je les donnais souvent à des amis. Je me rappelle en avoir échangé une contre deux chaises de cuisine. Je ne me considérais donc pas moi-même comme un photographe. Je n'ai qu'un très mince savoir-faire en photographie. C'est-à-dire que j'ai appris à faire tout ce que je devais faire et que je ne sais que très peu de choses des autres aspects du processus photographique. J'ai toujours travaillé moi-même dans la chambre noire. Je passais toujours de longues heures dans la chambre noire pour les tirages en noir et blanc, éludant, brûlant et intégrant dans la photographie les choses à partir desquelles je voulais travailler…

À un certain moment, vers le milieu des années 1970, on m'a proposé de travailler avec un Polaroïd. Avant de travailler avec un Polaroïd, je prenais une photographie sans avoir la moindre idée de ce qu'elle donnerait jusqu'à ce que j'aie développé le film. J'avais ainsi tendance à prendre la même photographie un nombre incalculable de fois, juste pour accumuler les prises, juste pour être sûr que j'avais la bonne exposition. Dès l'instant où j'ai travaillé avec un Polaroïd, j'ai réalisé que je n'avais aucune raison de prendre davantage de versions d'une photo, dès lors que je savais en avoir une à partir de laquelle je voulais travailler. J'ai commencé à prendre des photographies dont je savais pertinemment que je ne ferais pas de tableau. C'est ainsi que j'ai commencé à accepter à contrecœur l'idée que, si je faisais des photographies qui n'avaient aucune autre utilité si ce n'est d'être des photographies, bon sang, je devais être photographe. J'ai accepté l'idée à reculons. Je ne suis toujours pas très à l'aise avec l'idée d'être photographe.

Chuck Close,
Photography Speaks…, *op. cit.*

Jeff Wall

Le Canadien Jeff Wall (né en 1946) poursuit depuis trente ans, à l'aide de la photographie, une entreprise de critique et de reconstruction de la tradition picturale occidentale. Ses œuvres souvent de grandes dimensions, entretiennent également des liens étroits avec des formes de la culture populaire contemporaine, le cinéma comme l'image publicitaire.

Dans les années soixante-dix, j'ai recommencé un travail photographique tout à fait différent de celui engagé dans les années soixante. Quand j'ai recommencé à pratiquer la photographie, je l'ai fait en contestant ce que la photographie comme art était devenue. Pour moi, « l'art photographique » était trop contraint, esthétiquement, par son propre discours. Les termes en avaient été fixés dans les années vingt et trente ; l'essentiel, c'était la qualité de l'épreuve et la teneur documentaire. C'est plus ou moins de cette façon que, autour de 1966, ma génération voyait la photographie. Pour bien des raisons, cette idée semblait profondément inadaptée à ce que je pensais être les possibilités du médium. Dans le discours qu'on tenait alors sur la photographie, celles-ci me semblaient mal définies. Elles étaient bien mieux suggérées par le cinéma, les médias populaires et l'histoire de la peinture. Ainsi, au début de ma deuxième approche de la photographie dans les années soixante-dix, j'ai tenté de travailler contre « l'art photographique » en canalisant l'énergie que déployaient ces autres pratiques. Je devais travailler contre le concept d'art photographique, et pour ce faire, intégrer des qualités picturales, un sujet et des techniques qui étaient exclus par ce concept. C'est alors que j'ai commencé à concevoir mon travail comme « cinématographique ». J'étais impressionné par la qualité photographique des meilleurs films – par le travail de Sven Nykwist pour Bergman, de Nestor Almendros et Raoul Coutard pour Godard, de Michael Ballhaus pour Fassbinder, etc. J'ai réalisé que les travaux des gens du cinéma n'étaient pas considérés comme photographiques, alors que, fondamentalement, il s'agissait pourtant bien de ça. Ils faisaient des photographies en utilisant un autre type de caméra ; c'étaient des photographies qui étaient vues différemment mais qui n'en étaient pas moins des photographies. Par conséquent, tous les problèmes que pose la photographie sont présents dans le cinéma. Mais, dans la mesure où il reconnaît la performance, où il reconnaît le mélange qui s'opère entre l'aspect documentaire de la photographie et l'artifice de la performance, le cinéma conduit à l'éclatement des limites de l'art photographique tel que je l'avais connu. Le nouvel espace qui s'est ouvert à moi semblait en relation avec ce que la peinture avait déjà accompli – une fusion du reportage et de l'imaginaire. Ces similarités semblaient très riches, très prometteuses. C'est en pensant au nouveau champ de possibilité ouvert par ces convergences que j'ai été conduit à faire des choses comme *The Destroyed Room*. Il s'agissait aussi de reconnaître la façon dont la photographie se déployait dans le monde réel, le monde du travail et de la consommation. C'est pourquoi j'étais sensible au transparent rétroéclairé qui, malgré toutes ses possibilités, n'avait aucune légitimité dans la photographie sérieuse.

Jeff Wall, entretien avec
Jean-François Chevrier (1998),
Essais et entretiens, 1984-2001, ENSB-A

Thomas Ruff

De toute la génération des photographes formés auprès de Bernd Becher à Düsseldorf, Thomas Ruff (né en 1958) est celui dont la pratique photographique est la plus diverse et expérimentale, et l'intérêt pour le passage récent de l'analogique au numérique, le plus évident dans son travail.

Les êtres humains sont manifestement attirés par la beauté – et la technologie numérique permet à tout un chacun de créer plus facilement quelque chose qui semble beau. Soyons malgré tout clair sur ce point : en tous temps, on a retouché les photographies. Les images numérisées sont toutefois beaucoup plus simples à retoucher en raison de leur structure pixellisée. De nos jours, les photographes et les artistes travaillent de la même façon que les directeurs artistiques dans la publicité : ils changent l'ordre ou la position des éléments qu'ils n'aiment pas, ou les éliminent en bloc. Un autre aspect de cette explosion de la technologie numérique est la simplicité avec laquelle le contenu numérique peut être propagé – que ce soit à travers les informations, les films, la musique ou, bien sûr, les images. Quoi qu'il en soit, l'aspect « tactile » se perd, ce qui, pour moi, représente une perte de qualité.

Mais ceci a-t-il influencé ma production artistique ? Analysons le phénomène plus en profondeur. Les photographes se fixaient pour but de prendre de bons négatifs sur des films en Celluloïd, de les développer en chambre noire et d'en faire de bons tirages sur du papier Kodak, Fuji ou Agfa. La méthode de travail n'a pas changé dans le monde de la photographie numérique, du moins sur le principe. On fait de plus en plus de clichés sur des supports numériques. Mais ça ne fait aucune différence, parce que ce que l'on produit est toujours un « négatif », un fichier numérique. L'artiste décide du moment où il arrête de travailler sur le négatif – et ce, quand il considère que la photographie qu'il détient est une « bonne » photographie. Il en fait ensuite un tirage à partir du fichier – sur du papier Kodak, Fuji ou Agfa. Il encadre le tirage et le pend au mur. Voilà ce qui est nouveau dans le processus de « post-production » : l'image est manipulée avant de devenir un négatif numérique.

Thomas Ruff,
entretien avec Maw Dam,
Spex. Magazin für Popkultur,
n° 316, 2008

Traduction des textes : Didier Debord

GLOSSAIRE

Chromogène (procédé couleur) : désigne le procédé de développement couleur le plus courant dans la seconde moitié du XXe siècle et dont le premier film standard (Kodachrome 16 mm) a été commercialisé en 1935 (pour le cinéma) et 1936 (pour la photographie) avant de connaître de très nombreux autres formats jusqu'à nos jours. La stabilité dans le temps de tels procédés, quelles que soient les marques de fabrique, demeure néanmoins modeste voire médiocre, et très inférieure probablement à de nombreux procédés d'impression numériques actuels (*voir* jet d'encre). Les épreuves réalisées à l'aide de ces procédés sont parfois appelées improprement « type C ».
Cibachrome/Ilfochrome : procédé spécifique de tirage dit « à destruction de colorants », mis au point dans les années 1960 par Ilford et Ciba et commercialisé sous le nom de Cibachrome puis, à partir de 1991, d'Ilfochrome ; très utilisé dans les années 1980-1990, notamment par les artistes et professionnels (publicité, mode), qui apprécient la vivacité des couleurs et des contrastes et la stabilité.
Contact : un tirage est dit contact lorsque le négatif est maintenu directement en contact avec le papier sensible, sans passage par un agrandisseur ; le tirage a alors les mêmes dimensions que le négatif.
Diasec® : procédé de montage utilisé de manière de plus en plus courante à partir des années 2000, le Diasec® consiste en un contrecollage par le recto d'une épreuve contre une plaque acrylique (plexi) de montage qui protège le tirage des rayons ultraviolets, de la poussière. L'épreuve peut ensuite être renforcée au verso par l'ajout d'une plaque d'aluminium ou de Dibond®.
Diapositive : descendante de la lanterne magique, la diapositive – photographie positive transparente montée dans un cadre (carton, plastique) pour projection – a parfois été appelée Kodachrome ou Ektachrome, en fonction des procédés utilisés.
Dye Transfer : procédé de tirage couleur, introduit en 1946 par Kodak et apprécié pour la luminosité de ses couleurs et sa stabilité. Initialement utilisé dans le secteur commercial (publicité, mode), il est, à partir des années 1970, très prisé des artistes, notamment aux États-Unis (Eggleston, Penn, Avedon, Blumenfeld, Callahan). En 1994, Kodak en arrête définitivement la production.
Édition limitée : depuis le début des années 1980 la limitation et la numérotation des tirages est devenue la norme sur le marché de la photographie. Le nombre d'exemplaires dépend surtout du format : plus le format est grand, plus les éditions sont limitées, sachant qu'une même image est souvent disponible en plusieurs formats. Concernant les prix une pratique anglo-saxonne tend à rendre les dernières épreuves de chaque édition plus onéreuses que les premières, en appliquant le principe de raréfaction sur le marché. À ces éditions limitées s'ajoutent des épreuves d'artistes dont le nombre varie généralement de 1 à 3, voire des épreuves d'exposition, qui échappent à la logique de l'édition limitée et sont détruites après présentation.
Jet d'encre (impression) : procédé d'impression numérique par projection de gouttelettes. Depuis sa commercialisation, en 1984, par Hewlett-Packard de la première imprimante jet d'encre domestique, ce procédé a supplanté tous les autres dans le domaine des imprimantes individuelles. Il est aujourd'hui très employé pour les tirages d'art et de grands formats (traceurs). La qualité de l'impression dépendra en partie des encres utilisées : les encres pigmentaires sont aujourd'hui préférées aux encres à base de colorants, moins stables et moins résistantes.
Photoshop : logiciel informatique de traitement et de retouche de photographies dont la première version a été diffusée en 1990, leader incontesté dans le domaine du logiciel de traitement d'images. Ce succès explique que le nom commun soit employé de manière générique pour signaler souvent tout type de logiciel de traitement et de retouche d'images.
Polaroïd : terme souvent utilisé pour désigner tout procédé de photographie direct et instantané, noir et blanc comme couleur, mais qui renvoie initialement au procédé commercialisé par la firme éponyme dès 1947. D'autres procédés de ce type ont été néanmoins mis au point par Kodak ou Fuji à partir des années 1970.
Vintage (*ou* tirage original d'époque) : tirage effectué par le photographe ou sous son contrôle, à l'époque de la prise de vue.

BIBLIOGRAPHIE

Ouvrages généraux et revues

– A. Cartier-Bresson (dir.), *Le Vocabulaire technique de la photographie*, Marval-Paris Musées, 2008.
– M. Frizot (dir.), *Nouvelle Histoire de la photographie*, Paris, Bordas-Adam Biro, 1995.
– D. Girardin et C. Pirker, *Controverses. Une histoire juridique et éthique de la photographie*, Actes Sud, 2008.
– R. Lenman (dir.), *The Oxford Companion to the Photograph*, Oxford University Press, 2005.
– M. Parr et G. Badger, *The Photobook, A History*, 2 vol., Londres, Phaidon, 2004, 2008 (trad. fr.).

– M. Poivert et A. Gunthert (dir.), *L'Art de la photographie, des origines à nos jours*, Citadelles et Mazenod, 2007.
– M. W. Marrien, *Photography : A Cultural History*, Prentice Hall, 2003.

Revues

– *Études photographiques* (semestrielle), Paris, Société française de photographie.
– *History of Photography* (trimestrielle), Londres, Francis and Taylor.

Écrits théoriques

– R. Barthes, *La Chambre claire*, Gallimard, 1980.
– J. Baudrillard, *Simulacres et simulation*, Galilée, 1985.
– R. Bellour, *L'Entre-Images, Photo, cinéma, vidéo*, La Différence, 2002.
– P. Bourdieu (dir.), *Un art moyen. Essai sur les usages sociaux de la photographie*, Les Éditions de Minuit, 1965.
– V. Burgin (dir.), *Thinking Photography*, The MacMillan Press, 1982.
– P. Dubois, *L'Acte photographique*, Nathan-Labor, 1990.
– R. Krauss, *Le Photographique. Pour une théorie des écarts*, Macula, 1990.
– D. Roche, *La Disparition des lucioles (réflexions sur l'acte photographique)*, Éditions de l'Étoile, 1982.
– J.-M. Schaeffer, *L'Image précaire. Du dispositif photographique*, Le Seuil, 1987.
– S. Sontag, *Sur la Photographie*, Christian Bourgois, 1982.
– S. Tisseron, *Le Mystère de la chambre claire. Photographie et inconscient*, Les Belles Lettres/Archimbaud, 1996.
– J. Wall et J.-F. Chevrier, *Essais et entretiens, 1984-2001*, ENSB-A, 2001.

Entretiens avec des photographes

– P. Rogiers, *Écoutez-voir, neuf entretiens avec des photographes*, Paris-Audiovisuel, 1989.
– B. Johnson, *Photography Speaks, 150 Photographers on their Art*, Aperture, 2004.
– A.-C. Jaeger, *La Photographie contemporaine par ceux qui la font*, Thames and Hudson, 2008.
– *Série Contacts : Le photoreportage, La photographie contemporaine, La photographie conceptuelle*, 3 DVD, Arte Video, 2004.

Chapitre 1

– C. Chéroux, *Fautographie. Petite Histoire de l'erreur photographique*, Yellow Now, 2003.
– S. Greenough et D. Waggoner (dir.), *The Art of the American Snapshot*, National Gallery of Art, Washington et Getty Foundation, 2008.
– S. Morand (dir.), *Instants anonymes*, Musées de Strasbourg, 2008.
– C. Skrein (dir.), *Snapshots: The Eye of the Century*, Hatje Cantz, 2004.

Chapitre 2

– C. Boot, *Magnum Stories*, Phaidon, 2004.
– C. Caujolle et M. Panzer, *Things as they are, Photojournalism in context since 1995*, World Press Photo/Chris Boot, 2005.
– M. Guerrin, *Profession photoreporter*, Gallimard, 1988.
– G. Morel, *Le Photoreportage d'auteur*, CNRS, 2006.
– M. Reinhardt, H. Edwards et E. Duganne, *Beautiful Suffering. Photography and the Traffic in Pain*, University of Chicago Press, 2007.

Chapitre 3

– R. Bolton, *The Contest of Meaning, Critical Histories of Photography*, MIT Press, 1989.
– D. Campany, *Art and Photography*, Phaidon, 2003.
– J.-F. Chevrier (dir.), *Phot-Kunst: Arbeiten aus 150 Jahren. Du XXe au XIXe siècle, aller et retour*, Cantz/Stuttgart Staatsgalerie, 1989.
– R. Durand, *Le Temps de l'image, Essai sur les conditions d'une histoire des formes photographiques*, La Différence, 1995.
– D. Fogle (dir.), *The Last Picture show. Artists Using Photography, 1960-1982*, Walker Art Gallery, 2005.
– J.-L. Monterosso (dir.), *Une aventure contemporaine, la photographie, 1955-1995*, Paris audiovisuel, 1995.
– A. Zweite (dir.) *Objectivités, la photographie à Düsseldorf*, Schirmer-Mosel, musée d'Art moderne de la Ville de Paris, 2008.

Chapitre 4

– D. Baqué, *La Photographie plasticienne*, Éditions du regard, 1998.
– D. Baqué, *Photographie plasticienne, l'extrême contemporain*, Éditions du regard, 2004.
– D. Eklund, *The Pictures Generation, 1974-1984*, Yale University Press, 2009.
– M. Fried, *Why Photography Matters as Art as Never Before*, Yale University Press, 2008.
– U. Grosenick et T. Seelig (ed.), *Photo Art. Photography in the 21st Century*, Taschen, 2008.
– M. Poivert, *La Photographie contemporaine*, Flammarion, 2010 (nouv. éd. revue et augmentée).

Chapitres 5 et 6

– H. von Amelunxen, S. Iglhaut, F. Rotzer (dir.), *Photography after Photography: Memory and Representation in the Digital Age,* G+B Arts, 1996.
– J. Lipkin, *Photography Reborn: Image Making in the Digital Era*, Abrams studio, 2005.
– F. Ritchin, *After Photography*, WW Norton and Company, 2009.

FILMOGRAPHIE THÉMATIQUE

Figures de photographes

Usages professionnels et amateurs

Si le personnage du photographe n'a pas attendu l'après-guerre pour être présent sur les écrans de cinéma, comme le démontrent abondamment de nombreux films muets et quelques comédies parlantes des années 1930 (Picture Snatcher…), il se développe et se complexifie considérablement à partir des années 1950, alors que s'intensifie également, au sein du cinéma, une réflexion sur les rapports de l'image fixe et animée : depuis le photographe de studio à l'ancienne immortalisé dans *Quai des Orfèvres*, jusqu'au photographe de plateau (*L'important c'est d'aimer*), ou ambulant (*La Camara oscura*) en passant par l'univers du roman photo (*Le Cheikh blanc*) et de la mode (*Funny Face*), de nombreux types de pratiques professionnelles ont envahi l'écran. D'*Elephant* à *Cidad de Deus* ou *Pecker*, dans des veines très différentes, les usages amateurs ne sont pas en reste. On ajoutera que l'œuvre et la vie de quelques photographes (Arbus, Bellocq, Weegee) ont donné naissance à des fictions, authentiques biopics à l'américaine (Franklin, Shainberg) ou de facture plus originale (Malle).

– *Quai des Orfèvres*, H.-G. Clouzot, 1947.
– *Le Cheikh blanc*, Federico Fellini, 1952.
– *El Senor Fotografo*, Miguel Delgado, 1953.
– *Funny Face*, Stanley Donen, 1957 (consultant Richard Avedon).
– *The Model Shop*, Jacques Demy, 1968.
– *L'important c'est d'aimer*, A. Zulawski, 1975.
– *La Petite*, Louis Malle, 1978 (inspiré de l'œuvre de E.-J. Bellocq).
– *The Public Eye*, Howard Franklin, 1992 (sur Weegee).
– *The Bridges of Madison County*, Clint Eastwood, 1995.
– *Pecker*, John Waters, 1998.
– *La Fidélité*, Andrzej Zulawski, 2000.
– *Elephant*, Gus Van Sant, 2003.
– *Cidade de Deus*, F. Meirelles et K. Lund, 2002.
– *Uzak*, Nuri Bilge Ceylan, 2002.
– *Bamako*, Abderahmane Sissako, 2006.
– *Delirious*, Tom DiCillo, 2006.
– *Fur, An Imaginary Portrait of Diane Arbus*, Steven Shainberg, 2006.
– *La Camara oscura*, Maria Victoria Menis, 2008.

Le photographe de presse

De tous les usages professionnels de la photographie, le photographe de presse demeure le plus largement immortalisé à l'écran.
Ces représentations s'articulent en deux visages, très contrastés : d'un côté, la figure du grand photoreporter de guerre engagé, qui a abondamment nourri, notamment dans les années 1980, nombre de productions (Spottiswoode, Joffé, Stone, auquel il convient d'ajouter Chouraqui), non sans parfois se parer d'une certaine ambiguïté (Schlöndorf, Coppola, Bagdadi, Arbid) ; et sa face moins glorieuse, celle du reporter attiré par le scoop et la photo choc, généralement paparazzo, apparu dans l'Italie des années 1950, d'abord avec Wyler, avant d'être consacré par Fellini et de prendre un nouvel élan avec l'essor de la presse people (Berbérian, Ascabal et surtout de Palma).

– *Roman Holiday*, William Wyler, 1953.
– *La Dolce Vita*, Federico Fellini, 1960 (inspiré de la figure de Tazio Secchiarolli).
– *L'Amour en herbe*, Roger Andrieux, 1976.
– *Apocalypse Now*, Francis Ford Coppola, 1977.
– *Die Falschung*, Volker Schlöndorff, 1981.
– *Hors la vie*, Maroun Bagdadi, 1981.
– *Underfire*, Roger Spottiswoode, 1983.
– *L'année de tous les dangers*, Peter Weir, 1983.
– *La Déchirure*, Roland Joffé, 1984 (inspiré des figures de Sidney Schamberg et Dith Pran).
– *Salvador*, Oliver Stone, 1986.
– *The Unbereable Lightness of Being*, Philip Kaufman, 1988.
– *Paparazzi*, Alain Berbérian, 1998.
– *Harrison's Flowers*, Elie Chouraqui, 2000.
– *La Femme fatale*, Brian de Palma, 2002.
– *Paparrazzi*, Paul Ascabal, 2004.
– *Un homme perdu*, Danielle Arbid, 2007. (inspiré par la figure d'Antoine d'Agata).
– *Palermo Shooting*, Wim Wenders, 2008.

Voyeurisme et photographie

En 1962, *Peeping Tom*, où le personnage central, armé de sa caméra-épée, filme (et ne photographie pas) ses victimes féminines avant de les tuer, inaugure une longue galerie de relations déviantes entre image indicielle et sexualité. Suivra une galerie de photographes psychopathes, monomaniaques et souvent sexuellement pervers, pour lesquels la photographie relève le plus souvent du voyeurisme le plus macabre. Dissimulés sous des fonctions diverses, tantôt photographes de mode (Kirshner, Borden), tantôt simples laborantins (Romanek), ils assouvissent sur l'écran toutes les facettes les plus morbides de la pulsion scopique du spectateur.

– *Peeping Tom*, Michael Powell, 1962.

– *La Prisonnière*, Henri-Georges Clouzot, 1968.
– *Mahogany*, Terry Richardson, 1976.
– *The Eyes of Laura Mars,* Irvin Kirshner, 1978.
– *Manhunter*, Michael Mann, 1986.
– *Il gatto nero*, Dario Argento (sketch de *Due occhi diabolici*), 1990.
– *Love Crimes*, de Lizzie Borden, 1992.
– *Photo Obsession*, de Mark Romanek, 2002.

Images photographiques

Magies noires

L'idée que la photographie possède des pouvoirs magiques est aussi ancienne que la photographie elle-même et a nourri quelques films fantastiques, depuis la très surprenante et bien peu néoréaliste œuvre de Rossellini, dans lequel un photographe possède le don d'immobiliser le réel. Le pouvoir de révélation d'une réalité invisible est exploité dans les deux adaptations basées sur l'épisode des fausses photographies de créatures féeriques survenues en Angleterre dans les années 1920 (Willing et Sturridge) jusqu'au film d'horreur thaïlandais, *Shutter*, où l'appareil photographique joue le rôle que la télévision jouait dans le *Ring* japonais, et qui a déjà connu deux remakes, en 2007 et 2008.
– *La machina ammazzacattivi*, Roberto Rossellini, 1945-1952.
– *Photographing Fairies*, Nick Willing, 1997.
– *Fairy Tale: A true Story,* Ch. Sturridge, 1997.
– *Shutter*, Banjong Pisanthanakun et Parkpoom Wongpoom, 2004 (remakes indien et américain en 2007 et 2008).

Preuves photographiques

Depuis *Rear Window*, où James Stewart, cloué dans une chaise roulante, observait, mi-détective, mi-voyeur, à l'aide d'un téléobjectif la fenêtre de son voisin d'en face, l'instrument photographique sert d'instrument de recherche d'une vérité qu'il semble seul pouvoir fournir. Déjà dans *Panique*, adaptation du *M. Hire* de Simenon par Julien Duvivier, l'image contenue dans l'appareil photo de Michel Simon permettait de confondre le criminel. Dans *Les Diaboliques* de Clouzot, c'est la silhouette du directeur d'école disparu qui semble apparaître sur une photographie de classe pour contredire sa disparition . Chez Lang, c'est encore à la photographie qu'il revient d'innocenter un suspect promis à la chaise électrique, quand, chez Truffaut et Chabrol, les clichés attestent l'adultère. L'acte photographique peut aussi devenir le support d'une quête sur la nature du réel et de la réalité : c'est le cas de *Blow Up* et de son remake, *Blow Out*, mêlant réflexion sur l'image et le son. Voire le support d'une quête existentielle – constat de l'existence même du photographe (*Alice dans les villes*). Dans un registre plus léger, c'est l'appareil photo retrouvé qui permet *in fine* aux protagonistes amnésiques de *The Hangover* de découvrir leurs agissements – répréhensibles – de la nuit écoulée.
– *Panique*, Julien Duvivier, 1946.
– *Les Diaboliques*, H.-G. Clouzot, 1954.
– *Rear Window* Alfred Hitchcock, 1956.
– *Les trois font la paire*, Sacha Guitry, 1957.
– *L'Invraisemblable Vérité*, Fritz Lang, 1957.
– *La Peau douce*, François Truffaut, 1964.
– *Blow Up*, M. Antonioni, 1967 (David Bailey).
– *La Femme infidèle*, Claude Chabrol, 1968.
– *Alice dans les villes*, Win Wenders, 1974.
– *Blow Out*, Brian de Palma, 1981.
– *The Hangover*, Todd Phillips, 2009.

Souvenirs et Memento Mori

De manière parfois fugitive et pourtant souvent fondamentale pour le récit, la photographie est bien souvent, au cinéma, ce souvenir de l'absent, autorisant la cristallisation de la mémoire et du souvenir, notamment dans les portraits des êtres chers disparus (*Solaris, La Chambre verte, Persona*). En 2019, chez Ridley Scott, les répliquants, robots à apparence humaine, portent sur eux de fausses photos de famille qui les aident à s'humaniser en se forgeant des souvenirs.
– *Persona*, Ingmar Bergman, 1966.
– *Solaris*, Andreï Tarkovsky, 1972.
– *La Chambre verte*, François Truffaut, 1978.
– *Blade Runner*, Ridley Scott, 1982.
– *Le Bal*, Ettore Scola, 1983.
– *La Photo*, Nicos Papatakis, 1986.

Filmique et photographique

Un certain nombre de cinéastes se sont intéressés à la différence et aux frontières entre le filmique et le photographique : la prolifération comme la nature des images (Godard), le rapport entre le mouvement et l'immobilité (Marker, Varda), sur les possibilités de nourrir le récit filmique d'images fixes (Boe, Uzak, Bergman).
– *Le Petit Soldat*, Jean-Luc Godard, 1961.
– *La Jetée*, Chris Marker, 1962.
– *Les Carabiniers*, Jean-Luc Godard, 1962.
– *Si j'avais quatre dromadaires*, Chris Marker, 1966.
– *Calendar*, Atom Egoyan, 1993.
– *Reconstruction*, Christopher Boe, 2003.
– *Cinevardaphoto*, Agnès Varda, 2004.

TABLE DES ILLUSTRATIONS

CHAPITRE 3

de la photo, Paris, novembre 2008.
67b Affiche des Rencontres d'Arles pour la photographie, 2009.

CHAPITRE 4

68 Thomas Struth, *Paradise 01, Daintree/Australia*, 1998, tirage argentique. Collection de l'artiste.
69 Nobuyoshi Araki, *Sans titre*, de la série « Erotos », 1993. Collection de l'artiste.
70 John Baldessari, « A Movie: Directional Piece. Where People Are Looking (with R, V, G, Variants and Ending with Yellow) », 1972-1973, 28 tirages argentiques couleur et noir et blanc, montés sur un panneau en papier. Collection Fundação de Serralves, musée d'Art contemporain, Porto.
70-71 Jan Dibbets, *Big Comet, 6-72°, Sea* (*Grande comète, 6-72°, mer*), 1973, séquence de 12 photographies couleur encadrées séparément. Fonds national d'art contemporain, Centre Georges-Pompidou, musée national d'Art moderne, Paris.
71 Piem, « Peintres et photographes », vignette, *Le Figaro*, 21 novembre 1980.
72 Vue de l'exposition « Luc Delahaye », à La Maison rouge (Paris), 4 novembre 2005-22 janvier 2006.
73 Patrick Faigenbaum, *Mestanskeho Pivovaru*, photographie dite *Le Serveur de Prague*, 1994-1996, tirage argentique. Collection de l'artiste.
74-75 Wolfgang Tillmans, vue de l'exposition « Vue d'en Haut », palais de Tokyo, Paris, 2002. Collection Between Bridges, Londres.
76 Candida Höfer, *Handelingenkamer Tweede Kamer der Staten-Generaal Den Haag III 2004*, 2004, tirage argentique. Collection de l'artiste.
77 Thomas Demand, *Fotoecke /Photobooth*, 2009, tirage argentique, Diasec®. Collection de l'artiste.
78 Paul Graham, *Untitled #38 (New York)*, série « American Night », 2002, tirage argentique, Lightjet Endura. Collection de l'artiste.
79 Alberto García-Alix, *Autorretrato. Los malheridos*, 1988, tirage argentique. Collection de l'artiste.
80 James Welling, *012*, de la série « Flowers », 2006, épreuve chromogénique. Collection de l'artiste.
81 Christian Marclay, *Memento (Soul II Soul)*, 2008, cyanotype sur papier 156lb Cold Press Aquarelle Arches. Galerie Paula Cooper, New York.
82-83 Éric Rondepierre, *Convulsion*, de la série « Moires», 1996-1998, Cibachrome sur aluminium. Collection de l'artiste.
84 MacAdams, *The Butterfly Murder*, 1977, diptyque, tirage argentique. Collection de l'artiste.
85 Sophie Calle, *Douleur exquise, Il y a 38 jours*, 1984/2003, tirage argentique, broderie, lin, aluminium et encadrement. Collection de l'artiste.
86 Joel Peter Witkin, *Studio de Winter*, 1994, photographie sur papier avec virages, grattages, encaustiquage et encadrement doré. Musée d'Art moderne et contemporain, Strasbourg, Collections photographiques.
87m Victor Burgin, *The Bridge*, 1983-1984, tirage argentique, photographie extraite d'une série de 12. Fonds régional d'Art contemporain de Haute-Normandie.
87b Jeff Wall, *Picture for Women*, 1979, diapositive installée dans un caisson lumineux. Centre Georges-Pompidou, musée national d'Art moderne, Paris.
88 Helmut Newton, *Le Smoking, rue Aubriot, Paris*, 1975, tirage argentique. Collection Maconochie Photography, Londres.
89 Tim Walker, *The Dress Lamp Tree, Eglingham Hall, Northumberland, England*, 2002, tirage argentique. Collection de l'artiste.
90m Joachim Schmid, *N° 832*, Berlin, avril 2004, de la série « Bilder von der Strasse », 1982-en cours, photographie trouvée, contrecollée sur carton. Collection de l'artiste.
90b Joachim Schmid, *N° 629*, Berlin, novembre 1999, *idem*.
90-91 Sherrie Levine, Vue de l'exposition « Interieurs parisiens After Atget: 1-60 », galerie Paula Cooper, New York, 1997, 60 épreuves gélatino-argentiques.
92 Cindy Sherman, *Untitled Film Still*, 1978, tirage argentique. Collection de l'artiste.
93 Aneta Grzeszykowska, *Untitled Film Stills #14*, 2006, c-print. Collection de l'artiste.
94 Seydou Keita, *Sans titre*, 1956-1957, tirage au bromure d'argent. Collection Pigozzi, Genève.
95h The Atlas Group / Walid Raad, *Untitled*, 1982-2004, de la série « We Decided To Let Them Say, We Are Convinced Twice. It Was More Convincing This Way », épreuve jet d'encre. Collection de l'artiste.
95b David Goldblatt, *Couple at the Wilds*, Johannesburg, 1975, de la série « Particulars », tirage argentique. Collection de l'artiste.

CHAPITRE 5

96 Thomas Ruff, *Jpeg ny01*, 2004, c-print, Diasec® Face. Collection de l'artiste.

CHAPITRE 6

TÉMOIGNAGES ET DOCUMENTS

INDEX

CRÉDITS PHOTOGRAPHIQUES

AFP / UPI, Paris 98h. Akg-images 26b. Akg-images / Jean Dieuzaide, Paris 44. Akg-Images / Paul Almasy, Paris 17. AP / Sipa, Paris 42b, 42h, 50h. © Archives Gallimard14b, 32, 34, 36-37, 47, 48h, 48m, 53, 66. Coll. Part. 12, 18hg, 18-19b, 48b, 54m, 58h, 58mg, 58md, 59g, 59d, 112b. Collection Centre Pompidou, dist. RMN 64-65h, 70-71. Collection Centre Pompidou, dist. RMN / G. Meguerditchian 24b. Collection Centre Pompidou, dist. RMN / Philippe Migeat 2e plat, 25, 87b. Canon 16m. DR 97. Éditions de Minuit 16h. Getty Images, Paris 13, 14h, 20. © Getty Images / Time & Life Pictures, Paris 33. Hawk-Eye 115. KesselsKramer Publishing, www.kesselskramerpublishing.com 28-29. Keystone / AP Photo / Mohammed Ballas, Zurich 113. Le Monde 64-65m, 98-99, 126. Georges Meguerditchian 63b. Ministère de la Culture – France / AAJHL 24h. Musée de l'Élysée, Lausanne 112m. Musée de la Photographie de Charleroi 60. © Nikon 99b. Courtesy Reuters 119h. Rue 89 119m. Rue des Archives / The Granger Collection N.Y.C. 15. Sipa Press, Paris 36h. Vincent Lever. Dos, 100-101m, 106-107. © Warner Bros Entertainment Inc. 56. www.afp.com/afpcom/fr 108. www.collection-appareils.fr 19h. www.corbisimages.com 108. www.pictures.reuters.com 108. Courtesy « Visa pour l'image », Perpignan 67h.
© Alberto García-Alix, courtesy Kamel Mennour, Paris 79. © Alfredo Jaar, courtesy galerie Lelong, New York 49hd, 49m. © Alison Jackson 118. © Aneta Grzeszykowska, courtesy Raster Gallery, Varsovie 93. © Beate Gütschow, courtesy Sonnabend Gallery, New York 116. © Bernard Faucon / Agence Vu, Paris 1er plat, 11. © Bernard Plossu 25. © Candida Höfer 76. © Christian Marclay, courtesy Paula Cooper, New York 81. © Cindy

REMERCIEMENTS

L'auteur tient à remercier Clément Chéroux, Louis Bachelot, Liza Fetissova, Agathe Gaillard, ainsi que les photographes représentés. Les éditions Gallimard remercient les photographes et leurs galeries, ainsi que Daniel Regard, Estelle Veret, de l'agence Reuters, et Klaudia Podsiadlo, de l'Institut polonais à Paris.

ÉDITION ET FABRICATION

DÉCOUVERTES GALLIMARD
COLLECTION CONÇUE PAR Pierre Marchand. DIRECTION Elisabeth de Farcy.
COORDINATION ÉDITORIALE Anne Lemaire. GRAPHISME Alain Gouessant.
COORDINATION ICONOGRAPHIQUE Isabelle de Latour.
SUIVI DE PRODUCTION Perrine Auclair. SUIVI DE PARTENARIAT Madeleine Giai-Levra.
RESPONSABLE COMMUNICATION ET PRESSE Valérie Tolstoï.
PRESSE David Ducreux.

APRÈS LA PHOTOGRAPHIE ? DE L'IMAGE ARGENTIQUE À LA RÉVOLUTION NUMÉRIQUE
ÉDITION Caroline Larroche. ICONOGRAPHIE Cecilia Vignuzzi.
MAQUETTE Vincent Lever. LECTURE-CORRECTION Pierre Granet et Jocelyne Moussart.
PHOTOGRAVURE Station graphique.

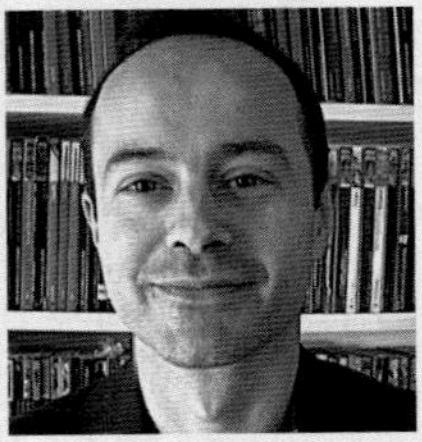

Chef du cabinet de la photographie du musée national d'Art moderne, Centre Georges-Pompidou, Quentin Bajac a été, durant ces dernières années, le commissaire de nombreuses expositions, tant sur la photographie moderne (« Jacques-Henri Lartigue », 2003 ; « La subversion des images – surréalisme, film et photographie », 2009) que contemporaine (« Bernd et Hilla Becher », 2004 ; « William Klein », 2005 ; « Les Peintres de la vie moderne », 2006 ; « Miroslav Tichy », 2008).
Il a déjà publié deux ouvrages dans la collection « Découvertes » :
L'image révélée, l'invention de la photographie, 1839-1880 (2001)
et *La photographie à l'époque moderne, 1880-1960* (2005).

Dépôt légal : avril 2010
Numéro d'édition : 159539
ISBN : 978-2-07-035816-8
Imprimé en France par Pollina - L53473